国之重器出版工程

国防现代化建设

复杂体系工程系列丛书

基于开放架构的体系集成方法

Integration Methods of System of Systems Based on Open Architecture

韦正现　张　哲　陆泳舟
沈卓炜　李　凯　张　驰　著

電子工業出版社

Publishing House of Electronics Industry

北京·BEIJING

内 容 简 介

本书探讨了体系集成的概念、内涵、特点和要求，基于开放式架构，从资源集成、数据信息集成、功能集成和过程集成四个层面，论述了将具有位置分布、行为自主、管理独立和功能异构等高度自治特征的资源（各种平台、武器、系统和软硬设备等）进行综合集成、优化配置与动态重构，形成能够跨空间、跨领域和跨军种地高效完成多样化作战任务的有机装备体系的理论模型和技术方法，阐述了体系集成效应评价模型与方法。

本书可作为军方各级首长和指战员、相关专业科研人员和工程技术人员的学习材料，也可作为高等院校系统工程、体系工程和装备工程等相关专业研究生的教材或参考书。

图书在版编目（CIP）数据

基于开放架构的体系集成方法 / 韦正现等著 . —北京：电子工业出版社，2021. 10
（2023.1 重印）
（复杂体系工程系列丛书）
ISBN 978-7-121-42026-9

Ⅰ. ①基… Ⅱ. ①韦… Ⅲ. ①武器装备-体系工程-研究 Ⅳ. ①E145

中国版本图书馆 CIP 数据核字（2021）第 200664 号

责任编辑：张正梅　　特约编辑：郭伟等
印　　刷：北京七彩京通数码快印有限公司
装　　订：北京七彩京通数码快印有限公司
出版发行：电子工业出版社
　　　　　北京市海淀区万寿路 173 信箱　邮编：100036
开　　本：720×1000　1/16　印张：20.75　字数：384 千字
版　　次：2021 年 10 月第 1 版
印　　次：2024 年 1 月第 3 次印刷
定　　价：139.00 元

凡所购买电子工业出版社图书有缺损问题，请向购买书店调换。若书店售缺，请与本社发行部联系，联系及邮购电话：（010）88254888，88258888。

质量投诉请发邮件至 zlts@ phei.com.cn，盗版侵权举报请发邮件至 dbqq@ phei. com.cn。

本书咨询联系方式：（010）88254757。

《复杂体系工程系列丛书》
编委会

顾　问：郭　雷　管晓宏

主　编：张宏军

副主编：韦正现

编　委(按姓氏笔画排序)：

秘　书：秦国栋

专家委员会委员（按姓氏笔画排列）：

于　全　中国工程院院士

王　越　中国科学院院士、中国工程院院士

王小谟　中国工程院院士

王少萍　"长江学者奖励计划"特聘教授

王建民　清华大学软件学院院长

王哲荣　中国工程院院士

尤肖虎　"长江学者奖励计划"特聘教授

邓玉林　国际宇航科学院院士

邓宗全　中国工程院院士

甘晓华　中国工程院院士

叶培建　人民科学家、中国科学院院士

朱英富　中国工程院院士

朵英贤　中国工程院院士

邬贺铨　中国工程院院士

刘大响　中国工程院院士

刘辛军　"长江学者奖励计划"特聘教授

刘怡昕　中国工程院院士

刘韵洁　中国工程院院士

孙逢春　中国工程院院士

苏东林　中国工程院院士

苏彦庆　"长江学者奖励计划"特聘教授

苏哲子　中国工程院院士

李寿平　国际宇航科学院院士

郑纬民　　中国工程院院士

郑建华　　中国科学院院士

屈贤明　　国家制造强国建设战略咨询委员会委员、工业
　　　　　和信息化部智能制造专家咨询委员会副主任

项昌乐　　中国工程院院士

赵沁平　　中国工程院院士

郝　跃　　中国科学院院士

柳百成　　中国工程院院士

段海滨　　"长江学者奖励计划"特聘教授

侯增广　　国家杰出青年科学基金获得者

闻雪友　　中国工程院院士

姜会林　　中国工程院院士

徐德民　　中国工程院院士

唐长红　　中国工程院院士

黄　维　　中国科学院院士

黄卫东　　"长江学者奖励计划"特聘教授

黄先祥　　中国工程院院士

康　锐　　"长江学者奖励计划"特聘教授

董景辰　　工业和信息化部智能制造专家咨询委员会委员

焦宗夏　　"长江学者奖励计划"特聘教授

谭春林　　航天系统开发总师

丛书介绍

　　"国之重器出版工程"是中国工信出版传媒集团牵头策划打造的重点出版项目,聚焦国家制造强国、网络强国战略以及国防现代化等大政方针,出版"高原""高峰"之作,服务行业建设和社会发展,为实现中华民族伟大复兴的"中国梦"贡献力量。《复杂体系工程系列丛书》能够入选"国之重器出版工程",既是笔者莫大的荣幸,同时也让笔者感觉重责在肩。

　　目前,复杂性研究是科学界的热点和难点,特别是在工程领域,为了达到更为宏大的改造客观世界的目的,人类将多个独立的复杂系统组合起来协同工作,形成了系统之系统(System of Systems),即体系。体系的复杂性、不确定性、自组织性与涌现性等特性给体系的构建带来了新的挑战,传统的以降维解析为主要手段、以组织管理为内容核心的系统工程方法难以应对体系的复杂性所带来的问题,必须从其复杂性特性的机理研究出发,再深入结合工程构建过程,通过系统科学理论层面与系统工程操作层面的双重创新,才能真正破解工程系统的复杂性难题。笔者从事复杂工程系统的研制工作多年,并且有幸作为副总师参与了我国"航母工程"的研制工作,积累了大量的航母复杂工程系统研制的实践经验,从而有条件开展对复杂系统工程理论方法的提炼与总结工作。同时笔者也将此作为时代赋予自己的使命任务,于是便有了此套丛书的出版计划。

　　该套丛书旨在从大量的一线工程实践中归纳总结体系复杂性以及体系工程的本质特征和内在规律,并提出具有普遍意义的体系工程新理论、新方法。该丛书是由具有坚实理论基础和丰富实践经验的一线专家与核心技术人员群策群力、集智攻关形成的重大成果。

　　整体上,《复杂体系工程系列丛书》分为三部分,第一部分是对现有已经取得的体系原理及其工程方法研究成果的梳理和总结，包含 1 册，即《武器装备体系原理与工程方法》，该书已出版。第二部分是复杂性理论研究部分，通过典型工程实践，从系统科学层面上对工程系统和体系复杂性的原理、演进和有机适应性等进行探索研究，形成复杂性研究三部曲：《从降维解析到映射升维—复杂工程系统原理探索》《从隐秩序到显规则—工程体系基于 V++ 规则引擎的生态演进》和《从控制都引导——复杂性工程学派的有机适应性理论》，为指导复杂体系工程实践提供了理论依据。第三部分是工程实践部分，侧重于为体系设计、集成、评估与优化等工程实践中面临的问题提供技术解决方案，包括 4 册，分别是《基于开放架构的体系集成方法》《面向任务的体系效能评估》《复杂高维多目标优化方法》《复杂系统通用质量特性分析与设计》。

《复杂体系工程系列丛书》是编委会成员在复杂系统/体系工程领域十余年的研究成果的基础上，将工程实践中的知识、经验和探索性的思考归纳整理，集结成册。复杂体系工程在新时代背景下是一项具有开创性的工作，许多问题仍有理论上的争议和实践中的困惑，希望本套丛书能起到抛砖引玉的作用，引起更多的学者对复杂体系工程问题的关注、争论和批评，从而推动该工作的发展，为我国装备体系、经济体系、生态体系和国家治理体系等的建设提供指导。

在本套丛书的组织撰写过程中，得到了各方的大力支持和热情鼓励，得到了许多专家和同人的指导和帮助，编撰时也参考借鉴了许多学者的书籍和论文等成果，在此一并表示诚挚的感谢。

2020 年 11 月

丛书推荐序

　　当今世界随着经济、科技、政治、军事、文化和社会等的高速发展，各类复杂系统比以往任何时候的规模更大，内涵更加丰富，边界更加模糊，复杂程度更高。为了更好地理解、描述、处理与运用当今人类面临的复杂性，体系和体系工程应运而生。体系是复杂系统发展的必然趋势，具有难以分解还原的复杂性、难以描述预测的不确定性，以及难以调控的跨时空演化性和非线性、涌现性等行为表现。历史证明，工程技术常常超前甚至引领科学发展。人类在不了解或不掌握武器装备体系本质特征、行为表现和外在属性复杂关系的条件下，在具有频繁的调控→平衡→演化失衡→再调控→再平衡→……的武器装备体系工程实践中取得了很大成功。这就要求将武器装备体系工程实践的问题思考、知识积累和经验教训等进行归纳总结，形成对体系本质特征、行为特性的科学认识，丰富完善体系工程理论模型与方法，以推动系统科学、复杂性科学和工程技术等的发展。

　　《复杂体系工程系列丛书》实现了"从实践到理论再到实践"，既是对体系及体系工程原理规律的探索性成果，也是体系工程方法的创造性成果，又是复杂性科学研究的新成果。丛书主题突出，内容丰富，层次分明，深入浅出地阐明了复杂体系原理以及工程方法的内涵、本质和特征，通过清晰的理论模型和案例分析，将体系工程过程模型和工程实施方法呈现出来。期望该套丛书的出版对深入研究复杂性科学和丰富系统科学内涵

有重要作用，能够推动装备体系与国家战略、经济规模、技术发展和后勤
保障等的协调发展，能够有助于国家治理能力的提升。

中国科学院院士

推荐序（一）

拿到这本书稿我感到很高兴、很亲切，因为我对其内容很感兴趣，还因为我熟悉本书六位作者中的四位，特别是韦正现和张哲。

我亲身见证了韦正现和张哲在哈尔滨工程大学攻读计算机学科硕士、博士学位的经历，他们思维敏捷、刻苦钻研、踏实认真、谦虚好学的精神给我留下了深刻印象，他们的博士学位论文得到了同行专家的充分肯定与好评。

2002 年至 2010 年，我们科研团队与中国船舶系统工程研究院进行科研项目合作，在系统工程研究院工作的张哲是项目负责人，韦正现是主要技术骨干。由于项目的复杂性、先进性、前瞻性和可期的实用性，我们在研制过程中遇到了许多困难，大家在一起研究讨论、争论，一起加班加点，一起解决问题。张哲和韦正现以他们扎实的理论功底和丰富的实践经验，根据装备系统的应用需求和未来发展方向，提出了总体思路和系统架构，共同解决了技术关键，保证了项目的圆满完成。

在完成型号工程和重大预研项目的同时，韦正现和张哲还不断地进行理论研究与探索。韦正现、张哲研究了不同平台系统通过协同构成更大系统或体系的工作模式，建立了多平台系统之间通过开放式架构实现互通互联互操作的集成机制和方法，研发了国内第一套舰艇装备系统集成公共运行平台，引领了我国舰艇装备系统设计理念、体系结构和集成模式的技术发展。相关理念思路和软件产品被推广应用于大型水下水面舰艇和航空母舰的型号研制中。张哲还主持了作为海军装备集成优化试点工程的某重大型号某型系统的工程研制，成为我国舰艇装备某型系统发展的里程碑。他们在理论研究和应用实践过程中，由基于系统工程理论与方法进行系统研究实践，逐步向具有体系性、复杂性的体系理论和体系工程研究实践过渡。所有这些为他们撰写本套丛书打下了坚实的基础。

很长一段时间以来，由于科学技术、工业技术、管理水平的限制，甚至包括财力的限制，我们的项目研究与开发停留在系统级，以传统的系统结构、系统工程的理论、观点和方法去解决问题，也没有明确区分体系与系统的区别、系统工程与体系工程的区别。现在，我们国家改革开放取得巨大成就，国力、军力、财力得到前所未有的增强，跨领域、跨区域、跨海洋、跨时空的巨型、复杂的特别系统，系统之系统的项目，以及国家军事装备与作战、科学研究探索与发现等新的需求不断涌现，都需要我们对体系理论与技术、体系工程的理论与方法展开新的、进一步的深入研究与探索。云技术、大数据以及人工智能等新技术的出现为新的研究与探索提供了新的技术手段。《复杂体系工程系列丛书》的出版发行可以说是适当其时，也当之无愧地被列入国之重器出版工程。《基于开放架构的体系集成方法》是作者近几年在体系集成理论研究和工程实践的总结，是这套丛书的重要组成部分。

本人长期从事数据库系统理论与技术的研究、教学工作，参加多个黑龙江省国家 863/CIMS 推广应用示范工程，后来又做了多年软件支撑技术的理论与实践研究工作，深切感到系统论、系统架构、系统工程理论与方法的重要性。我曾经认真研读了 John Holland 的《隐秩序：适应性造就复杂性》和《涌现：从混沌到有序》等著作，也学习过复杂系统、复杂网络等方面的学术著作和论文，我认识到即使对一个系统而言，要想抓住系统的本质，满足系统的复杂性、多样性、不确定性、自组织性、涌现性等要求，就必须要站在更高的层次，用新的理论和方法去分析问题、解决问题，更不用说现在的复杂的、巨型的体系了。

关于系统、系统工程方面的著作已经比较多了，但关于体系理论、体系工程方面的比较系统全面的论著还不多。我惊喜地发现本书和本丛书正是我和许多人寻找索求的著作，也愿意将本书及丛书推荐给大家。

刘大昕

2021 年 9 月

推荐序（二）

　　作为《复杂体系工程系列丛书》之一的《基于开放架构的体系集成方法》，它不仅给出了关于体系集成的相关概念及属性，而且还给出了基于开放架构体系集成的四个层次结构，回答了如何将具有位置分布、行为自主、管理独立、高度自治的各类资源进行体系集成、优化配置及动态重构，以形成可跨空间、跨领域的应用体系的理论模型和技术方法，最后还给出了体系集成效应的评价模型和评估方法，为从事复杂体系工程研究和实施的科技人员提供了较全面的、系统的理论支持和有效的工程实施方法。

　　参与本书编写的作者们都是在军工装备预研和型号研制中工作多年的一线科技人员。作为复杂体系工程的探索者和实践者，他们在该领域不但具有深厚的理论知识，而且还积累了丰富的工程经验。书中的很多内容就是他们实际工作中具有创见性的且行之有效的成果体现，这部著作也是他们多年奋斗的工作总结。

　　本书的面世不仅是对复杂系统工程和体系工程领域在理论与工程技术上的重要贡献，而且还将推动该领域科学研究与工程实践的进一步深入发展。毋庸置疑，复杂体系工程必将在国防现代化建设和国民经济现代化等各个领域发挥更大作用，结出更丰硕的成果。

孙长嵩

2021 年 9 月

 **前 言**

　　体系来源于系统并体现出与系统不同的本质特征，武器装备体系是体系的一个重要组成部分，它的最终目的是在极其复杂和不确定的战争形势及战场环境中实施体系对抗的作战，完成相应的使命任务并获得最终的胜利。体系工程是在系统工程基础上，根据体系所特有的复杂性与不确定性、涌现性、演化性等特征需要，形成适应体系建设、使用和维护的体系工程理论和方法学。体系集成是体系工程的一个核心环节，是以使命任务为依据，通过多层次一体化的集成理论、方法和技术，将体系全局中具有位置分布的，具有行为自主、管理独立和功能异构等高度自治特征的资源（各种平台、武器、系统、软硬设备和人员等）进行综合集成、优化配置与动态调配，形成能够跨空间、跨平台、跨军种地高效完成多样化作战任务的有机装备体系。

　　开放式架构是实现体系集成的有效手段，本书通过分析体系和体系工程的特性及其对综合集成的要求，依据开放式架构特点和集成技术特征，将体系综合集成划分为资源集成、数据信息集成、功能集成和过程集成四个层面。在资源集成层面上，论述了体系可调配作战资源的集成优化方法及体系基础软硬件资源的综合集成模式；在数据信息集成层面上，阐述了利用统一的集成数据模型和信息综合管理调度机制，将分散、异构的数据与信息进行有机整合，实现体系内信息的按需共享和最大化利用；在功能集成层面上，研究了利用 SOA 来实现体系中各个平台、武器和系统的功能实体"即插即用"地灵活配置、动态调度和相互协作的理论模型、技术方法和平台实现；在过程集成层面上，探讨了通过流程编制和流程编排将分布在体系各个成员功能服务实体的行为活动有效组织起来，形成能够完成多样化作战任务的、支持体系动态演化的流程模型。本书还阐述了体系

基于开放架构的体系集成方法

综合集成效应评价分析模型方法。对于新式的无人化智能化武器装备，本书分析了智能装备体系集成面临五个方面挑战的原因、具体表现形式和技术内涵，并指出应对挑战的未来研究方向。

本书是作者近几年在体系集成理论研究和工程实践的总结。书中通过概念阐述、定义解释和特点对比，力求将体系集成理论模型和工程方法的内涵、特征和技术特点深入浅出地展现给读者；同时通过理论建模、数学分析和案例展示，力求将体系集成实现过程准确地呈现给专业技术人员。本书主题突出，内容丰富，层次分明，论据充分，知识量、信息量大，基础性和实用性较强，具有重要的理论和实践价值。

体系集成是体系工程的一个重要过程，《基于开放架构的体系集成方法》是《复杂体系工程系列丛书》的重要分册。笔者作为丛书副主编和本书著者，从沉浸于故乡广西六马光影连漪的山水间，静谧于壮家风情古迹的村落中思索落笔，到首都北京繁忙工作中续撰成稿，期间得到了丛书编委会成员和各行业人士的大力支持，在撰写本书的过程中，何元安、梁立全、闫孝伟、蒲文军、王念滨、燕雪峰和张德平等同志给予了很大支持和帮助，潘安君、赵雯、宋萍、于文震和王建峰等专家提出了中肯的建议，在此深表谢意！

本书得到了国家自然科学基金项目（61973282）和 GF 科技创新特区项目资助。书中参考了有关单位和个人的书籍和论文，在此一并深表谢意！本书部分内容尚属于研究阶段，还有许多问题有待进一步探讨，加上作者水平有限，虽经多方讨论和改稿，书中难免存在不妥甚至错误之处，恳请读者和各方面专家不吝赐教。

韦正现

2021 年 10 月

目 录

基于开放架构的体系集成方法

第 1 章

系统工程与体系工程

体系是系统尤其是复杂系统发展的必然产物，其来源于系统并体现出与系统不同的本质特征。体系工程是在系统工程基础上，根据体系所特有的复杂性与不确定性、涌现性、演化性等特征需要，形成适应体系建设、使用和维护的体系工程理论和方法学。

1.1 系统

1.1.1 系统的定义

系统的英文是 System，来自拉丁文单词 systēma，源自希腊语 $\sigma\acute{v}\sigma\tau\eta\mu\alpha$，意为由几个部分或成员组成的整体。由于所处的研究领域、目的和方式等方面的差异，系统有多种不同的定义，下面列述一些典型的定义。

我国《辞海》把系统定义为"自成体系的组织；相同或相类的事物按一定的秩序和内部联系组合而成的整体"。《中国大百科全书·自动控制与系统工程》把系统解释为相互制约、相互作用的一些部分组成的具有某些功能的有机整体。

《Webster 新国际词典》把系统定义为：①通常是体现许多各种不同要素的复杂统一体，它具有总的计划或旨在达到总的目的；②由持续相互作用或相互依赖链接在一起的诸客体的汇集或结合；③有秩序活动着的整体、总体。

在《牛津英语字典》中，对系统的定义是：①一组相链接、相聚集或相依赖的事物，构成一个复杂的统一体；②由一些组成部分根据某些方案或计划有序排列而成的整体。

贝塔朗菲是发展一般系统论的先驱，把系统定义为相互联系、相互作用的诸要素的综合体。1945 年，他引入了讨论广义系统或它们的子类的模型和法则，而不纠缠于其特定种类、性质、组成要素之间的关系或相互作用等细节。诺伯特·维纳及 Ross Ashby 应用数学方法对系统概念做出了重大贡献。我国系统学科创始人钱学森给系统下的定义是"由相互作用和相互依赖结合而成的具有特定功能的有机整体，而且这个有机整体又是它从属的更大系统的组成部分"。

上面的各个系统定义具有一些共性：系统由许多要素组成；各要素之间、要素与整体之间以及整体与外部环境之间存在着有机联系；整个系统具有不同于要素功能的整体功能。一般而言，系统具有下列属性。

（1）系统是由要素（系统的组成部分）结合而成的，这些要素可能是元件、零件、单个机器，或者是个人、组织机构，也可能是子系统（分系统）。系统越复杂，组成要素或部分的数量和品种越多。系统的这一属性可称为"集合性"。系统与要素之间的关系是相互依存、互为条件，而且是相互作用的。各种要素在系统中的地位和作用不尽相同，特别是要素数量特别多的复杂系统更是如此。

（2）系统的各个组成部分是按照一定的方式、一定的关系组合起来的，各个组成部分之间有一定的关联。系统的这一属性也称为"关联性"。需要说明的是，要素间的关联性只是从某种性质来说的。

（3）任何系统都有特定的功能，而由人所建造或改造的系统总有一定的"目的性"。这里所说的系统功能和目的，是系统整体的功能和目的，是原来各组成部分不具备或不完全具备，只是在系统形成后才"涌现"出来而具备的。有时也把这种功能称为系统的整体性。

（4）系统的另一个重要性质是它的"层次性"。一般来说，系统是由一些子系统（分系统）构成的，而系统本身可能又是更大系统的一个子系统，也就是说，系统总是形成层次结构的。这种属性在技术设备、社会生活中都是常见的。系统的层次是自然界和人类社会在从简单到复杂、从低级到高级的发展、进化过程中产生的，低层次是高层次发展的基础，而高层次又带动低层次的发展，高层次往往具有低层次不具备的性质。层次结构有助于人们认识系统，通常宏观和微观代表两个层次。

（5）任何系统都存在于一定环境中，系统的存在和发展都必须适应客观环境。系统的这一属性可称为"环境适应性"。在研究系统时，要区分哪些是系统内部要素，哪些是外部环境要素，从而得出系统的边界。系统和外部环境要素的关联决定了系统如何适应环境。系统和环境之间总是要有物质、能量或信息的交换，输入是环境送进系统的物质、能量或信息，输出的是系统送到环境的物质、能量或信息。

从上述系统的定义和属性来看，系统具有整体性与涌现性，并且它们是交织相连密不可分的，系统形成整体后，产生或涌现了系统功能或性能。系统的这种属性是形成系统整体前所没有的。因此，系统的涌现性具有下列特征。

（1）系统涌现出来的是各个要素所形成的一种特定的功能模式，这种模式既提供了新功能，也改变了或约束了各个要素的行为。

（2）系统涌现的整体功能常常是不可预测的。有一些虽然是人们预计到并且希望它产生的，但是有时候会出现一些出乎意料的新功能。

（3）涌现具有某种意义上的不可还原性。

随着人类社会不断进步、人们认识不断深入以及技术不断发展，人们提出了复杂系统（Complex System），它由大量要素按照极其复杂的关系连接在一起，其中出现很多意想不到的特征和属性，如多样性、整体性、开放性、非线性、动态演化性、不确定性、自组织性等。复杂系统产生了诸如规模效应、结构效应、交互效应等的整体涌现性。复杂系统的涌现性的三个判据如下。

（1）整体的涌现性不是其部分特征之和。

（2）涌现性的各类特征完全不同于组成部分的各类特征。

（3）涌现性不能由单独考察组成部分的行为中推导或预测出来。

随着信息技术、通信技术和智能技术的新发展，人们从更加宏观的视角来认识改造世界，出现了复杂巨系统（组成系统的元素数量大、种类多，元素间的关系复杂，并有多种层次结构）和智能型复杂适应系统（具有智能自适应能力的复杂系统）。钱学森通过总结实践经验提出并定义了开放复杂巨系统。

开放复杂巨系统和智能型复杂自适应系统不同于复杂系统的三个方面：一是"变化"；二是"复杂"；三是"不确定"。造成这种情况有下面五个因素。

（1）连接。各个部分的连接日益增多，连接方式也越来越多样化。技术的发展不但为数据、信息、知识的流转提供了手段，而且为不同部分之间的协作提供便利。系统各种关系的不断增加，使得复杂性也不断增加。

（2）数据、信息和知识。目前，系统面临的是海量的、变化迅速的数据、信息和知识，对它们进行识别、验证和解释是极为困难的。

（3）速度。系统的流转速度越来越高，而且信息传播和检索的速度也在日益提高，还有通过虚拟协作产生的新信息和知识更新速度也越来越快。速度使得时间缩短，要求更快地决策。由于时间所限，对信息的落实程度就会产生影响，因而增加了系统决策的困难。

（4）接入。在前面三个因素的影响下，产生了接入因素和环境边界因素，这反映在三个方面：一是如何识别信息的语境（背景），把从不同方面收集到的信息组合起来以便提取知识；二是竞争问题，如何应对外部环境不断变化以及边界线的不断调整；三是怎样通过信息知识获取来提高系统生存能力。

（5）数字化。计算机和通信技术的有机结合形成的数字化和数据汇集，扩大了系统边界范围，促进了系统组织、规则的重构。

要处理越来越复杂和具有不确定性的内部和外部环境，需要从更高的层次和更宏观的视角来认识和改造世界，体系和体系工程的概念应运而生。

1.1.2　系统科学重点关注的特征

系统科学是研究系统的结构与功能关系、演化和调控规律的科学，是一门新兴的综合性、交叉性学科。系统科学以不同领域的复杂系统为研究对象，从系统和整体的角度，探讨复杂系统的性质和演化规律，目的是揭示各种系统的共性以及演化过程中所遵循的共同规律，发展优化和调控系统的方法，并进而为系统科学在社会、经济、资源、环境、军事、生物等领域的应用提供理论依据。系统涵盖领域范围很广、种类众多、目的重点各异等，对于不同领域类型系统基础问题研究的重点也有所不同，大多数对于系统本质特性和内在规律的研究主要集中在系统的复杂性、涌现性、演化性及隐秩序等方面，以下介绍前三个特征。

1. 系统复杂性

可以说，系统复杂性基础研究一直伴随系统及系统工程的研究，从贝塔朗菲的"我们被迫在一切知识领域中运用'整体'和'系统'概念来处理复杂性问题"，到霍兰的"适应性造就复杂性"，再到钱学森的"从定性到定量的综合集成"，都是对系统复杂性开展研究。目前，在对系统复杂性研究方面取得了巨大的成就，模糊数学、粗糙集理论、协同学、耗散结构理论、灰色理论、定性与定量综合集成都是分析具体系统复杂性有效的理论方法。关于复杂性的基础研究及其存在的挑战，郭雷认为需要从哲学和科学角度进行综合研究。

2. 系统涌现性

系统之所以成为系统，很大原因是其涌现出组分所没有的功能和性能等属性。狄增如指出，系统科学在科学研究方法论上需要从还原论走向系统论，其核心科学问题是复杂系统的涌现性。霍兰认为涌现性是实现从混沌到有序的途径。薛惠锋提出了系统综合提升说，认为系统工程是利用一切可以利用的思想、理论、技术、模型和方法将系统状态由现状层提升到目标层的综合集成，强调系统工程的关键在于"提升"。系统涌现性在未来一段时间仍然是系统科学和系统工程研究的集成基础问题之一。

3. 系统演化性

系统科学将演化（Evolution）定义为系统的结构、状态、功能等随着时间的推移而发生的变化。从足够大的时间尺度上来看，任何系统都处于或快或慢的演化之中。演化性是系统的普遍特性，指的是系统的结构、状态、特性、行为和功能等随着时间的推移而发生的变化。从系统内部来看，各要素之间、各子系统之间以及各层次之间的相互作用和影响，包括相互吸引、相互排斥、相互合作、相互竞争，是引起系统演化的内在动因。系统与环境的相互作用是系统演化的外在动因，环境的变化既能促进一个系统的产生和发展，也能引起系统的衰退乃至消亡。系统演化性主要集中于静态演化和动态演化两个方面。

1.2　体系

体系来源于系统，但具有与系统不同的特征。本节主要介绍体系概念及其特性。

1.2.1　体系概念

"体系"的概念已经出现很长时间，文献中最早可以追溯至 1964 年，在讲述有关纽约市的《城市系统中的城市系统》中提到 "Systems within

Systems"。然而，在英文中没有一个确定的名词与之对应，也没有一个被普遍接受的定义，目前应用得最广泛的词是 System-of-Systems（SoS），对体系与一般系统之间的区别也没有达成一致意见，同时，许多不同领域的学者和组织也从他们各自的领域背景和角度提出了体系的定义。

Eisner 在多系统集成上认为体系应该具备以下特征。

（1）由独立的系统构成，每个系统的运作都遵循系统工程的过程。

（2）体系中每个系统的发展在时间阶段上都不存在关联。

（3）体系中系统之间的关联不是决定与被决定的关系，而是相互依赖的关系。

（4）从整体来看，体系中单个系统通常都具备自己的职能，并在体系运作中发挥作用。

（5）体系中每个系统的最优化都不能保证整体的最优化。

（6）体系中所有系统的运作促使体系目标或使命的实现。

Norman 认为体系是动态环境中交互系统的集合，体系中的系统都具备两种特征：一是有体系的背景环境；二是受体系中其他系统的影响。体系同环境的边界是模糊的，体系边界的确定途径之一取决于体系决策者的判断。通常，体系的边界非常大，足以囊括体系决策者所关注的因素以及这些因素在体系中众多系统的行为。在体系中的每一个系统通常都由大量的行为实体组成，这些实体的行为包括合作、中立和敌对行为，这些行为又通常以团队、组或者非协作个体行动方式组织。系统中的实体可能运作在一个或多个体系的系统之中，且对体系中其他不同系统可能有不同行为表现。

与复杂大规模集成系统相比较，Maier 认为体系应该具备以下特征。

（1）组成元素运作的独立性。如果体系被分解为各个分系统，则分系统能够独立有效运作。体系就是由这些在自身的位置上能够独立运作的系统组成的。

（2）组成元素可获取的独立性。体系的组成部分在构建或形成体系过程中可以被独立获取，在形成体系后仍然保持持续运作的存在。

（3）体系模式的演化。体系并不以固定的模式出现，其存在和发展都伴随其功能、使命、环境、知识和经验的变化而演化。

（4）体系的"涌现"行为。体系在功能的执行以实现其目标过程中所表现出的行为是其组成各部分所不具备或不能表现出的行为，这些行为是整个体系的"涌现"特性。体系的"涌现行为"是体系的基本特征和构建体系的主要目标。

（5）体系的分布性。体系的各部分在地理上广泛分布，通过信息交流技术在各部分之间进行信息交流实现各部分之间的融合。

体系是系统的连接，在系统连接的体系中允许系统间进行相互协同与协作，如信息化战场的 C⁴I（Command，Control，Computers，Communications，and Information）与 ISR（Intelligence，Surveillance and Reconnaissance）系统。这一定义的应用背景是现代军事系统的集成以获取战场对抗的信息优势与决策优势。

美国的联合 C⁴ISREW 是通过信息技术、文化、条令条例途径把各军兵种 C⁴ISR 和电子战系统（Electronic Warfare systems，EW）有效集成以获取超越各部分能力的效果。这一联合体为军事行动中的计划、部署以及行动提供及时有效的信息以支持决策优势的获取。

体系是系统的综合，系统综合以系统的演化发展、协同与优化为目的，最终提高整体效能。这一定义的应用背景是未来战场环境信息系统的综合集成。

体系不是单纯系统的集成，它具备五种特征：①组成系统独立运作；②组成系统独立维护管理；③组成系统的区域分布性；④具备"涌现"行为；⑤体系是不断演化发展的。这一定义的应用背景是军事领域复杂体系的发展规划。

体系是分布环境中异构系统组成网络的集成，体系中这些异构系统表现出独立运作、独立管理和区域分布特征，在系统和系统间交互被单独考虑的情况下，体系的"涌现"与演化行为不太明显。这一定义的应用背景是国家交通系统、军事体系和空间探索。

体系的组成不同于一般系统的内部结构（紧耦合），它是一种系统间的交互，而不是重叠。它具备如下特性：①能够提供单一系统简单集成所不具备的更多或更强的功能；②其组成系统是独立运作的单元，能够在体系所生存的环境发挥其自身的职能。这一定义的军事背景包括地面防空体系、战区导弹防御体系、作战群的编成体系等，其非军事背景如航天飞机。

体系是复杂的、有目的的整体，这一整体具备如下特征：①其组成成员是复杂的、独立的，并且具备较高的协同能力，这种协同使得体系组成不同的配置，进而形成不同的体系；②其复杂特征在很大程度上影响其行为，使得体系问题难以理解和解决；③边界模糊或者不确定；④具备涌现行为。

体系由异构系统在域上的交叉形成跨域的网络组成，这些异构的系统在体系中表现为运作、管理的独立性与自主性，地理上的分布性，在分别考虑异构系统以及系统间交互的情况下，这些异构系统的涌现性和演化性是不明显的。

体系是一种"元系统"，其自身由多个自主的、嵌入的系统构成，这些自主的、嵌入的系统在技术、环境、地理区域、运作方式以及概念框架方面是不同的。

体系是相互协作的系统的集成，这些组成系统具备两种附加特性，即运作的自主性与管理的自主性。

美国国防大学陆军工业学院："体系是巨大的、复杂的、持久的独立系统的集成，这些是长期以来通过各自的权威提供各自的能力以支持总的使命从而形成体系。"

美国国防部："互相依赖的系统组合链接，提供的能力远大于这些系统的能力之和。"与体系的定义相对应，美国国防部同时定义了系统联邦，所谓系统联邦是指具备下列特性的一组系统：①能力为所有组成成员的能力之和；②具有所有成员共有的特征；③系统的组合并不产生新的能力和属性。体系是由复杂、独立系统组成的"超系统"，这些独立的系统通过交互实现其共同的目标。体系特征包括：体系不仅仅是巨型复杂系统，而是由相互独立的系统组成的，具有动态的开放环境，如天气、海洋以及应付天气海况变化的应急体系等。

2005 年，美国参联会主席在《联合能力集成与系统演化》（*Joint Capabilities、Integration and Development System*，JCIDS）中给出了体系的定义："体系是相互依赖的系统的集成，这些系统的关联与链接以提供一个既定的能力需求。去掉组成体系的任何一个系统将会在很大程度上影响体系整体的效能或能力。体系的演化需要在单一系统性能范围内权衡集成系统整体。战斗飞行器是体系研究典型案例，战斗飞行器既可以作为单一系统研究，也可以作为体系的子系统研究，作为体系研究时，其组成系统包括机身、引擎、雷达、电子设备等。"

美国陆军部关于陆军软件模块化法规对体系的定义："体系是系统的集合，这些系统在协同交互过程中实现信息的交换与共享。"

1.2.2　体系特征

综上所述，体系的定义存在两个层次的界定：一是体系层面的概念特征，包括规模性和复杂性、高度灵活性、动态演化性、地理分布性、可变性和涌现性等；二是体系组成系统层面的特征，包括异构性、独立性、自相容性、支配性、嵌入性、多域性、专用型、重用性等。通过上述定义分析，体系的主要特点是如下。

（1）规模大，结构复杂，由组分系统协作集成；

（2）组分系统在地理上分布广泛，可独立运行、独自管理，具有独立的功能；

（3）目的性强，但目标不固定，可动态配置资源以适应不同任务的需要；

（4）组分系统完成共同目标时相互依赖，可同时执行和互操作；

（5）开发过程实行集中管理和规划，不断演化发展，涌现新的行为和功能；

（6）重视协调和开发来自不同组织或不同利益相关者完成共同目标的能力。

张维明、阳东升等认为体系应该是一种完整的框架，它需要决策者充分综合考虑相关的因素，不管这些因素随着时间的演变而呈现出何种状态。体系问题研究的迫切性不仅仅是因为今天系统复杂性增加的挑战，在信息时代的今天，决策者经常面临着大规模的数量、高密度的交互与关联、长时间的跨度规划问题。在一般系统问题上，其明确的边界与独立的运作让决策者能够游刃有余地处理，但由这些系统组成的体系表现出的"涌现"行为特性却让决策者对体系问题的处理显得较为棘手，对体系问题的处理需要认识、分析和理解体系"涌现"模式的演化特性。体系方法并不倡导某种工具、方法、手段或实践；相反，它追求一种新的思维模式，这种思维模式能够迎接体系问题的挑战。在此基础上，决策者认为：如果系统具有了相当的规模和复杂性，物理上的分布性，组成系统的独立性、自主性、异构性、支配性，并且表现出其他不是人们期望的涌现行为与体征，那么就称为体系。这是从需要解决问题的角度来对体系进行定义，为了区别一般系统问题，决策者给出了体系的以下特性。

（1）组成系统行为的自主性；

（2）组成系统管理的独立性；

（3）体系整体的演化性；

（4）体系组成系统演化的独立性；

（5）体系在物理区域上的分布性；

（6）体系问题域的学科交叉性；

（7）组成系统的异构性；

（8）体系分布与交互的网络性；

（9）体系组成系统的对等性；

（10）体系组成系统能够进行协同与重组；

（11）体系决策与控制的分布性（没有集中决策与控制机制）；

（12）组成系统间的关系是复杂的、演化的；

（13）能应对使命环境一定程度上的变化，具备自组织和适应性；

（14）体系的"涌现"源于局部或个体行为的积累和个体间的交互，涌现行为是非线性的；

（15）组成个体行为影响的关联性。

综上所述，体系的定义存在两个层次的界定：一是体系层面的概念特征，包括规模性和复杂性、高度灵活性、动态不确定性、在线演化性、分布性、可变性和涌现性等；二是体系组成层面的特征，包括异构性、耗散性、独立性、自相容性、支配性、多域性、重用性等。

1.2.3　武器装备体系

武器装备体系是体系的一个重要组成部分，它与一般的体系相比（如工业体系、农业体系、生态体系等）具有特殊性。

武器装备体系是现代信息化战争发展的必然产物。体系对抗是信息化战争下的基本作战形式，其实质是通过对诸军兵种力量单元、作战体系诸要素的综合集成和信息的实时互联、互通和共享，实现作战能力构成的结构优化和系统集成，进而使作战能力产生质的飞跃，实现作战行动的高度协调和作战效果的精确高效。

20世纪末，美国提出的网络中心战（Network Centric Warfare，NCW）是信息化战争发展的必然，也是体系对抗作战的一个典型。NCW是以网络为中心进行的网络化、信息化的一体化战争。NCW是信息化最基本也是最重要的作战形式，它集指挥、控制、通信、计算机、情报搜集（C^4ISR）及电子战（EW）、信息战（IW）、作战支持（CS）和火力打击为一体，组成一个以计算机为中心的信息网络结构体系。与平台中心战的根本区别是：它通过将整个战场、各种部队、各个武器装备平台网络化，不断提高信息共享水平，增强态势感知能力，加快决策和指挥的速度，实现接近实时的作战协同，提高杀伤力、生存力和作战系统的响应能力，从而大大提高作战效能。它的成功直接取决于信息获取、共享的完整性、可靠性和实时性，关键在于获取信息优势。NCW 的核心对抗在于双方的全方位的体系对抗作战，其中包括信息对抗、决策对抗、控制对抗、指挥机构生存对抗、武器交战对抗等。与此同时，美国提出了"联合作战能力集成与一体化作战能力"的概念。

武器装备体系是在体系概念的基础上发展起来的，是 20 世纪 90 年代人们针对现代信息化条件下体系对抗的战争特点提出的概念。截至目前，据不完全统计，国内外学者关于武器装备体系的定义有 20 余种。这里只列举几种常见的武器装备体系定义和解释。

国外大量涉及武器装备体系的文献中分别使用武器组合（Weapons Mix）、军事体系（Military System of Systems）、武器系统集合（Weapon Systems）、联合系统（Joint Systems）等术语来表示武器装备体系这一概念，相应地形成了众多关于武器装备体系的定义。

美国国防部提出，"体系"这一概念，广泛地用于描述如何将大量武器平台、武器系统和通信系统有机地结合起来，以实现某一作战（特别是联合作战）目标的武器装备集合，任何一个组分系统的损耗或丧失只是意味着整体能力或性能程度的降低。美军已公布的各类装备建设任务中，具有代表性的武器装备体系建设项目包括未来作战系统、弹道导弹防御体系、海军未来远征作战体系。

《中国军事百科全书》中提到，现代武器装备体系是武器装备从机械化迈向信息化过程中所出现的新形态，是武器装备在高度机械化基础上，通过数字化、系统集成及网络化等高新技术的改造，整体结构与功能实现一体化的结果。装备体系是由功能上相互关联的各类武器装备系统构成的有机整体。具有明显信息化特征的现代武器装备体系，由战斗装备、综合电子信息系统、保障装备三个部分构成。

游光荣提出武器装备体系是根据军事需求、经济和技术可能，由一定数量和质量相互关联、功能互补的多种装备，按照装备的优化配置和提高整体作战能力的要求，综合集成的装备类别、结构和规模的有机整体。武器装备体系由战斗装备、保障装备组成，装备体系随军事需求的变化和科学技术的发展而演变。

李英华从作战的角度定义，武器装备体系（Weapons Meta-System）是在一定的战略指导、作战指挥和保障条件下，为完成一定作战任务，而由功能上互相联系、相互作用的各种武器装备系统组成的更高层次的系统。称其为体系，而不是系统，是为了说明它由众多武器装备系统组成，且各组成部分间的耦合关系不如武器系统组成部件间的耦合关系紧密。

胡晓峰和黄建新提出武器装备体系是在国家安全战略和军事战略指导下，按照建设信息化军队、打赢信息化战争的总体需求，适应一体化联合作战的特色和规律，为发挥最佳的整体作战效能，而由功能上相互联系、性能上相互补充的各种武器装备系统，按照一定结构综合集成的更高层次的武器装备系统。

马亚平认为联合作战武器装备体系是在联合作战背景下为完成一定联合作战任务，由功能上互相联系、互相作用的各军兵种所属不同武器作战实体，在统一联合指挥控制和联合保障下耦合而成的大系统。

吴纬认为武器装备体系是在一定的战略指导、军事指挥和综合保障的前提下，为完成一定的使命任务，按照作战规律，将一定数量、不同种类与型号的主战装备、电子信息装备和保障装备等武器装备系统，通过信息系统与技术有机综合集成起来的一个功能整体。

从上述定义可以看出，武器装备体系具有不同的分类标准。例如，从功能结构角度划分，可分为侦察监视预警体系、指挥控制体系、火力打击体系和综合保障体系。根据研究对象层次的不同，可将武器装备体系分为三类：一是基本体系，是指全体装备的种类和型号，又称体制系列，主要用于描述全军或军种、兵种武器装备体系，面向军兵种的装备建设发展论证；二是编制体系，是一定建制的部队编配的装备的全体型号与数量，如一个集团军编成内的全体武器装备可看成一个体系；三是体系对抗的作战使用角度，是为了完成一定规模的作战任务而编配的全体装备集合，如陆上区域防空武器装备体系、登岛作战武器装备体系、联合战役武器装备体系。

通过上面的定义分析总结，对于武器装备体系主要可以从以下两方面和视角进行界定。

（1）从组成成分与整体性建设研发的视角来界定武器装备体系。主要从武器装备体系的组成单元、层次结构、体系规模、生命周期等方面对其特性开展研究。

（2）从完成使命任务及其体系对抗效果的视角界定武器装备体系。由于信息化条件下的体系对抗需要完成预设、既定的使命任务，并且需要根据国际形势以及战场态势的变化而使使命任务发生改变，要求在这种状态下能够有效遂行体系对抗作战，并从确保达到预期作战效果的视角来定义和研究武器装备体系的相关特性。

对于武器装备体系来说，应该从两个方面和视角对其进行较为完整的研究，因此，我们对武器装备体系进行综合定义：武器装备体系（Weapon System of Systems，WSoS）是在一定的战略指导、作战指挥和保障条件下，适应体系对抗作战的特性和规律，由功能上相互支持、性能上相互协调的多种类型的武器装备系统、平台，按照一定结构综合而成的更高层次武器装备系统，用于完成一组特定使命任务，并达到最佳的整体作战效果。

1.3　系统与体系特性对比分析

体系虽然来源于系统，但具有不同的特点。以武器装备体系为例，从组成成分和层次结构层面对体系的理解，可以将其划分为体系级、系统级、平台级和单元级四个层次，每个层次对应的是对武器装备不同结构层次的抽象和概括。

（1）体系级：在体系对抗背景下为完成一定联合作战任务，由功能上互相联系、互相作用的各军兵种所属不同武器作战系统，在统一联合指挥控制和联合保障下耦合而成的大系统。如在联合作战背景下，由综合各军兵种武器装备的火力打击系统、综合保障系统、电子信息系统等武器装备系统共同组成的具有某种作战能力的武器装备体系。

（2）系统级：根据不同的作战能力和特性，由完成不同作战任务的武器平台，按照作战编制关系组成的武器系统。如由战斗机群、驱逐舰编队等具有打击能力的武器平台，按照一定的数量配比编制，共同构成的火力打击系统。

（3）平台级：具有不同作战能力的武器单元与搭载工具，为完成一定的作战任务连接而成的武器平台。如坦克、飞机、舰艇等。

（4）单元级：具有独立能力的武器实体单元。如机枪、火炮等轻武器、机载的炮弹、舰载的导弹等。

武器装备体系具有体系的分布性、整体性、演化性、涌现性等特征，

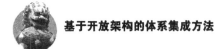

事实上武器装备体系的最终目的是在体系对抗过程中赢得战争。因此，武器装备体系与其他的体系（如工业、农业、社会或生物等）相比，必须适应体系对抗的鲁棒性、弹性、灵活性和适应性等，更加强调将现有装备系统平台组合成体系及其在使用过程中的涌现性、演化性及适应性等。复杂系统、体系和武器装备体系的特性对比如表 1.1 所示。

表 1.1　复杂系统、体系和武器装备体系的特性对比

	复杂系统	体　系	武器装备体系
组成	元素、系统和交互	系统与交互	系统、平台、单元与交互
元素关系	相互依赖或涵盖	相互独立与交互	相互独立或涵盖，紧密交互
基础结构	复杂、动态	复杂网络的动态结构	复杂网络的动态结构与实时重构
组成元素的独立性	在同一环境中，局部或部分组成元素具备独立性	在同一环境中，组成单元独立运作	在同一或不同环境中，组成单元在中心统一指挥下独立运作
组成单元的耦合性	相互依赖、重叠	松耦合、非重叠	信息关联紧密的结构松耦合、非重叠
边界与环境	确定边界，与环境复杂交互	模糊的或者不断变化的边界，不确定的复杂交互	模糊的或不断变化的边界，不确定的复杂交互
生命周期	有具体的设计生命周期	没有定义或无时限	随时间和态势变化的定义周期或无时限
复杂性	复杂，通过建模与仿真手段实现优化	高度复杂，几乎没有最优化解决方案	高度复杂，在不确定环境与快速变化中寻找优化解决方案
自主性与适应性	组成单元自主或半自主行为	组成单元的自主性行为就体系的整体目标的完成	组成单元的自主与自适应行为完成体系任务使命
连通性	存在复杂的交互，子系统间不具备连通的基础结构	通过网络体系结构在组成单元间动态建立连接	通过网络体系结构在组成单元间动态建立连接
异构性与多样性	相对稳定的功能模式，功能样式具备异构性	功能具有多样性和异构性，源于组成单元的自主性和连接的开放性	功能具有多样性和异构性，源于组成单元的自主性和连接的开放性
涌现性	组成个体的层次和交互过程的涌现性可以预见	个体行为积累与个体间交互导致不可预见的涌现	个体行为积累与个体间实时交互导致不可预见的动态涌现
演化性	生命周期内可预设、可控制演化	体系渐进成型的演化可预见，应用过程演化具有不确定性	体系渐进成型的演化可预见，体系对抗过程演化具有不确定性，但要能应对

续表

	复杂系统	体　系	武器装备体系
鲁棒性	通过可靠性、维修性和保障性等实现鲁棒性	通过弹性、自适应性等实现体系鲁棒性	通过弹性、自适应性、动态演化性等实现对抗过程鲁棒性
工程行为	通过系统工程精心设计与控制，规范其行为	通过体系工程指导、部分控制其行为，牵引其发展	通过体系工程指导、控制其行为，引导发展与控制其形成

1.4　系统工程

1.4.1　系统工程概念

系统工程是在社会实践中，特别是在大型工程或经济活动的规划、组织，生产的管理，自动化项目的开发与使用过程中，发现综合考虑系统总体时所要解决的共性问题，总结实践经验，借鉴和吸收邻近学科的理论方法，逐步建立起来的。由于它的产生和发展比较晚，目前还不能说已经成熟，对系统工程的定义也还没有公认的一致说法。其中一些比较有代表性的定义如下。

"系统工程是运用先进的科学方法，进行组织管理，以求最佳效果的技术。"（2002 年，《现代汉语字典》）

"系统工程是组织管理系统的规划、研究、设计、制造、试验和使用的科学方法，是一种对所有系统都具有普遍意义的方法。"（1978 年，钱学森、许国志、王寿云《组织管理的技术——系统工程》）

"系统工程是为了更好地达到系统目标，而对系统的构成要素、组织结构、信息流动和控制机制等进行分析与设计的技术。"（1967 年，《日本工业标准 JIS》）

"系统工程是应用科学知识设计和制造系统的一门特殊工程学。"（1969 年，美国质量管理学会系统工程委员会）

"系统工程是一门把已有学科分支中的知识有效组合起来用以解决综合性的工程问题的技术。"（1974 年，《大英百科全书》）

"系统工程是研究由许多密切联系的要素组成的复杂系统的设计科学。设计该复杂系统时，应有明确的预定目标与功能，并使各要素以及要素与系统整体之间有机联系，配合协调，以使系统总体能够达到最优目标。但在设计时，要同时考虑到参与系统的人的因素与作用。"（1975 年，《美国

科学技术词典》)

"系统工程是一门复杂系统的设计、建立、试验和运行的科学技术。"（1976年,《苏联大百科全书》）

"系统工程是为了合理开发、设计和运用系统而采用的思想、程序、组织和方法的总称。"（1991年,日本寺野寿郎《系统工程学》）

"系统工程与其他工程学不同之处在于它是跨越许多学科的科学,而且是填补这些学科边界空白的一种边缘学科。因为系统工程的目的是研究系统,而系统不仅涉及工程技术学科的领域,还涉及社会、经济和政治等领域。为了解决这些领域问题,除了需要某些纵向技术,还需要有一种技术从横向方面把它们组织起来,这种横向技术就是系统工程,也就是研制系统的思想、技术、方法和理论体现化的总称。"（1977年,日本三浦武雄《现代系统工程学概论》）

由于系统工程的思想和方法来自不同领域和行业,又吸收了不同邻近学科的理论,造成了系统工程定义的多样性。但是可以从这些定义中归纳出系统工程的理解：系统工程是一门总览全局、着眼整体、综合利用各学科的思想和方法,以不同的方法、从不同的视角来处理系统各部分的配合与协调,借助数学方法与计算机工具,来规划和设计、组建、运行整个系统,使系统的技术、经济和社会要求得以满足的方法性学科。

系统工程是一门跨越各个学科领域的横断性的共性技术学科,一方面,这套思想与方法适用于许多领域,因为每个领域都有一些带有整体、全局性的问题需要综合处理；另一方面,系统工程所使用的方法和工具又多来自各门学科,只是把它们综合起来加以运用。系统工程是沟通各学科的桥梁。系统工程属于工程技术层次。它本身又可以分为两个分层。

第一个分层更接近实际分层,由于它的应用领域不同,和相应的行业专门技术结合起来,形成了一门门的具体行业系统工程学科,例如：

（1）农业系统工程；

（2）工业系统工程；

（3）服务系统工程；

（4）航天系统工程；

（5）军事系统工程；

（6）环境系统工程；

（7）教育系统工程；

（8）信息系统工程；

（9）知识系统工程等。

第二个分层包括系统工程所独具的概念、原理、思路以及工作步骤和方法（有人称其为系统工程方法论），其中包括从技术科学层次提取出来并加以实用化的方法和工具。这些概念、思路、原理、方法和工具对各行业都是通用的。作为技术学科层次的系统学科，有以下几门。

（1）运筹学：这是从 20 世纪 40 年代发展起来的一门技术科学（也有人认为是一门应用数学）。它研究如何使系统做到最优运行。它使用各种数学工具（代数、分析、概率论、数理统计、图论等）和逻辑判断方法，也使用带有实验性质的模拟仿真方法，来处理组织、管理、规划和调度等问题，它包括规划论、决策论、对策论、搜索论、随机过程、可靠性理论等。

（2）控制论：这是一门研究机器、生物体和社会中的控制过程的科学，它研究包括管理、调度在内的广义控制行为（有目的的干预行为）的共同规律，其中应用于工程技术的分支——工程控制论（包括自动控制）发展比较成熟，而生物控制论、经济控制论则正处于发展期。如果说运筹学目前处理的多半是系统的静态问题，则控制论处理的多是系统的动态问题，二者相辅相成，又相互渗透，结合起来进行系统分析与优化，尤其是后来从双方结合发展起来的处理复杂系统问题的大系统理论，更是二者的进一步融合。

（3）信息科学：狭义的信息科学只涉及信息的采集、传输和处理，而广义的信息科学则包括计算机科学在内，研究信息的复杂处理和检索、分类、存储以及信息的识别等。进行系统分析是离不开信息的，因此信息科学也是系统工程的基础之一。

随着人类社会的发展和技术的进步，人们认识世界和改造世界的不断深入，出现了复杂系统（钱学森提出的开放复杂巨系统）和智能型复杂自适应系统，人们提出了复杂系统工程和复杂适应系统工程等。

1.4.2　系统工程生命周期模型

系统工程是为了指导系统需求、设计、开发和验证顺利实施的过程，也称系统工程过程模型，按照具体系统经历的阶段也称为生命周期模型。

1. 瀑布模型

瀑布模型是 1970 年由 Royce 提出的，广泛用于软件工程，由 5~7 个步骤组成。1981 年 Boehm 将瀑布模型拓展为 8 个步骤。瀑布模型是一个理想的模型，每一个阶段都应该顺序完成，直到产品交付为止。但实际情况极少如此，因为在系统开发过程中总会发现错误或缺陷，进而重复步骤直到更正。瀑布模型存在几个方面的不足。

（1）未关注架构开发的复杂性和风险管理；

（2）未展示系统的迭代扩展和需求逐步细化；

（3）未能详细阐述作为技术管理活动的系统分析和控制；

（4）验证回路未能强调测试计划、过程和结果评估作为产品开发过程的有机组成部分的重要性。

2. 螺旋模型

螺旋模型是由 Boehm 在 1986 年提出的，它将反馈的思路融入系统工程的每一个阶段，并认为原型系统的开发是降低系统风险的重要手段。螺旋模型由 18 个不断旋进的步骤组成，包括：①系统需求确定；②可行性研究；③系统分析；④系统详细说明；⑤系统原型；⑥概念评估；⑦功能定义；⑧需求分配；⑨平衡分析；⑩选择设计；⑪集成；⑫测试评估；⑬详细需求；⑭元件设计；⑮优化；⑯设备定义；⑰实用原型；⑱正式设计评估。

螺旋模型是反复进行的，每次都要经历一些阶段，研制出一个原型，在进入下一个阶段前进行风险评估。螺旋模型的主要优点如下。

（1）原型的建立，使系统开发在每一个迭代的最初明确方向；

（2）通过风险分析，有效降低系统失败造成损失的可能性；

（3）每个迭代阶段进行测试，使每个阶段的质量得到保障；

（4）整体过程具备很高的灵活性，在开发过程的任何阶段能自由应对变化；

（5）通过对用户反馈的采集，保证用户需求的最大实现。

螺旋模型的主要缺点有以下几个方面。

（1）过分依赖风险分析经验，一旦风险分析过程出现偏差将造成重大损失；

（2）过于灵活的开发过程不利于已经签署合同的客户与开发者之间的协调；

（3）只适应大型（软件）系统，过大的风险管理支出会影响客户的最终收益；

（4）风险管理被描述为顺序的分析活动，而非开发过程中的并行活动，导致一些低风险活动也被延误；

（5）原型完成，风险管理活动看上去就停止了。

3. V 模型

V 模型是 Kevin Forsberg 和 Harold Mooz 于 1978 年提出的，它强调测试在系统工程各个阶段的作用，并将系统分解和系统集成的过程通过测试彼此关联。V 模型以 NASA 与 INCOSE 的系统工程为典型代表，如图 1.1 所示。

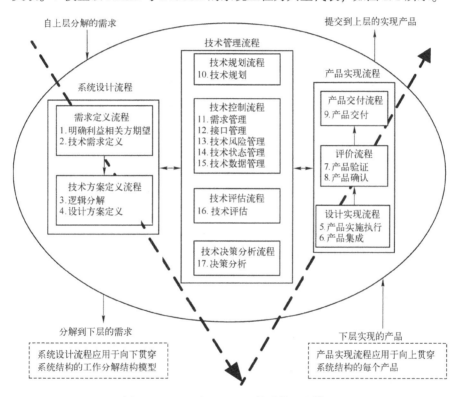

图 1.1　NASA 与 INCOSE 的系统工程模型

V 模型是将复杂的大系统分解为不同的小系统或模块，然后分别实现，再集成还原为大系统。以 NASA 的系统工程为例，包含技术流程与技术管理流程两大类。其技术流程又包含明确利益相关方期望、技术需求定义、逻辑分解、设计方案定义、产品实施执行、产品集成、产品验证、产品确认和产品交付 9 个流程。这 9 个流程是 V 模型的过程，经过对系统需求的分解、实现与再集成的过程来实现系统产品。

1.5 体系工程

在系统工程基础上，为了适应体系特征解决体系中的问题，人们提出了体系工程概念。

1.5.1 体系工程概念

体系工程是最近几年才提出来的，不同领域的学者和工程实践人员有不同的认识和理解，还没有一个统一的定义，下面列举几种典型的定义。

（1）体系工程是确保体系内的组成单元在独立自主运作条件下能够提供满足体系功能与需求的能力，或者说执行体系使命和任务的能力。

（2）体系工程是这样一个过程，它确定体系对能力的需求，把这些能力分配至一组松散耦合的系统，并协调其研发、生产、维护及其他整个生命周期的活动。

（3）体系工程是解决体系问题的方法、过程的统称。体系工程是国防技术领域的一个新概念，这一概念同时也被广泛应用于国家交管系统、医疗卫生、万维网及空间探索领域。体系工程不仅仅局限于复杂系统的系统工程，由于体系所涵盖问题的广泛性，它还包括解决涉及多层次、多领域的宏观交叉问题的方法和过程。

（4）体系工程是学科交叉、系统交叉的过程，这种过程确保其能力的发展演化满足多用户在不同阶段不断变化的需求，这些需求是单一系统所不能满足的，而且演化的周期可能超过单一系统的生命周期。体系工程提供体系的分析支持，包括系统交叉的某一时间阶段内在资源、性能和风险上的最佳平衡，以及体系的灵活性与鲁棒性分析。

（5）体系工程源于系统，但它不同于常规系统工程，而是对不同领域问题的研究。系统工程旨在解决产品开发和使用问题，而体系工程重在项目的规划与实施，换句话说，传统系统工程是追求单一系统的最优化，而体系工程是追求不同系统网络集成的最优化，集成这些系统以满足某一问题的目标。体系工程方法与过程使得决策者能够理解选择不同方案的结果，并给决策者提供关于体系问题的有效体系结构框架。

从上面的定义可以看出，体系工程在不同领域的理解存在五个方面的共性。

（1）体系工程是能力集成工程；

（2）体系工程是复杂需求获取工程；

（3）体系工程是综合集成体的演化过程；

（4）体系工程是学科交叉、系统交互过程；

（5）体系工程是权衡与平衡工程。

体系工程源于系统工程，但高于系统工程，目的是解决系统工程解决不了的体系问题。体系工程是实现更高一层的系统最优化的科学，是一门高度综合性管理工程技术，涉及最优化方法、概率论、网络理论、可靠性理论以及系统模拟、通信等问题，还与经济学、管理学、社会学、心理学等各种学科有关。

最初，体系问题并没有被认为是一个独立的新问题，大部分使用系统工程方法来开展研究，但随着体系越来越多地出现在人们的生产和生活中，体系的许多独有特征是原有系统工程方法所达不到或解决不了的，主要表现如下。

（1）在需求分析过程中，体系工程研究的系统之间的可达性分析和信息数量规模呈指数级增长，远远超出了系统工程需求分析方法所能承受的规模；

（2）构成体系的系统，特别是现有系统，都是根据独立的需求进行开发的，在体系工程领域中，彼此协作和相互依赖关系大大增加，为集成和开发带来了新的挑战；

（3）在体系的应用环境和适应性上，部署和使用一个体系的工程解决方法要求也较系统工程更高；

（4）整体的解决方案超出了对于技术或软硬件方面独立解决方案的要求。

体系工程提供了对体系问题的分析与支持，其与系统工程区别较大，不十分关注组分系统的具体技术和配置参数，更关注这些系统的组合能够获得的新能力，而不是单个系统的设计与开发。

体系工程要解决的问题和达到的目标如下。

（1）实现体系的集成，满足在各种想定环境下的能力需求；

（2）为体系的整个寿命周期提供技术和管理支持；

（3）达到体系中成员系统间的费用、性能、进度和风险的平衡；

（4）对体系问题求解并给出严格的分析及决策支持；

（5）确保成员系统的选择与匹配；

（6）确保成员系统的交互、协调与协同工作，实现互操作；

（7）管理体系涌现行为，以及动态的演化与更新。

体系工程主要包括 8 个管理过程和 8 个技术过程。

8 个管理过程如下。

（1）决策分析：实现体系费用、效能、进度、风险及可靠性的平衡；

（2）技术规划：在体系整个生命周期内恰当运用必要的技术和系统工程计划；

（3）技术评估：度量技术过程和技术成熟度；

（4）需求管理：获取和管理需求及它们的属性和关系；

（5）风险管理：识别整个生命周期内潜在的风险；

（6）配置管理：建立和维护需求的当前属性和配置信息之间的一致性；

（7）数据管理：获取数据来源，数据访问、共享、集成及使用；

（8）接口管理：建立恰当的接口定义及文档说明。

8 个技术过程如下。

（1）需求开发：获取各利益相关方的需求；

（2）逻辑分析：理解需求并设计可行的解决方案；

（3）设计分解：开发可执行方案以确认需求和功能结构；

（4）执行：通过制造、获取或重复利用来集成、确认和验证；

（5）集成：集成低层系统元素到高层系统元素的过程；

（6）确认：确认是否生成了符合要求的体系；

（7）验证：在运作环境中验证体系；

（8）变迁：系统元素的转换。

体系工程所要解决的体系问题包括现有系统的集成问题、新系统规划问题及全新体系的构建问题。这些问题的解决途径构成了体系工程的主要工程实践。

依据体系工程所要解决的这些问题的思路和方法，可以将体系工程的主要实践划分为五类：体系需求工程、体系设计工程、体系集成工程、体系评估验证工程和体系演化工程。

1. 体系需求工程

体系需求是以体系能力的获取为目标，确定体系对具体能力的需求。体系需求工程根据提出需求的主体与需求内容的不同，可以将体系需求加以划分，例如对与国防有关的体系来说，可以分为战略需求、战争需求和作战需求等层次。战略需求是军事需求体系的顶层，是国防体系需求工程；战争需求是军事需求体系的主体，是区域或全面作战体系需求工程；作战需求是军事需求的基础，作战需求关联作战样式与任务，获取具体的作战能力。

2. 体系设计工程

体系的顶层设计以体系能力的有效发挥为目标，规划体系组成成员建设的技术途径，以有效实现体系运作的一体化，最大限度地发挥体系整体的能力。

顶层设计工程包括体系技术一体化的规划和体系组成成员交互活动设计。技术一体化的设计确保系统运作的高效，即系统单元可以实现任意模块化的组合，而不存在互联互通的障碍；体系成员交互活动的设计确保体系的良好"涌现"行为，避免恶性"涌现"。

3. 体系集成工程

体系的集成也是以体系需求为依据的，确保体系的边界和优化体系结构，确保体系的高效能或相对优势，体系集成工程是体系构建的基础和前提。在体系中，元素间的多重关系及关系间的复杂交互影响使得体系的构建工作成为一项复杂工程，既需要从体系全局高度上考虑体系的使命需求，又需要从底层执行单元与基础设施的条件上考虑体系要素对使命需求的匹配程度。

4. 体系评估验证工程

体系评估验证包括体系的有效评估测度和体系试验验证两个方面。体系的有效评估测度问题是采用体系工程技术解决体系分析、构建、改进与演化问题的关键基础。对体系的有效评估测度不仅包括体系能力评价、效能评估和贡献率分析，还包含体系结构与运作过程的有效性，以及体系演化的有效性，即体系相对稳定时的有效性测度和动态演化的有效性测度。体系验证是对体系工程过程中各个阶段的产品进行验证，包括体系需求验证、体系设计验证、体系集成验证和体系综合验证等。

5. 体系演化工程

体系的演化是对现有体系的改造或变革，使体系具备新的能力，适应新的环境，履行新的使命。体系的演化行为包括体系的要素演化和体系结构演化两类。要素演化的具体行为包括体系高层使命与任务的变更、能力的演化、底层组成体系成员的加入或退出，这些演化行为间存在互动的联系，高层演化驱动底层演化，如体系使命或任务的调整，可能需要加入新的系统成员或淘汰原有的系统成员；底层演化导致高层要素的变更，如防空系统中，区域防空体系的传感器系统、武器系统成员的加入或退出都会导致防空体系能力、任务或使命的变更。

1.5.2　武器装备体系工程

武器装备体系工程是以武器装备体系发展为目标，在装备体系的需求开发、体系结构设计、体系试验与评估及运行过程中等使用的理论、技术和方法，并对武器装备体系进行的系统管理过程的总称。

武器装备体系工程的研究具有重要意义，通过对装备体系发展进行合理的需求论证分析，建立适当的装备体系发展需求方案，设计并优化装备体系结构，提升武器装备体系整体能力和作战效能，为武器装备体系的全面、协调和可持续发展提供科学论证手段，为武器装备体系建设和管理提供决策支持。

武器装备体系是在国家安全和军事战略指导下，按照建设信息化军队、打赢信息化战争的总体要求，适应一体化联合作战的特点和规律，为发挥最佳的整体作战效能，构建由功能上相互联系、性能上相互补充的各种武器装备系统按一定结构综合集成的更高层次武器装备系统的过程。

国内相关研究对武器装备体系工程的概念进行了探讨，比较有代表性的定义：武器装备体系工程是在一定的战略指导、作战指挥和保障条件下，为完成一定作战任务，构建的由功能上相互联系、相互作用的各种武器装备系统组成的更高层次系统的过程。

1.5.3　体系工程过程模型

体系工程来源于系统工程，是由于体系中存在系统工程方法无法解决的问题而发展起来的，体系工程模型不仅在系统工程模型基础上发展起来，而且还与系统工程具有很好的衔接关系。

体系由很多系统组成，这些系统有全新研发，也有进行适应性改进，还有直接沿用的现成系统。体系要经过需求论证、顶层设计以及分析评估后，形成对各个成员系统的需求，由此进入各个系统的分析、设计与研制等阶段，在各个系统完成研制、改进或选型后，将这些成员系统按照使命任务需要和实际环境进行集成与验证后，就可以实施应用并进入体系演化阶段。目前，系统工程 V 模型是使用最广泛的模型，基于系统工程 V 模型，结合体系的需求论证、顶层设计、综合集成、评估验证和应用演化的特征与要求，形成体系工程 V+模型，如图 1.2 所示。

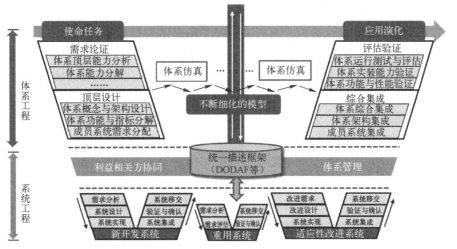

图 1.2　体系工程 V+模型

该模型包括体系工程过程与系统工程过程两个层次。在系统工程层面，按照系统的状态分为新开发系统、适应性改进系统和重用系统。不同类型的系统按照不同的系统工程过程进行管理。例如，作为重用系统，只需开展需求分析、需求评估、验证与确认以及系统移交四个工程过程。而在适应性改进系统中，则需要根据体系的新需求进行改进需求、改进设计、系统实现、系统移交、验证与确认、系统集成。在体系工程层面上，需要体系需求论证、顶层设计、评估验证、综合集成。在此过程中，为了能够使得各个利益相关方对体系及其成员系统在整个系统工程过程和体系工程过程中能够快速达成一致的理解和交流，借鉴诸如 SysML、DODAF 等对体系和成员系统进行统一描述。由于体系的不确定性、演化性和涌现性等特征远比系统要复杂，为了在体系工程过程对体系状态形成较好的控制，要求对体系模型随着工程活动进展进行不断的细化和仿真，从而降低体系工程活动的风险。

1.6　体系工程与系统工程的区别

体系工程来源于系统工程，但具有和系统工程不同的特点。体系工程主要有如下特点。

（1）体系工程不能进行"完美"的预先设计。传统的系统工程方法强调在工程开始阶段进行顶层的精确设计，系统的功能划分明确、应用环境界定清晰，建设完毕再进行应用。而体系的成型是一个涌现形成的时间过程，是一个渐进成型、边建设边应用的过程。因此并不能在开始阶段就给出长期严格建设计划，所以从某种程度来讲体系只能依赖"演化"，而不能"建造"。

（2）体系工程目标不强调"最优"。系统工程以"最优化方法"为基础。但体系的优化是组分系统与体系整体使命、体系环境相互适应协调的过程，是局部性能、全局性能以及软因素间的动态平衡，只能达到三种相对"满意"，而没有最优的标准。

（3）注重对体系演化可能空间的整体探索。由于各种不确定因素的存在，对体系的评价应该更注重对体系演化可能空间的整体探索，特别是针对不同使命任务、不同应用环境、不同开发阶段的体系综合能力的全面分析论证，要充分考虑随机因素、偶然事件在体系空间尺度和时间尺度上的多重影响。

体系工程弥补了系统工程在考虑某些情况时的不足，如适应动态变化的环境和不断增强的需求，确保已经定义的全部特征的能力。体系工程以解决体系的构建与演化问题为目标，其研究对象是体系，区别于系统工程针对的简单系统对象。在过程原理上，两者间存在本质的差异。

体系工程过程包括需求论证、体系设计、体系集成、评估验证、体系演化等过程，每个过程都可以形成一个小循环。除此之外，还包括对体系环境和边界的分析。体系工程需求分析完成从体系使命需求到能力需求的转换。体系设计完成从体系能力需求到体系能力提供匹配与映射，通过两者的匹配建立体系的组成与结构。体系集成与构建是将组成体系的各个元素、成员综合形成满足使命需求的整体。体系评估验证是对体系综合设计方案进行检验，为需求分析与设计反馈信息。体系演化是将体系需求变化反映实施到已构建的体系的过程。

体系工程过程以"能力"概念为核心，与系统工程过程的"功能"概念存在本质的区别。在具体实施上，体系工程过程与系统工程过程存在如下本质的差异。

（1）体系需求分析建立在对能力的需求上，由系统工程过程实现从能力到功能的分析和分配，从而进行系统的分析设计。

（2）体系的设计分析存在两种途径：一是全新的体系设计，即在体系结构上，在体系成员以及系统的交互作用上都进行全新的规划设计；二是现有体系的演化设计，这种设计方向以现有体系为基础，在体系新成员加入（现有系统或规范系统）和新结构的设计上都权衡现有体系演化的成本和代价，寻找现有体系演化的最佳途径，包括现有成员的淘汰、新成员的加入、现有体系结构到新结构的演化路径等要素。

（3）体系工程过程是"自顶向下"分析和"自底向上"集成相结合的过程，两者结合的纽带是"流程"，目标是"能力"，即体系的能力需求与体系能力提供两者之间的匹配。"自顶向下"分析以实名分析、任务建模为主要分析内容，以定性的需求分析为主；"自底向上"集成以现有系统成员的能力分析为主要内容，以定量分析方法为主。

（4）系统工程以寻找最优方案为目标，而体系工程过程则是通过平衡寻找合适的体系设计方案。体系工程过程的"平衡"源于体系的演化特性，最优的体系设计方案只是针对某一静态体系，体系的持续演化使得体系的需求与环境处于不断动态变化之中，从而在体系设计上，为适应体系的动态演化往往只是对解决方案进行平衡，找到合适的设计方案。

（5）体系工程允许通过迭代循环分析，进行现有系统成员的淘汰和新系统的加入，这样将导致出现体系边界的不确定性。

系统工程与体系工程是有区别的，以一般武器装备系统和武器装备体系为对象，从使命目标、外部环境、整体状态等几个特征对比武器装备系统工程和武器装备体系工程，如表 1.2 所示。

表 1.2　武器装备系统工程与武器装备体系工程的特征对比

项目	武器装备系统工程	武器装备体系工程
使命目标	具体的底层的使命；目标多用量化指标	抽象的高层次使命；存在较多定性指标
外部环境	简单对抗环境；与系统较少交互；边界明确	复杂对抗环境；与体系存在较强交互；边界不明确
整体状态	容易根据组分的状态来预测	难以根据组分的状态预测
组成部分	数量较少的物理部件；可以是已定制好的商用部分	数量较多的独立系统，包括人员、组织、装备等；可以是现有的、开发中或待开发的系统
功能	比较单一	多样化
活动	任务数量少，活动过程比较明确固定	任务数量多，过程多变，存在很大不确定性

续表

项目	武器装备系统工程	武器装备体系工程
结构	组分之间相互依赖，存在紧密且固定的控制关系，结构相对稳定	组分具有一定独立性，但之间存在灵活的协作关系，具有自适应和开放的结构
演化	较少进行结构改进，注重系统自身功能的提高	体系处于不断变化中，强调相关系统之间的互操作能力
开发方式	瀑布式、迭代/快速原型法等；强调开发过程的可控性	增量/演化/螺旋式；强调灵活的开发过程，重视风险管理
评价准则	侧重点依次为技术、使用、经济和政治因素	侧重点依次为使用、技术、政治和经济

1.7 本章小结

体系来源于系统，体系集成是体系工程的一个重要环节。通过介绍系统定义、属性和特征，分析了目前系统科学重点研究的复杂系统、复杂自适应系统的性质，并对其复杂性、涌现性和演化性进行阐述。从体系的起源和定义分析入手，重点研究了体系与系统不同的独立性、自主性、异构性、支配性等方法特性。从系统工程的概念内涵入手，分析了系统工程方法论的一般原则，阐述了系统工程过程模型；探讨了体系工程的概念和内涵，并对体系工程的子过程进行了详细描述，分析了武器装备体系工程需要重点研究的方向，形成了体系工程 V+模型，并对系统工程和体系工程进行对比分析。

本书重点论述面向武器装备体系的综合集成技术，为了便于论述，在后续章节中，如果没有特殊说明，体系特指武器装备体系。

参考文献

［1］ Poncho. A Greek-English Lexicon. Oxford：Clarendon Press，1953.

［2］ Wiener N. Cybernetics：Or Control and Communication in the Animal and the Machine. The Technilogy Press，1961.

［3］ Lane J A，Valerdi R. Synthesizing SoS Concepts for Use in Cost Modeling. Systems Engineering，2007，10 (4)：297-308.

［4］ Richards A G，Ashby W R. An Introduction to Cybernetics. Journal of the

Operational Research Society, 1965, 16 (4): 492-493.

[5] 王众托. 系统工程引论. 第 4 版. 北京: 电子工业出版社, 2012.

[6] Auyang S Y. Foundation of Complex-system Theories. Cambridge. England: Cambridge University Press, 1998.

[7] 王寿云, 于景元, 戴汝为, 等. 开放的复杂巨系统. 杭州: 浙江科学技术出版社, 1996.

[8] 苗东升. 系统科学精要. 第 4 版. 北京: 中国人民大学出版社, 2016.

[9] 中国科学技术学会, 中国系统工程学会. 2014—2015 系统科学与系统工程学科发展报告. 北京: 中国科学技术出版社, 2016.

[10] 贝塔朗菲. 一般系统论——基础、发展和应用. 北京: 清华大学出版社, 1987.

[11] 霍兰. 隐秩序——适应性造就复杂性. 上海: 上海科技教育出版社, 2011.

[12] 郭雷. 系统学是什么. 系统科学与数学, 2016, 36 (3): 291-301.

[13] 狄增如. 探索复杂性是发展系统学的重要途径. 系统工程理论与实践, 2011 (S1): 37-42.

[14] 霍兰. 涌现——从混沌到有序. 上海: 上海科技教育出版社, 2001.

[15] 赵岩, 薛惠锋. 林区经济环境系统协调性综合评价. 计算机仿真, 2011, 28 (5): 363-366.

[16] Berry B J L. Cities as Systems within Systems of Cities. Papers of Regional Sciences Association, 1964, 13.

[17] Eisner H, Marciniak J, McMillan R. Computer-Aided System of Systems (S2) Engineering. Proceedings of the 1991 IEEE International Conference on Systems, Man, and Cybernetics, 1991.

[18] Maier M W. Architecting Principles for Systems-of-Systems. System Engineering, 1998, 1 (4): 267-284.

[19] Manthorpe Jr. W H. The Emerging Joint System-of-Systems: A Systems Engineering Challenge and Opportunity for APL. John Hopkins APL Technical Digest, 1996, 17 (3): 305-310.

[20] Pei R S. Systems-of-Systems Integration (SoSI)—A Smart Way of Acquiring Army C4I2WS Systems. Proceedings of the Summer Computer Simulation Conference, 2000: 574-579.

［21］ Kotov V. Systems－of－Systems as Communicating Structures. Hewlett Packard Computer Systems Laboratory Paper HPL-97-124, 1997: 1-15.

［22］ Sage A P, Cuppan C D. On the Systems Engineering and Management of Systems-of-Systems and Federations of Systems. Information, Knowledge, Systems Management, 2001, 2 (4): 325-345.

［23］ Delaurentis D. Understanding transportation as a system－of－systems design problem. Aiaa Aerospace Sciences Meeting & Exhibit, 2013.

［24］ De Laurentis D A, Callaway R K. A System-of Systems Perspective for Future Public Policy. Review of Policy Research, 2004, 21 (6): 829-837.

［25］ Kovacic S, Sousa-Poza A, Keating C. Complex Situations: An Alternate Approach for Viewing a System of System. IEEE/SMC Proceedings, 2006.

［26］ Kovacic S, Sousa-Poza A, Keating C. Type Ⅲ: the Theory of the Observer. IEEE SMC International Conference on System－of－Systems Engineering Proceedings, 2007.

［27］ De Laurentis D. Understanding Transportation as a System－of－Systems Design Problem. 43rd AIAA Aerospace Sciences Meeting, Reno, Nevada, Jan. 10-13, 2005. AIAA-2005-0123.

［28］ Keating C, et al. Systems of Systems Engineering. Engineering Management Journal, 2003, 15 (2): 32-41.

［29］ Maier M W. Architecting Principles for Systems-of-Systems [J]. System Engineering, 1998, 1 (4): 267-284.

［30］ Daniel De Laurentis, Donald Fry, Oleg Sindiy, et al. Modeling Framework and Lexicon for System-of-Systems Problems. IEEE Transactions on Systems, Man, and Cybernetics-Part A: Systems and Humans, 2006.

［31］ GAO. Defense Acquisitions DoD Management Approach and Processes Not-Well Suited to Supports Development of Global Information Grid. January 2006.

［32］ http://akss. dau. mil/dag/Guidebook/IGes c4. 2. 6. asp.

［33］ Butterfield M, Pearlman J. Creation of a System of Systems on Global Scale: The Evolution of GEOSS. 2nd Annual System of Systems (SoS) Engineering Conference, 2006.

［34］ Delaurentis D A, Callaway R K. A System-of Systems Perspective for Future Public Policy，2004（6）.

［35］张维明，刘忠，阳东升，等 . 体系工程理论与方法 . 北京：科学出版社，2010.

［36］阳东升，张维明，刘忠，等 . 体系工程原理与技术 . 北京：国防工业出版社，2013.

［37］Bexfield J N, Allen T L, Greer W L, et al. Deep attack weapons mix study（DAWMS）case study. Alexandria：Institute for defense analysis，2001.

［38］Pernin C G, Moore L R. The weapons mix problem—A math model to quantify the effects of internetting of fires to the future force. Santa Monica：RAND Corporation，2005.

［39］Matthews D, Collier P. Assessing the value of a C^4ISREW System-of-Systems capability. // Washington D. C. ：command and control program（CCR P），2000：1-18.

［40］Ender T R. A top-down, hierarchical, System-of-Systems approach to the design of an air defense weapon. Atlanta：Georgia Institute of technology，2006.

［41］Frits A P. Formulation of an integrated robust design and tactics optimization process for undersea weapon systems. Atlanta：Georgia Institute of technology，2004.

［42］Futurecombat system. www. globalsecurity. org/military/ systems /ground/ fcs. htm 2011-05-01/2011-05-18.

［43］Missile Defense Agency. www. mda. mil/system/system. html 2011-05-01.

［44］Future naval capabilities（FNCs）innovative naval prototype. www.lobalse-curity.org/military/systems/ship/fnc. htm 2011-05-01/2011-05-18.

［45］中国人民解放军总装备部综合计划部 . 中国军事百科全书（第二版）学科分册——军事装备总论 . 北京：中国大百科全书出版社，2008.

［46］游光荣，初军田，吕少卿，等 . 关于武器装备体系研究 . 军事运筹与系统工程，2010，24（4）：15-22.

［47］李英华，申之明，蓝国兴 . 军兵种武器装备体系研究 . 军事运筹与系统工程，2002，16（3）：50-52.

［48］李英华，申之明，李伟．武器装备体系研究的方法论．军事运筹与系统工程，2004，18（1）：17-20.

［49］胡晓峰，杨镜宇，吴琳，等．武器装备体系能力需求论证及探索性仿真分析实验．系统仿真学报，2008，20（12）：3065-3068.

［50］马亚平，李柯，崔同生，等．联合作战模拟中武器装备体系结构研究．计算机仿真，2004，21（3）：7-9.

［51］姜静波，黄建新，樊惠军，等．适应未来联合作战装备发展要求大力加强武器装备体系研究．北京：全军武器装备体系研究第一届学术研讨会论文集，2006.

［52］李锴，吴纬．基于复杂网络的武器装备体系研究现状．装甲兵工程学院学报，2016，30（4）：7-13.

［53］郭齐胜，董志明，樊延平，等．装备需求论证工程化理论与技术．北京：国防工业出版社，2016.

［54］Jay Lee, Hung-An Kao. Recent Advances and Trends of Cyber-Physical Systems and Big Data Analytics in Industrial Informatics. Proceeding of Int. Conference on Industrial Informatics，2014：1-6.

［55］贾现录，王书敏，周远，等．武器装备作战需求工程理论与技术．北京：军事科学出版社，2013.

［56］［美］Mo Jamshidi. 体系工程基础理论与应用．许建峰，郝政疆，黄辰，等译．北京：电子工业出版社，2016.

［57］中国科学技术协会，中国系统工程学会．2014—2015系统科学与系统工程学科发展报告．北京：中国科学技术出版社，2016.

［58］李惠彬，张晨霞．系统工程学及应用．北京：机械工业出版社，2013.

［59］陈队永．系统工程原理及应用．北京：中国铁道出版社，2014.

［60］沈雪石，吴集，安波，等．装备技术体系设计理论与方法．北京：国防工业出版社，2014.

第 2 章

开放架构

开放式体系结构（Open System Architecture）具有应用系统的可移植性和可剪裁性、网络上各节点间的互操作性和易于从多方获得软件的体系结构，简称开放架构（Open Architecture，OA）。集成是系统工程和体系工程的一个重要环节，开放架构为系统和体系集成提供了基础技术支撑。

2.1 开放架构的发展历程

开放架构于 20 世纪 80 年代初提出，与开放系统概念的提出和实现密切相关。它的发展是为了适应更大规模地推广计算机的应用和计算机网络化的需求，现仍处于不断发展和完善之中。对于开放系统，X/Open 协会的定义为开放系统是以规范化与实际上存在的接口标准为依据而建立的计算机系统、网络系统及相关的通信环境，这些标准不应是任何机构所专有的，它可以为各种应用系统中的标准平台提供软件的可移植性、系统的互操作性、信息资源管理的灵活性和更大的可选择性；OSF 的定义为开放系统是一种能使各类用户在连续工作的环境下，将不同的硬件系统与软件系统共同应用的系统；IEEE POSIX 委员会则认为所谓开放式计算机系统，就是为应用程序提供在展览中网络上的可移植性、互操作性和分布计算机的计算机系统。

开放架构能够为开发开放系统提供一个适合的框架，并指导通过采用相关标准和指南构建支持开放系统的开放架构计算环境（Open Architecture Computing Environment，OACE）。OACE 的本质是利用一组计算机、内部和外部的网络互连设备、网络传输介质、操作和控制软件、通信软件以及接口软件等，来提供一个分布式的高效计算环境，并且至少满足：

（1）采用了意义明确的、广泛使用的、开放的标准或协议；

（2）全面的接口定义便于各种应用增添新的系统功能，并且在扩充或升级时对系统的影响最小；

（3）确保分布式处理、可移植性、可量测性、可伸缩性、模块性、容错性、共享资源管理和自动使用等。

为了实现系统的开放性，国际上各个厂商和组织纷纷推出了相关技术、标准和规范来支持开放式架构，仅 ISO 就推出了几百项规范和标准。开放架构自提出至今，从硬件和软件两个层面上的发展过程如图 2.1 所示。

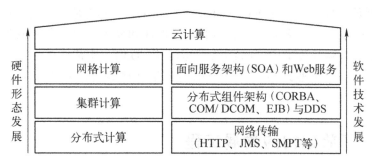

图 2.1　开放架构硬件形态和支撑软件发展过程

2.2　分布式组件架构

分布式组件架构的典型代表有 OMG CORBA、Microsoft COM/DCOM（或 .NET）以及 Sun JavaBean/ EJB 这几种。这几种技术出现在 20 世纪 90 年代到 21 世纪初，在这个阶段不同领域的系统推出了综合集成架构和解决方案。

功能集成的主要目的是实现功能"即插即用"，为了实现这个目标，在商用行业提出了一系列组合的解决方案，早期代表性的技术是组件（构件）技术、中间件技术。有多个组织和公司为组件、组件框架和接口建立了模型和技术规范，其中 OMG CORBA、Microsoft COM/DCOM（或 .NET）以及 Sun JavaBean/ EJB 占主导地位。

CORBA（Common Object Request Broker Architecture）是对象管理组织

OMG 在 1992 年发布的分布式对象计算的一种规范和标准。它定义了接口定义语言（IDL）和应用编程接口（API），从而通过实现对象请求代理（ORB）来激活客户/服务器的交互。1996 年 12 月发布了 CORBA 2.0 版本，定义了如何跨越不同的 ORB 提供者而进行通信，以解决不同的 ORB 之间的协同工作。随着在实践中的不断完善，1999 年又推出了 CORBA 3.0 版本，融合了一些新兴的技术如 Java、MOM 等，推出了组件模型 CCM 结构，规范了一个创建即插即用对象的框架，为 CORBA 的具体实现提供了一种标准的方法。

CORBA 规范定义了 ORB 的体系结构及相关内容，定义了 IDL 语言及其映射，定义了对象间如何通过 ORB 互操作以及 ORB 间如何互操作。在 CORBA 中，对象请求代理（ORB）、接口定义语言（IDL）和因特网（Internet）上对象请求代理之间的协议（IIOP）是三个核心组成部分，可使系统具有分布式、可移植、可裁剪和异构能力。此外，事件和命名服务（它们是使用最广泛的服务程序）在实现分布式、可移植、可裁剪和异构型的目标当中也起到了很大的作用。CORBA 命名服务程序与 CORBA 典型事件服务程序对大量子系统与接口的成功集成起着关键的作用。图 2.2 是 CORBA 的体系结构，表示了客户、服务的执行对象与 ORB 接口间的关系。

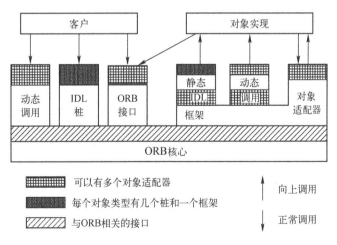

图 2.2　CORBA 体系结构

2.3 发布/订阅与 DDS

2.3.1 发布/订阅系统

Internet 技术的广泛应用和移动计算、网格计算以及普适计算平台的快速发展,要求分布式系统能够满足大规模、分散控制和动态改变的要求。这就要求系统的各参与者之间,采用一种具有动态性和松散耦合特性的灵活通信范型和交互机制。发布/订阅(Pub/Sub)通信范型与传统的通信范型(消息传递、RPC/RMI 和共享空间)相比,具有异步、多点通信的特点,使通信的参与者在空间、时间和控制流上完全解耦,能够很好地满足大型分布式系统松散通信的需求。

发布/订阅系统是一种使分布式系统中的各参与者,能以发布/订阅的方式进行交互的中间件系统。在发布/订阅系统中,信息的生产者和消费者之间所交互的信息称为事件。如图 2.3 所示,生产者将事件发送给发布/订阅中间件;消费者则向发布/订阅中间件发出一个订阅条件,表示对系统中的哪些事件感兴趣,如果不再感兴趣,则可以取消订阅;而发布/订阅中间件则保证将生产者发布的事件及时、可靠地传送给所有对之感兴趣的消费者。信息的生产者称为发布者(Publisher),信息的消费者称为订阅者(Subscriber),发布者和订阅者统称为客户端。匹配算法(Matcher)负责高效地找到与给定的事件相匹配的所有订阅条件;而路由算法(Router)则负责选择适当的路径,将一个事件从发布者传送到订阅者。

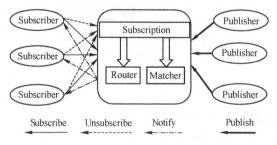

图 2.3 发布订阅系统概念模型

一个典型的发布/订阅系统包括事件模型、订阅模型、匹配算法、拓扑结构、路由算法和提供服务质量保证的设施。其中:事件模型定义了事件的数据结构;订阅模型定义了系统能够支持的订阅条件,指明了订阅者如何表达对事件子集的兴趣；事件模型和订阅模型共同决定了系统的表达能力。匹配算法一般要结合相应的事件和订阅模型进行优化。拓扑结构决定了系统的可扩展性，路由算法一般要根据相应的事件代理网络的拓扑结构进行优化。

根据订阅者表达兴趣的不同方式，即不同的事件模型及订阅模型，发布/订阅系统可以分为两类：基于主题的系统和基于内容的系统。

（1）基于主题的系统。在基于主题的发布/订阅系统中，主题通常用一个字符串类型的关键字来表示，每个事件都被赋予一个主题。每个被发布的事件都携带有自己的主题信息，而订阅者则通过在自己的订阅中指明主题来表达兴趣。基于主题的发布/订阅系统根据主题来检查事件与订阅是否匹配，并进而决定如何转发相应事件。就节点的兴趣表达形式而言，基于主题的发布/订阅与应用层组播非常相似，因而很多应用层组播方法可以直接用来实现基于主题的发布/订阅系统。基于主题的事件与订阅模型相对简单，但表达能力较弱，不能反映更加复杂的节点兴趣。

（2）基于内容的系统。基于内容的系统又可分为两类，一类是基于Map，另一类是基于 XML。在基于内容的发布/订阅系统中，事件内容往往表现为多个"属性=值"的集合，而订阅者的兴趣也就通过针对事件内容所含各种属性值的约束来表达，其具体形式一般为关于若干属性值的约束条件的逻辑组合。实际上，事件内容除了"属性=值"集合还可以附加上其他的数据，即"属性=值"集合只是充当用以匹配订阅的数据头。虽然实现相对复杂，但基于内容的系统对节点兴趣的表达能力比基于主题的系统强。

2.3.2　DDS

发布/订阅机制使系统信息使用的可伸缩性和灵活性有了很大提高，即要求不用重建整个系统就可以增加新的节点。OMG（Object Management Group）意识到了这种对数据分发服务的需求，并于 2004 年 12 月发布了面向分布式实时系统的数据分发服务规范（Data Distribution Service for Real-time Systems，DDS）。DDS 规范为 DDS 中间件定义了一系列规范化的接口和行为，定义了以数据为中心的发布/订阅机制，提供了一个与平台无关的数据分发模型。此外，DDS 规范还强力关注了对 QoS（Quality-of-Service）的支持，定义了大量的 QoS 策略，使得 DDS 可以很好地配置和利用系统资源、协调可预测性与执行效率之间的平衡，以及支持复杂多变的数据流需求。

DDS 是从实时 CORBA 应用的基础之上发展而来，与 CORBA 的比较如表 2.1 所示。DDS 提供了一个以数据为中心的发布/订阅模型，使用该模型，应用程序能够实时发布其拥有的信息，同时可以订阅其需要的信息，较好地解决了在不可靠网络环境中通信时数据的自动发现、数据传输的可靠性和冗余性等问题。

表 2.1　DDS 与 CORBA 比较

比较对象	DDS	CORBA
组件关系	一对多	多对一
是否存在服务瓶颈	不存在服务器瓶颈	存在服务器瓶颈
底层通信协议	底层使用 UDP 进行通信	底层使用 TCP 进行通信
通信模式	以数据为中心的发布/订阅模式	以对象为中心的 C/S 模式
应用场景	应用在实时性要求较高的领域	应用在实时性要求不高的领域

DDS 规范主要有两层，分别是底层 DCPS（Data-Centric Publish-Subscribe）和可选的高层 DLRL（Data Local Reconstruction Layer）。DCPS 层是 DDS 的核心和基础，该层提供了通信的基本服务，并完成数据的发布和订阅。DDS 提供的以数据为中心的发布/订阅模型具体包括域（Domain）、数据写入者（DataWriter）、发布者（Publisher）、数据读取者（DataReader）、订阅者（Subscriber）和主题（Topic）。域是将单个程序联系在一起来进行通信的基本结构，只有在同一个域内的组件才能相互通信，发布者是负责发布主题的组件，通过使用数据写入者将主题发布到全局数据空间，订阅者是负责订阅主题的组件，通过数据读取者获取所订阅主题中的数据，一个组件既可以是发布者也可以是订阅者。DDS 通信模型如图 2.4 所示。

进行通信时，发布者需要先向 DDS 中间件注册所要发布的数据类型，注册成功后就可以发布包含该数据类型的主题了，每当有数据需要发布时，发布者向 DDS 中间件发布包含数据的主题，并设置所发布主题的 QoS，订阅者查找该主题并请求订阅，DDS 中间件会比较发布者的 QoS 和订阅者的 QoS 是否兼容，如果兼容则返回主题给订阅者，否则拒绝返回主题，当发布者又有新的数据需要发布时，继续重复上述步骤。

DDS 使用 QoS 控制通信的灵活性。QoS 可以分为三大类：主题 QoS、

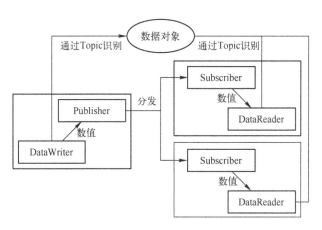

图 2.4　DDS 通信模型

发布者 QoS 和订阅者 QoS。主题 QoS 反映了资源的可用情况，发布者 QoS 反映了发布者对资源的占有程度，订阅者 QoS 反映了订阅者对资源的期待程度，只有 QoS 兼容的发布者和订阅者之间才可以进行通信。QoS 参数主要包括持续性、可靠性、历史记录、保活性和时间限制。

（1）持续性（Durability）：如果该参数被选中了，则后加入的订阅者可以订阅发布者在该订阅者加入之前已经发布的历史主题。

（2）可靠性（Reliability）：在默认情况下，发布者只提供尽力而为服务，如果发布者发布的主题由于网络环境等因素丢失，发布者不会重新发布丢失的主题；如果可靠性参数被选中了，则订阅者会向发布者确认每一个接收到的主题；如果发布者未收到来自订阅者的确认信息，则需要重新发布该主题。

（3）历史记录（History）：该参数决定发布主题历史队列的长度，该参数值决定了有多少历史主题会传递给后加入的订阅者，历史记录参数通常和持续性参数一起使用。

（4）保活性（Liveliness）：该参数用于检测发布者的活跃状态，发布者的 Liveliness 参数决定了发布者发布活跃信号的最大时间间隔，而订阅者的 Liveliness 参数决定了订阅者所能接收的发布者发布活跃信号的最大时间间隔，因此订阅者的 Liveliness 参数值应该大于发布者的 Liveliness 参数值。

（5）时间限制（Deadline）：发布者的 Deadline 参数值代表发布者更新数据的最大时间间隔，订阅者的 Deadline 参数代表订阅者所能接收的发布者更新数据的最大时间间隔，因此订阅者的 Deadline 参数值应该大于发布者的 Deadline 参数值。

通过设定不同的 QoS 参数，发布者和订阅者之间可以实现更加灵活的通信，DDS 相对于传统中间件技术在数据通信方面具有明显优势，这使得 DDS 被越来越广泛地应用在各类分布式实时系统中。

2.4 SOA 与 Web 服务

2.4.1 SOA

随着信息技术的发展，面向服务的体系结构（Service-Oriented Architecture，SOA）为功能集成提供了更好的技术支撑。早在 1996 年，Gantner 就提出了 SOA 的概念。2004 年 4 月，IBM 公司首先提出 SOA 的编程模型思想，并在网站发表了高质量的文章 200 多篇，多次组织报告会，引起国内外广泛关注。结构化信息标准推动组织 OASIS 也开始组织力量为 SOA 和它的各种组件创建一些标准术语。2005 年，OASIS 接受了 6 个被推荐的 Web 服务说明书，Web 服务标准取得了很大的进展，然后提出了 SOA 的参考架构模型，并成为标准。BEA、IBM、Oracle 及 Sybase 等国际大公司把服务构件架构和服务数据对象混合成了 SOA 编程模型。该参考模型致力于定义最小的一组 SOA 核心概念并确定其间的关系，用于构造 SOA 的共同语义。尽管如此，关于 SOA 至今还没有一个统一的、广泛认可的标准，不同的厂商和组织根据自己的需求制定自己的 SOA 参考模型。

根据 W3C 对 SOA 的定义：SOA 是一套可以被调用的组件，用户可以发布并发现其接口。SOA 将企业应用程序的功能独立出来成为服务，服务之间具有良好的通信接口和契约，接口采用中立的方式进行定义，使得服务能够以一种统一和通用的方式实现跨平台、跨系统、跨编程语言的交互，功能单元就能够以服务的方式实现集成。

SOA 的模型描述了三个角色（服务提供者、注册机制和服务消费者），进行三种操作（注册服务、查找服务、绑定并执行服务），具有简单、动态和开放的特性。图 2.5 简明地表述了 SOA 基本架构模型。

SOA 的基本体系架构由以下四部分要素组成。

（1）服务提供者（Service Provider）。服务提供者是一个可通过网络寻址的实体，它接收和执行来自消费者的请求。它将自己的服务和接口契

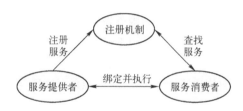

图 2.5 SOA 的基本架构模型

约发布到服务注册中心，以便服务使用者可以发现和访问该服务。它主要实现以下功能。

① 定义可提供的服务功能；

② 设计并实现这些功能；

③ 描述这些服务，并在服务注册表项中发布。

（2）注册机制（Register）。服务注册机制是一个包含可用服务的网络可寻址的目录，它是接收并存储服务契约的实体，供服务消费者定位服务之用。主要实现以下功能。

① 增加、删除或修改已发布服务提供的服务数据；

② 按用户的请求从注册表中查询服务数据。

（3）服务消费者（Service Consumer）。服务消费者可以是一个请求服务的应用、服务或者其他类型的软件模块，它从注册机制中定位其需要的服务，并通过传输机制来绑定该服务，然后通过传递契约规定格式的请求来执行服务功能。该模块主要完成以下功能。

① 发现所需的服务，通常通过访问服务注册表项来实现；

② 通过统一的接口协议来与要访问的服务通信。

（4）服务契约（Contract）。服务契约是服务消费者和服务提供者间交互方式的规范，指明了服务请求和响应的格式。

服务的提供者与服务的消费者是彼此分开的，注册机制中的服务信息位于两者之间，它将服务提供者所提供的服务按一定的标准组织并分类，并向消费者发布服务接口，消费者使用查询功能发现提供者。服务提供者与服务消费者通过事先定义好的契约进行交互。

SOA 包括如下三种主要的操作。

（1）注册服务（Register）：服务提供者将服务的信息发布到服务注册机制中（也称发布服务），服务的信息包括与该服务交互必要的所有内容，如网络位置、传输协议以及消息格式等。

（2）查找服务（Find）：服务消费者依据服务契约来查找和定位服务，

查找服务的操作由用户或者其他的服务发起。

（3）绑定并执行服务（Bind and Execute）：一旦服务请求发现合适的服务，它将根据服务描述中的信息在运行时直接激活调用服务。

从 SOA 的基本架构模型上，可以看出 SOA 有以下关键特性。

（1）服务是可发现和动态绑定的；

（2）服务是自包含和可模块化的；

（3）服务之间具有互操作性；

（4）服务是松耦合的；

（5）服务有可网络寻址的接口；

（6）服务有粗粒度的接口；

（7）服务位置的透明性；

（8）服务有自恢复功能；

（9）服务具有可组合性。

SOA 被认为是传统紧耦合的、面向对象模型的替代者。像通用对象代理架构（Common Object Request Broker Architecture，CORBA）和分布式组件对象模型（Distributed Component Object Model，DCOM）。与传统架构相比，SOA 具有更多优势：基于标准、松散耦合、共享服务、粗粒度和联合控制。SOA 与大多数通用的客户端/服务器模型的不同之处在于它着重强调组件的松散耦合，并使用独立的标准接口，如表 2.2 所示。

表 2.2　SOA 与分布式组件对比

SOA	分布式组件架构
面向流程	面向功能
设计目的是适应变化	设计目的是实现需求
交互式和重用性开发	开发周期长
业务为中心	成本为中心
服务协调	应用阻塞
敏捷的松耦合	紧密耦合
异构技术	同构技术
面向消息	面向对象
独立于实施细节	需深入了解实施细节

SOA 不是一种全新的技术，而是对更传统的、紧密的面向对象模型的另一种选择。而且 SOA 并没有排斥面向对象，系统的总体设计是面向服务的，但是具体到某个服务的实现可以是基于面向对象设计的。SOA 是允许对象在系统内存在的，但是 SOA 作为一个整体就不是面向对象的，可以说 SOA 是更高层意义上的架构。SOA 和面向对象的区别在于接口上，面向对象的接口是给其他对象使用的。

2.4.2　Web 服务

事实上，Web 服务是 SOA 的经典实现方式，它的出现也极大地推动了 SOA 的发展。SOA 与 Web 服务是两个不同层面的问题，前者是概念模式，后者则是实现模式。SOA 概念并没有确切地定义服务以及具体如何交互，而仅仅定义了服务如何相互理解。Web 服务则在需要交互的服务之间如何实现上有了具体的指导原则和解决方案。Web 服务不仅实现了 SOA 的四个基本要素，更重要的是提供了业务流程集成整合的标准和规范。在 Web 服务中，服务的接口和绑定可以通过 XML 进行定义、描述和发现，涉及的三项基本技术是：Web 服务描述语言（Web Service Description Language，WSDL），简单对象访问协议（Simple Object Access Protocol，SOAP），统一描述、发现和集成规范（Universal Description，Discovery and Integration，UDDI）。其中 WSDL 是基于 XML 的 Web 服务接口描述语言，用于描述服务的操作、参数类型以及服务的 SOAP 接入点；SOAP 是分布式或集中式环境下基于 XML 的消息交换协议；UDDI 则用来发布和发现服务。

单一的 Web 服务在功能上是有很大限制的，而且不能充分满足用户的需求。为了在现实世界中的业务功能，具有独立自主能力的服务聚合在一起形成能够完成特定功能的业务流程。业务流程集成整合的规范标准主要有 Web 服务业务流程执行语言和 Web 服务编排描述语言，这是专门为整合 Web 服务的业务过程而制定的规范标准。它们的目的是要创建诸如 Web 服务调用、数据操纵、故障处理或终止某个流程等工作的不同活动，然后将这些活动连接起来，将分散在网络各地的服务集成整合起来，从而创建出面向具体业务的可运行流程模式，以实现业务过程的集成。

Web 服务的技术架构如图 2.6 所示。

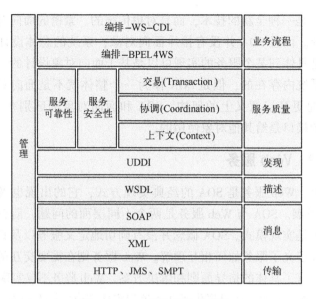

图 2.6　Web 服务的技术架构

2. 4. 2. 1　WSDL

Web 服务描述语言（Web Services Description Language，WSDL）是一个提供描述服务 IDL（接口定义语言）标准方法的 XML 词汇，它是理解 SOA 中服务的关键。WSDL 是融合 NASSL（IBM）和 SDL（Microsoft）之间的活动产物，它为服务提供者提供了描述远程方法调用（RMI）的请求消息和响应消息的格式的一个简单方法。WSDL 不依赖于底层的协议和编码要求，它是一种抽象的语言，利用各自的参数和数据类型来定义被发布的操作。该语言还涉及了服务的位置和绑定细节的定义，开发者用 WSDL 描述一组 SOA 中服务所支持的操作，包括操作输入和输出所期望的对象类型、具体网络的格式约定，以及数据编码的方案，这一层构成了服务接口的核心定义。WSDL 文档类型还可以帮助在 UDDI 注册中心发布和查找服务描述。WSDL 文档被分为两种类型：服务接口（service interface）和服务实现（service implementations）。图 2.7 详细描述了 WSDL 文档的结构。

服务接口由 WSDL 文档来描述，这种文档包含服务接口的 types、import、message、portType 和 binding 等元素。服务接口包含将用于实现一个或多个服务的 WSDL 文档定义，它是 Web 服务的抽象定义，并被用于描

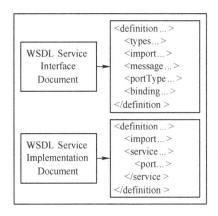

图 2.7　WSDL 文档的结构示意图

述某种特定类型的服务。通过使用一个 import 元素、一个服务接口文档可以引用另一个服务接口文档。例如，一个仅包含 message 和 portType 元素的服务接口可以被另一个仅包含此 portType 绑定的服务接口引用。

WSDL 服务实现文档将包含 import 和 service 元素。服务实现文档包含一个服务接口描述。import 元素中至少会包含一个对 WSDL 服务接口文档的引用。一个服务实现文档可以包含对多个服务接口文档的引用。

WSDL 服务实现文档中的 import 元素包含两个属性。namespace 属性值是一个与服务接口文档中的 targetNamespace 相匹配的 URL。location 属性是一个用于引用包含完整的服务接口定义的 WSDL 文档的 URL。port 元素的 binding 属性包含对服务接口文档中的某个特定绑定的引用。

服务接口文档由服务接口提供者开发和发布。服务实现文档由服务提供者创建和发布。服务接口提供者与服务提供者这两个角色在逻辑上是分离的，但他们可以是同一个实体。一个完整的 WSDL 服务描述是由一个服务接口文档和一个服务实现文档组成的。

2.4.2.2　SOAP

简单对象访问协议（Simple Object Access Protocol，SOAP）是一个基于 XML 的，用于在分布式环境下交换信息的轻量级协议。SOAP 在请求者和提供者之间定义了一个通信协议，这样，在面向对象编程的环境中，该请求对象可以在提供对象上执行远程方法调用。SOAP 规范是由 Microsoft、IBM、Lotus、User Land 和 Develop Mentor 联合制定的。该规范随后发展并建立了 W3C XML 协议工作组，有超过三十家公司参与其中。

在大多数厂商的 SOA 实现中，SOAP 为分布式对象通信构建了基础。尽管 SOA 没有定义通信协议，但由于在 SOA 实现中的普遍使用，最近 SOAP 甚至被称为面向服务的架构协议（Services-Oriented Architecture Protocol）。SOAP 的优点在于它完全和厂商无关，相对于平台、操作系统、目标模型和编程语言可以独立实现。

SOAP 规范中最重要的部分就是其消息框架。SOAP 消息是由一个必需的 SOAP Envelope、一个可选的 SOAP Header 和一个必需的 SOAP Body 组成的 XML 文档。作为 SOAP 消息的该 XML 文档将在本规范的其余部分被引用。SOAP 消息应当包含如下部分，如图 2.8 所示。

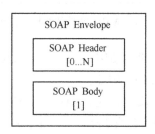

图 2.8　SOAP 消息组成示意图

在图 2.8 中，Envelope 是表示该消息的 XML 文档的顶级元素。Header 在通信方之间尚未预先达成一致的情况下，Header 支持在松散环境下 SOAP 消息增加特性的通用机制。SOAP 定义了很少的一些属性用于指明谁可以处理该特性以及它是可选处理的还是强制处理的。Body 为消息的最终接收者想要得到的那些必须被处理的信息提供了一个容器。

1. Envelope 语法规则

（1）元素名为 Envelope。

（2）该元素必须在 SOAP 消息中出现，一般是根元素。

（3）该元素可以包含命名空间申明和额外的属性。如果出现额外属性，则必须使用命名空间修饰。类似地，该元素可以包含额外的子元素，这些子元素如果出现，必须有命名空间修饰并且跟在 SOAP Body 元素之后，也就是说，Envelope 的直接子元素 Header 和 Body 必须排列在最前面。

2. Header 的语法规则

（1）元素名为 Header。

（2）该元素可以在 SOAP 消息中出现，但并不是必须出现的。如果出现，则该元素必须是 SOAP Envelope 元素的第一个直接子元素。

（3）该元素可以包含一系列的 Header 条目，这些条目都应当是 Header 元素的直接子元素，并且 Header 的所有直接子元素都必须有命名空间修饰。

（4）Header 条目自身可以包含下级子元素，但这些元素不是 Header 条目，而是 Header 条目的内容。

3. Body 的语法规则

（1）元素名为 Body。

（2）该元素必须在 SOAP 消息中出现，同时必须是 SOAP Envelope 元素的一个直接子元素。若该消息中包含 Header 元素，则 Body 元素必须直接跟随 Header，为 Header 元素的相邻兄弟元素。若 Header 不出现，则其必须是 Envelope 的第一个直接子元素。

（3）该元素可以包含一系列的 Body 条目，这些条目都应当是 Body 元素的直接子元素。Body 的所有直接子元素必须有命名空间修饰。SOAP 定义了 SOAP Fault 元素，用来指示调用错误的信息。

（4）Body 条目自身可以包含下级子元素，但这些元素不是 Body 条目，而是 Body 条目的内容。

2.4.2.3　UDDI

UDDI（Universal Description，Discovery and Integration，统一描述、发现和集成）规范目标是建立一个全球化的、与平台无关的、开放式的体系结构，使得不同企业能够发现彼此、定义如何通过 Internet 交互、使用一个全球性的商务注册中心以共享信息。UDDI 规范是由 IBM、Microsoft 和 Ariba 制定的，促进了基于 Web 服务的创建、描述、发现和集成。在 UDDI 注册中心有 4 种主要的数据类型：商业实体、商业服务、绑定模板和技术规范。

商业实体（BusinessEntity）：描述商业信息，如名称、类型等；

商业服务（BusinessService）：已发布 Web 服务的集合；

绑定模板（BindingTemplate）：访问信息，如 URL。

技术规范（tModel）：对服务类型的技术规格说明，如接口定义、消息格式、消息协议和安全协议等。

其中 BusinessEntity、BusinessService 和 BindingTemplate 是层次嵌套关系。tModel 是独立实体，BindingTemplate 结构包含了对 tModel 的引用。图 2.9 展示了所有这些数据类型之间的关系。

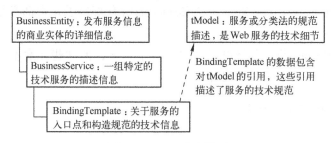

图 2.9　UDDI 基本模型

2.4.2.4　BPEL

Web 服务业务流程执行语言（Business Process Execution Language for Web Services，BPEL4WS，也简称为 BPEL）就是专为整合 Web 服务的业务过程而制定的一项规范标准。它可以创建能够像 Web 服务调用、数据操纵、故障处理或终止某个流程等工作的不同活动，然后将它们连接起来，从而创建出复杂的流程，以达到 SOA 中服务整合的目的。这些活动可以嵌套到结构化活动中，结构化活动定义了其中的活动运行方式。

BPEL 是在描述集成 Web 服务而设计的规范标准上，是将已有的一组服务组合起来所定义的语言。BPEL 的主要元素有合作伙伴连接（Partner Links）、活动（Activity）、合作伙伴（Partners）、变量定义（Variables）、相关集包含（Correlation Sets）（图 2.10），以及补偿处理程序（CompensationHandlers）、故障处理程序（FaultHandlers）和事件处理程序（EventHandlers）等。

伙伴连接用于定义业务流程交互的服务，也是为了描述服务之间的会话关系；合作伙伴是指与业务流程交互的服务，是流程的伙伴链的一部分；变量定义用于表示并保存流程的状态；相关集包含将联系在一起的消息和会话的属性活动定义流程的行为；故障处理程序一般用来捕捉异常并处理流程中所发生的故障；补偿处理程序内作用域被描述为可撤销的应用定义的行为方式，并且把数据恢复到此工作状态前的状态；事件处理程序一般用于并行处理流程执行过程中发生的事件。

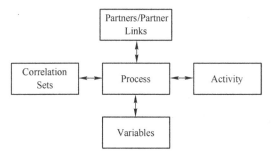

图 2.10　BPEL 活动模型示意图

BPEL 活动基本结构如图 2.11 所示。

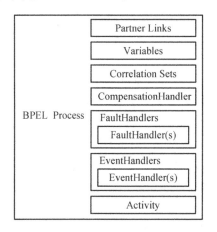

图 2.11　BPEL 活动基本结构

　　伙伴连接：企业间的业务流程是通过 Web 服务接口进行交互，业务流程与其服务水平上的合作伙伴双向互相依赖，且关系对等。一个伙伴既可以是服务消费者也可以是所需服务的提供者，BPEL 中使用伙伴连接描述服务之间对等的会话关系。

　　BPEL 流程由一系列被称为活动的步骤组成。在基本活动中，<receive>表示业务流程能够以阻塞形式等待消息的到来；<reply>表示输入或输出操作的响应；<invoke>表示调用某个 Web 服务上的操作；<assign>活动一般用于更新变量；<terminal>活动用于终止整个服务；<throw>活动表示从流程中抛出故障；<empty>刻画并行活动的同步，可在流程中插入空操作的活动。结构化活动规定了活动的执行顺序，<sequence>和<while>表示活动中的顺序和循环关系，<flow>描述活动运行的并发事件，还有其他的结构化活动等。

变量定义与相关集包含：变量用于对流程的状态进行描述与保存，业务流程的状态包括被交换的消息、业务逻辑和传递的消息的中间数据，全局变量是全局流程作用域的变量，局部流程作用域的变量作为局部变量。WSDL 来定义变量的数据类型，包含简单的内置 XML Schema 的类型，以及自己定义的复杂类型。相关集包含将关联在一起的消息和会话的属性活动定义流程的行为；在面向对象领域和 Web 服务领域有不同的表现，按作用域分为全局关联集和局部关联集。

作用域：一般为 BPEL 中的活动提供上下文，一个流程本身可以称为流程作用域。作用域可以定义某一活动基于定义作用域情况正常时的活动行为，也可定义故障处理、事件和补偿处理等。

2.4.2.5 WS-CDL

Web 服务编排描述语言（Web Services Choreography Description Language，WS-CDL）是国际互联网协会（World Wide Web Consortium）针对 Web 服务编排提出的主要标准，是一种基于扩展标记的语言，从服务组合的整体视角去描述服务参与方（Participant）的双方协作行为，所用的方式是描述这些参与服务的外部可见行为，这些动作按照某个消息顺序来实现业务要求达到的目标。

WS-CDL 从全局描述点对点的协作流程，因此没有一个中心控制节点，协作由各个参与方共同完成。Web 服务接口作为协作的参与方，他们之间的交互具有时间跨度长、有状态和受协调的特征。使用 WS-CDL 描述跨组织机构的协作能够保证 Web 服务之间的一致性、互操作性，增加协作的鲁棒性，也可以从 WS-CDL 中生成各方的代码框架。需要提醒的是 WS-CDL 的编排只是组合流程的一个设计，而不能自动执行。

WS-CDL 的模型包括以下组成要素。

（1）角色类型，关系类型，参与方类型（RoleType, RelationshipType, ParticipantType）。在一个编排中信息交换总是在参与之间进行，所有的交互是在有关系的两个不同的角色之间进行。其中角色由 RoleType 定义，关系由 RelationshipType 定义，参与方被定义为 ParticipantType。

（2）信息类型，变量，标记（InformationType, Variable, Token）。变量用于记录交换的信息或者一个角色的可见信息，包括交换信息变量，状态变量、标记可以用来表示一部分信息。

（3）编排（Choreography）定义了交互参与方的协作流程。包括编排的生命周期、异常处理模块、结束处理模块等。

（4）通道类型（ChannelType）实现了一个协作点用于表示交互的参与方在什么时候可以以什么方式进行信息交换。

（5）工作单元（WorkUnit）表示协作要前进的约束条件。

（6）活动（Activity）活动描述了一个编排里的动作。活动分为基本活动和顺序控制活动。顺序控制活动通过将基本活动和其他结构控制活动嵌套组合表示动作之间的先后顺序关系。

（7）交互（Interaction）是编排里的基本活动，用于完成不同参与方之间的信息交换。

（8）WS-CDL 的规范说明中对每个结构有很多的语义和语法限制。

WS-CDL 的各个结构之间的关系见图 2.12。在一个定义良好的 WS-CDL 文档中有一个包（Package）。每个包都包含信息定义和动作定义两个部分。其中信息定义有变量定义，以及参与方相关定义；动作定义由一个或多个编排组成。在 WS-CDL 中，各个协作参与方被定义为 Participant，一个参与方可以同时拥有不同的角色（Role）。每个角色可以拥有多个动作（Behavior）。WS-CDL 中的变量定义可以分为状态变量和通道变量。一个编排被指定为"根编排"而作为包控制流的入口；编排中可定义变量、异常处理块（ExceptionBlock）、结束处理块（FinalizerBlock）等用于定义通信和编排结束（异常结束和正常结束）时的处理动作。

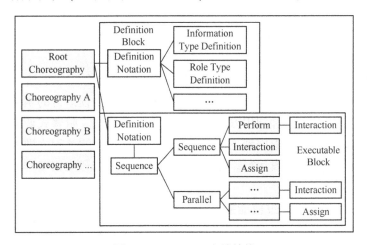

图 2.12　WS-CDL 文档结构

每个编排都包含一个活动定义，活动分为基本的活动和顺序控制活动。WS-CDL 的顺序控制活动有：

（1）Sequence，该结构中的各个子活动按照文本定义顺序先后执行。

（2）Parallel，该结构中的各个子活动并发执行，当所用子活动成功结束该结构才算成功结束。

（3）WorkUnit，在 WorkUnit 中说明被包含的子结构执行的卫士条件或者循环执行子活动的循环条件。卫士条件和循环条件可以包含有 XPath 表达式和 WS-CDL 提供的函数。卫士条件和循环条件的计算方式有阻塞式计算、立即计算（通过设置 WorkUnit 的 Block 属性实现）。

（4）Choice，排他的选择执行。一般 Choice 以 WorkUnit 作为子活动，按照子活动定义的文本顺序计算它们的卫士条件，只有卫士条件满足后才执行对应的 WorkUnit 的动作。如果没有 WorkUnit 子活动，选择哪个子活动执行是不确定的。

基本活动是顺序控制活动的构成要素，包括以下结构。

（1）Interaction，用于描述两个角色之间的信息交换。需要指定用户信息交换的变量名，也可以设定一个超时条件。如果其"align"属性被指定为 true，只有两个角色都知道交互成功后其信息交换才最终有效，否则抛出异常信息交换无效。

（2）NoAction，表示参与者不做任何动作，也可以用于描述从语法角度需要活动但又不做任何事情的地方。比如可用在 ExceptionBlock 中。

（3）SilentAction，可用于描述参与方的不可见但又必须要做的动作。

（4）Assign，用于在 RoleType 里创建，修改变量，变量的值为同一个 RoleType 里的表达式或变量值。也可用于产生异常。

（5）Perform，通过复用已有编排的完成编排组合。一个编排通过使用 Perform 可以调用另外一个编排。Perform 和通用编程语言的函数调用的作用类似。编排有两种调用方式：阻塞式和非阻塞式。阻塞式调用需要被调编排结束后控制才返回到主调编排；非阻塞式中控制流程立即返回，被调编排和主调编排并发运行。通过变量的绑定在被调和主调编排之间实现变量共享。

（6）Finalize，通过使能被直接调用并且成功结束的编排的 Finalizer-Block，从而使得被调用的编排达到共同的目标。

2.5 云计算技术

云计算是分布式计算、网络技术和商业模式相结合而出现的一种全新模式，它既是一种计算机技术，也是一种商业模式。从计算技术的角度上，经历分布式计算—集群计算—网格计算—云计算的发展过程。

2.5.1 集群计算

集群计算技术于 20 世纪 90 年代中期在全球范围内兴起，该技术得到了广泛的应用并取得了良好的社会效益和经济效益。集群是一组相互独立的、通过高速网络互联的计算机，它们构成了一个组，并以单一系统的模式加以管理，即在这组计算机上运行相同的软件并虚拟成一台主机系统为客户端与应用提供服务。一个客户与集群相互作用时，集群表现为一个独立的服务器。在大多数模式下，集群中所有的计算机拥有一个共同的名称，集群内任意系统上运行的服务可被所有的网络客户所使用，集群系统可以协调管理各分离的组件的错误和失败，并可透明地向集群中加入组件。集群内各节点服务器通过网络相互通信，当一台节点服务器发生故障时，这台服务器上所运行的应用程序将在另一节点服务器上被自动接管。当一个应用服务发生故障时，应用服务将被重新启动或被另一台服务器接管。当以上的任一故障发生时，客户都将能很快连接到新的应用服务上。与传统的高性能计算机技术相比，集群技术可以利用各档次的服务器作为节点，系统造价低，可以实现很高的运算速度，完成大运算量的计算，具有较高的响应能力，能够满足当今日益增长的信息服务的需求。

一般的集群具有以下的特点：良好的可用性，即它们都能够在集群的某部分资源出故障的情况下继续向用户提供持续的服务，几乎所有的典型集群都拥有灾难恢复功能；良好的可扩展性，只需很少的配置工作就可以方便地向集群中加入或删除工作节点；良好的可管理性，管理人员通过简单的操作就可以对集群中的工作节点或控制节点进行配置工作；负载平衡功能，包括静态负载平衡和动态负载平衡，为了最大限度地利用集群中的一切资源，集群需要具有动态负载平衡功能，通过监视集群中的实际节点的负载情况动态地进行调度的改变。大部分集群系统都有一个主控机，能够对集群中的机器的运行状态进行监视，而且能够根据各机器的负载轻重进行任务的调度。

根据应用环境和需求的不同，目前应用最为广泛的集群计算技术可以分为三大类：高可用性集群技术、高性能计算集群技术和高可扩展性集群技术。

　　高可用性集群（High Availability Cluster，HA Cluster），是指以减少服务中断时间为目的的服务器集群技术，它的设计思想就是最大限度地减少服务中断时间，对外提供尽可能不间断的服务，它运行于两个或多个节点上，在系统出现某些故障的情况下，仍能继续对外提供服务。高可用性集群通常采用容错的工作方式，当一个节点不可用或者不能处理客户的请求时，该请求将会转到另外的可用节点来处理，完成客户需要的服务功能，而客户端根本不必关心这些要使用的资源的具体位置，集群系统会自动完成。从容错的工作方式出发，可以把集群分为下面几种（特别是两节点的集群）：主/主（Active/active）、主/从（Active/passive）和混合型（Hybrid）。

　　高性能计算集群（High Performance Computing Cluster，HPC Cluster），是指以提高科学计算能力为目的的计算机集群技术。HPC Cluster 是一种并行计算（Parallel Processing）集群的实现方法。并行计算是指将一个应用程序分割成多块可以并行执行的部分并指定到多个处理器上执行的方法。目前的很多计算机系统都支持 SMP（对称多处理器）架构并通过进程调度机制进行并行处理，但是 SMP 技术的可扩展性是十分有限的，比如在目前的 Intel 架构上最多只可以扩展到 8 颗 CPU。为了满足"计算能力饥渴"的科学计算任务，并行计算集群的方法被引入计算机界。著名的"深蓝"计算机就是并行计算集群的一种实现。高性能计算集群又可以分为两种。一种是任务片方式，要把计算任务分成任务片，再把任务片分配给各节点，在各节点上分别计算后把结果汇总，生成最终计算结果。另一种是并行计算方式，节点之间在计算过程中大量地交换数据，进行具有强耦合关系的计算。

　　高可扩展性集群：就是带均衡策略（算法）的服务器集群，集群中所有的节点都处于活动状态，它们分摊系统的工作负载，目的是提供和节点个数成正比的负载能力。负载均衡集群在多节点之间按照一定的策略（算法）分发网络或计算处理负载。负载均衡建立在现有网络结构之上，它提供了一种廉价有效的方法来扩展服务器带宽，增加吞吐量，提高数据处理能力，同时可以避免单点故障，具有一定的高可用性特点。这种集群很适合提供大访问量的服务。目前，基于均衡算法主要有三种：轮询（Round-

Robin)、最小连接数（Least Connections First）和快速响应优先（Faster Response Precedence）。轮询算法，就是将来自网络的请求依次分配给集群中的服务器进行处理。最小连接数算法，就是为集群中的每台服务器设置一个记数器，记录每个服务器当前的连接数，负载均衡系统总是选择当前连接数最少的服务器分配任务。快速响应优先算法，是根据集群中的服务器状态（CPU、内存等主要处理部分）来分配任务。

在负载均衡集群中，最典型的应用就是 Web 服务集群，在 Web 负载均衡集群的设计中，网络拓扑被设计为对称结构。在对称结构中每台服务器都具备等价的地位，都可以单独对外提供服务。通过负载算法，分配设备将外部发送来的请求均匀分配到对称结构中的每台服务器上，接收到连接请求的服务器都独立回应客户的请求。因此，Web 服务集群具有高性能、可扩展性和高可用性。

2.5.2　网格计算

简单地讲，网格是把整个互联网整合成一台巨大的超级计算机，实现计算资源、存储资源、数据资源、信息资源、知识资源、专家资源等的全面共享。网格计算主要研究在分布、异构、自治的网络资源环境动态构建虚拟组织并实现跨自治域的资源共享与协同工作，共享和协作是网格的基本理念，松散耦合的网格系统能够实现广域计算资源、数据资源和服务资源的有效聚合与按需共享，支持大规模计算、数据密集处理和广域分布群组协同工作为特征的应用。

网格计算提供了共享和协调使用各种不同资源的机制，因此能够从地理上、组织上分布的计算资源中创建起一个虚拟的计算机系统，这个计算机系统集成了各种资源以获得理想的服务质量。网格计算的研究技术包括：当计算跨多个机构时，支持管理证书和策略的安全解决方案；资源管理协议和服务，支持安全远程访问计算和数据资源以及协同分配多种资源；信息查询协议和服务，提供关于资源、组织和服务的配置信息和状态信息；数据管理服务，在存储系统和应用之间定位和传输数据集等。网格计算已经在物理学、地球科学、气象科学和生命科学等研究领域得到应用，网格能够为跨地域、跨学科的大型科学研究活动提供协同工作支撑环境。一般，网格计算具有以下特点。

（1）分布和共享：组成网格的各种资源是分布的，同时这些资源又可以通过使用标准、开放的通用协议和接口协调这些分布的资源，实现资源的共享。

（2）自相似性：网格的分布资源具有自治性，同时网格的局部和整体之间存在一定的相似性，局部往往在许多地方具有全局的某些特征，而全局的特征在局部也有一定的体现。

（3）动态性和多样性：网格的动态性表现在动态增加和动态减少两个方面，这就要求网格具有极高的扩展性，主要体现在规模、能力、兼容性等几个方面，网格资源是异构和多样的，在不同的网格环境中可以有不同体系结构的计算机系统和类别不同的资源，因此，网格必须能够解决这些不同结构、不同类别资源之间的通信和互操作等问题。

虚拟组织是网格的核心概念，它由资源共享规则和约束条件定义的一组个体和机构动态构成，虚拟组织的成员为了共享资源，需要按照这些规则和约束条件进行协商。为了动态建立虚拟组织，实现跨自治域的虚拟组件管理和资源共享，需要研究网格的体系结构，网格体系结构是关于如何构建网格的技术，它给出了网格的基本组成和功能，描述了网格组件间的关系以及它们集成的方式或方法，宏观地把握了支持网格有效运转的机制。到目前为止，较为成熟的网格体系结构有两个：5 层沙漏结构和开放网格服务结构（Open Grid Service Architecture，OGSA）。

5 层沙漏结构是一种影响十分广泛的结构，它并不提供严格的规范，不是对全部所需的协议的列举，而是对结构中各个部分组件的功能进行定义，形成一定层次的关系。5 层沙漏结构模型如图 2.13（a）所示。

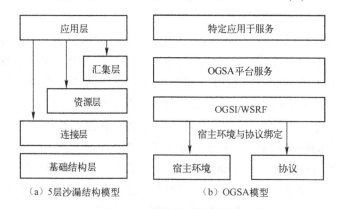

（a）5层沙漏结构模型　　　　　　　（b）OGSA模型

图 2.13　网格体系结构模型

基础结构层定义本地（共享）资源接口，实现了基于底层特定资源的高层共享功能，包括计算资源、数据存储资源、网络资源、软件模块或者其他系统资源等；连接层定义了网格中网络处理的核心通信和认证协议，通信协议使基础结构层资源间的数据转换成为可能，认证协议基于通信服务提供了确认用户和资源身份的安全机制；资源层定义了一些关于安全协商、使用共享功能计费、监控等方面的协议，资源层实现这些协议要调用基础结构层功能来访问和控制本地资源，该层只处理单个资源，不关心资源集合池中的全局状态和原始操作问题；汇集层负责全局资源的管理和资源集之间的交互，该层使用部分资源层协议和连接层实现多种不同资源共享行为；应用层通过不同的协作和资源访问协议使用网格资源。

虽然 5 层沙漏结构模型定义了网格体系结构中每层的功能，但是从图中分析，可以大致认为网格系统可以分为 3 个基本的层次：网格资源层、网格中间件层和网格应用层。网格资源层相当于图 2.13（a）中的基础结构层，包括各种计算机、贵重仪器、可视化设备、现有的软件等，这些资源通过网络设备连接起来。网格中间件层对应图中的资源层、连接层和汇集层，包括一系列工具和协议软件，功能是屏蔽网格资源层中计算资源的分布、异构特性，向网格应用层提供透明、一致的使用接口。5 层沙漏结构的一个重要特点是沙漏的形状，其内在的含义是：因为各部分协议数量不同，对于核心的部分，要能实现上层各种协议向各种核心协议的映射，同时实现核心协议向下一层其他协议的映射，核心协议在所有的网格计算节点都得到支持，因此核心协议的数量不应该很多，这样核心协议就形成了协议层次结构中的一个瓶颈，在该模型中，资源层和连接层组成了这一核心的瓶颈部分，形状如沙漏。

随着网格技术的快速发展和全球网格论坛的出现，网格的研究注重网格体系结构及其服务标准化的问题，主要包括：①对网格系统的本质功能进行定义、描述和分解，增强网格系统的可重用性、可配置性和易用性；②采用面向服务的体系结构，通过定义服务结构接口提供网格服务，从而方便对网格服务进行访问和组合；③融合 Web 服务标准，继承 Web 服务跨平台、松耦合和基于消息传递等特点。这直接导致了 OGSA 和开放网格服务基础设施（Open Grid Service Infrastructure，OGSI）的制定和发布。OGSA 模型如图 2.13（b）所示。

OGSA 模型的每一层都清晰地定义了相应的功能，其核心层是 OGSI和 OGSA 服务层，OGSI 后来发展成了 Web 服务资源框架（Web Services Resource Framework，WSRF），这些都标志着侧重科学活动的网格计算开始转向面向服务的信息网格。OGSI /WSRF 为网格系统提供包括描述和发现服务属性、创建服务实例、管理服务生命周期、管理服务组以及发布和订阅服务的通知等标准接口及其行为，支持创建、管理网格服务以及网格服务的信息交换；OGSA 基于 OGSI/WSRF 创建一套标准的服务，包括策略服务、注册服务、服务级别管理以及其他网格服务，从而构建网格系统时可以实现代码重用和组件互操作。高层应用与服务使用这些底层的平台核心组件可以构建用于共享资源与协同工作的网格应用。

以网格服务为核心的模型具有以下优势：①由于网格环境中所有的组件都是虚拟化的，因此通过提供一组相对核心的接口，所有的网格服务都基于这些接口实现，就容易构造出具有层次结构的、更高级别的服务，这些服务可以跨越不同的抽象层次，以一种统一的方式来看待；②虚拟化也使得将多个逻辑资源实例映射到相同的物理资源上成为可能，在对服务进行组合时不必考虑具体的实现，可以以底层资源组为基础，在虚拟组织中进行资源管理，通过网格服务虚拟化，可以将通用的服务语义和行为，无缝地映射到本地平台的基础设施上。

2.5.3　云计算

进入 21 世纪，随着计算机技术、网络技术和信息技术的迅猛发展，云计算作为当前最前沿技术而受到学术界和工业界的广泛关注，已成为计算技术发展的主流方向。在 2006 年 8 月 9 日，Google 首席执行官埃里克·施密特（Eric Schmidt）在搜索引擎大会（SES San Jose 2006）首次提出"云计算"（Cloud Computing）的概念。

云计算是当前计算模型的一次重要革新，它是并行计算、分布式计算和网格计算等概念的集成实现。云计算运用虚拟化技术、网络存储等技术将分布在世界各地的计算资源、存储资源、网络设备等大量的软硬件资源联合起来，抽象整合为虚拟的共享资源池，将计算任务分布在资源池上，使各种应用系统能够按需要获取所需的计算能力、存储空间和各种软件服务。它能够提供动态资源池、虚拟化和高可用性的计算平台、数据中心、网络服务和软件服务，为大量用户提供各种类型的云服务。用户根据自己的服务需求通过"按需付费"的方式向云计算购买相应的任意规模的云服务。云计算环境下，用户不必建立自己的数据中心、购买昂贵的软硬件设施，这种"按需付费"的方式不仅降低了用户的资源成本，也降低了部署成本；同时，对于云计算系统的用户来说，不需要知道资源的具体部署位置就能够使用几乎是无限的云计算资源。云计算之所以称为"云"，是因为计算设施不在本地而在网络中，用户不需要关心它们所处的具体位置，于是用"一朵云"来代替。云计算模式的形成由来已久，但只有当宽带网普及到一定程度，且网格计算、虚拟化、SOA 和容错技术等成熟到一定程度并融为一体（集群、网格与云计算技术对比见表 2.3）时，它才能成熟并具有成功的应用案例。

表 2.3 集群、网格与云计算技术对比

特 性	集 群	网 格	云 计 算
普及	商用计算机	高端计算机（服务器、集群）	商用计算机、高端计算机、网络存储
规模/台	100	1000	100～1000
操作系统	Linux、Windows	主要 Unix	虚拟机上运行多个操作系统
所有量	单个	多个	单个
网络/速度	专用网络，低时延、高带宽	通常 Internet，高时延、低带宽	专用高端网络，低时延、高带宽
安全/隐私	传统口令登录，中心隐私依赖于用户权限	基于公钥/私钥的用户账户的认证和映射，有限的隐私支持	每个用户应用程序到配置一个虚拟机，高级安全隐私保障，支持文件级访问控制
发现	成员服务	集中索引和分散式信息服务	成员服务
服务协商	有限	有，基于 SLA	有，基于 SLA
用户管理	集中	分散，基于虚拟组织	集中，也可以委托第三方
资源管理	集中	分布	集中/分布
分配/调度	集中	非集中	集中/非集中
标准/互操作	基于虚拟接口	开放网格论坛标准	Web 服务（ISOAP、IR-EST）
单一系统镜像	是	否	是，可选
能力	固定、自隔离	可变，但是隔离	按需供给

续表

特 性	集 群	网 格	云 计 算
失效管理 （自愈合）	有限（重启任务/应用程序）	有限（重启任务/应用程序）	很好支持失效容错和内容复制，虚拟机很容易实现从一个节点迁移到另一个节点
服务定价	有限、非开放市场	主要是内部定价	效用定价机制
互联	一个机构内部多集群	有限	有潜力，第三方解决方案可以把不同的云服务进行松耦合
应用驱动	科学、商业计算、数据中心	科学、高吞吐、大容量计算	动态供给传统的、Web应用，内容分发
构建第三方应用服务	有限	有限，主要是面向科学计算	有潜力，通过动态供给计算、存储、应用服务来创建新服务，组合成云提供给用户

云计算的发展历程大概可以分为五个阶段：前期积累阶段、云服务初现阶段、云服务形成阶段、云服务快速发展阶段及云服务成熟阶段。

前期积累阶段（1999 年之前）：在该阶段，虚拟化、网格、分布式、并行计算等技术得到了快速的发展并且趋于成熟。在这些技术不断发展的基础上，云计算概念初步形成，云服务的概念和技术不断积累，为云计算的出现积累了理论基础。

云服务初现阶段（1999—2006 年）：在该阶段，SaaS/IaaS 云服务形式出现，并被市场接受。本阶段具有里程碑意义的重大事件有：1999 年 3 月，Salesforce 成立，成为最早出现的云服务，即 SaaS 服务；1999 年 9 月，Loud Cloud 成立，成为最早的 IaaS 服务商；2004 年，Google 发布了 Map Reduce 的论文；2005 年，Amazon 推出了 AWS 平台。

云服务形成阶段（2006—2009 年）：该阶段云服务的三种形式（SaaS、IaaS、PaaS）全部出现，IT 企业、电信运营商、互联网企业等纷纷推出云服务。在本阶段具有重要意义的主要事件有：2007 年 11 月，IBM 首次发布云计算商业解决方案，推出"蓝云"计划；2007 年，Salesforce 发布了世界上第一个平台即服务（PaaS）的应用 Force.com；2008 年 4 月，Google 推出了 Google App Engine。

云服务快速发展阶段（2009—2015 年）：在该阶段，云计算的功能日趋完善，种类日趋多样；传统企业开始通过自身能力扩展、收购等模式纷纷投入云服务之中。

云服务成熟阶段（2015 年之后）：经过一段时间的快速发展，云计算很快进入成熟阶段，具体表现在：通过深度竞争，逐渐形成主流平台产品和标准；产品功能比较健全，市场格局相对稳定；云服务进入成熟阶段，增速放缓。

根据云计算服务对象和范围不同，云计算被划分为四种部署模式：公共云、私有云、社区云和混合云。

公共云（Public Cloud）：当某个组织面向外部企业和个人提供云服务时，该云计算称为公有云。其最大的优点是：云提供商能够为云用户提供物理基础设施、软件运行环境及应用程序等 IT 资源的维护安装及其管理部署。公有云是最大计算力和最短存储时间的突发性应用的最佳选择，并且公有云的用户不知道共享资源的其他用户，也就是资源对于用户是透明的。目前公有云存在的最大问题是：安全风险，即数据不是存储在自己可控制的数据中心，而且公有云的可用性也存在风险。

私有云（Private Cloud）：私有云是指只在单一组织内部使用的云，其拥有云中心设施，包括网络、硬盘、中间件和服务器等资源，并掌管所有应用程序，为用户使用云服务设置权限等，即其数据安全性、系统可用性由组织自身控制。私有云区别于传统的数据中心的特点是：将各种 IT 资源整合、标准化，而且通过策略驱动进行自动化部署和管理。私有云的使用者多为拥有众多分支机构的大型企业或政府部门，最大的缺陷是投资较大，尤其是一次性的建设投资较大。

社区云（Community Cloud）：社区云是大的公有云范畴内的一个组成部分，它的基础设施被几个组织所共享，以支持某个共同需求的社区。社区云可以委托第三方管理，可以被该组织管理。社区云可以说是市场化的产物，近年来企业间的合作化趋势显著，社区云是多家合作企业共同构建的理想平台。

混合云（Hybrid Cloud）：混合云是将公有云和私有云结合到一起的方式。混合云平台将私有云上运行的软件应用程序包和公有云上运行的应用程序联系起来，其所提供的服务既可以供给别人使用，也可以供自己使用。

云计算所体现的概念是"一切即服务"（XaaS）。云计算一般包括几个层次的服务：软件即服务、平台即服务和基础设施即服务，如图 2.14 所示。

软件即服务（SaaS）在应用软件层次上实现云计算，软件厂商将应用软件统一部署在服务器或服务器集群上，通过互联网提供软件给用户。用户也可以根据自己的实际需要向软件厂商定制或租用适合自己的应用软件。

平台即服务（PaaS）是一种公用计算模式，将 CPU、网络、内存、磁盘空间、数据中心架构、操作系统及支撑应用（如数据库）抽象为"平台"，作为服务交付给用户，用户在服务提供商的基础架构上开发程序并通过网络传给其他用户。

基础设施即服务（IaaS）是将计算机基础设施（通常是平台的虚拟化环境）也作为服务交付。数据中心、网络及服务器作为"基础设施"被提供，以满足用户对计算资源的"爆炸性"需求。

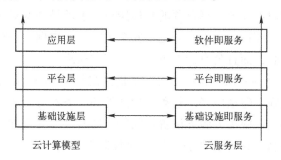

图 2.14　云计算服务层次关系图

云计算是分布式计算、并行计算、网络存储、虚拟化、负载均衡、热备份冗余等传统计算机和网络技术发展融合的产物。云计算有如下特点。

（1）超大规模。云计算具有相当大的规模，例如 Google 云计算多达几百万台服务器，其他 IT 公司如亚马逊和 IBM 等也拥有相近数量的服务器规模。

（2）虚拟化。云计算在任意位置通过云端为云用户提供各种终端服务，而云用户并不知道获取服务的具体位置，对他们来说完全是透明的。

（3）高可靠性。云计算比单一计算机更加可靠，主要采用了多副本容错、计算节点同构等措施来保障服务的高可靠性。

（4）通用性。云计算支撑千变万化的应用服务，而不是特定的应用。

（5）高可伸缩性。云计算为了满足日益增长的应用和用户需要而具有动态的高伸缩性。

（6）按需服务。云计算具有庞大的资源池，用户根据需求按需购买。

（7）极其廉价。云计算的自动化管理使管理成本大幅降低，同时云计算的公用性和通用性使资源的利用率大幅提升。

2.6　本章小结

开放架构是开放式体系结构的简称，开放架构具有的位置透明性、可移植性、可伸缩性、互操作性和异构系统兼容性等优势，为体系集成提供了核心技术支撑。本章总结了开放架构的发展历程，从软件和硬件两个层面上，分析应用较为广泛、影响很大的开放架构相关技术、标准、规范和指南。在软件层面上，开放架构典型技术包括三大类：分布式组件架构、发布订阅和 DDS、SOA 与 Web 服务，书中分别介绍了它们的技术特点、相关标准和适用范围等。在硬件层面上，支持开放架构的技术发展经历了分布式计算、集群技术和网构技术，目前发展到了云计算技术，本章分别介绍了这几种技术的基本特点、体系结构和标准规范等。

参考文献

［1］马建刚，黄涛，汪锦岭，等．面向大规模分布式计算发布订阅系统核心技术．软件学报，2006，17（1）：134-147.

［2］Gorappa S，Colmenares J A，Lafarpour H，et al. Tool-based configuration of real-time CORBA middleware for embedded systems. In：Object-Oriented Real-Time Distributed Computing，2005. ISORC 2005. Eighth IEEE International Symposium. IEEE，2005：342-349.

［3］Gokhale A，Schmidt D C. Techniques for optimizing CORBA middlewate for distributed embedded systems. In：INFOCOM'99. Eighteenth Annual Joint Conference of the IEEE Computer and Communications Societies. Proceedings. New York：IEEE，1999：513-521.

［4］韩江洪，郑淑丽，魏振春，等．面向 XML 的 Web 数据模型研究．小型微型计算机系统，2005，26（4）：609-613.

［5］IBM. Internet Application Development with MQSeries and Java. Palos

Verdes：Vervante Corporate Publishing，1997：123-127.

［6］Object Management Group. Data Distribution Service for Real‒time Systems. Version1.2, Jan. 2007.

［7］柴晓路．Web 服务架构与开放互操作技术．北京：清华大学出版社，2002.

［8］姚世军．基于 Agent 的面向服务选择的 Web Service 架构研究．计算机技术与发展，2006，16（9）：59-61.

［9］WSDL 规范．http://www.w3.org/TR/wsdl/.

［10］SOAP 规范．http://www.w3.org/TR/soap/.

［11］UDDI 规范．http://www.uddl.org/.

［12］Foster I, Kesselman C. The Grid：Blueprint for a new computing infra-structure. San Fransisco：Morgan Kaufmann Publisher, 1999.

［13］Alves A, Arkin A, Askary S, et al. Web services business process execu-tion language, version 2.0, 2007. http://docs.oasis‒open.org/wsbpel/2.0/OS/wsbpel‒v2.0‒OS.html.

［14］Web services choreography description language, version 1.0, 2005. http://www.w3.org/TR/ws‒cdl‒10/.

［15］李德毅、林润华、李兵、等．云计算技术发展报告．北京：科学出版社，2012.

第 3 章

体系集成模式

　　体系需要跨空间、跨平台、跨军兵种地执行多样化的作战任务。面向不同作战任务和战场态势，要求能够从装备全集中选择出适合的平台、武器和系统，通过集成配置快速构建一个战时的武器装备体系，满足体系对抗条件下的作战需求。而体系在作战实施过程中，会导致平台、武器和系统出现战损、故障或修复、补充，体系成员将会频繁地加入和退出体系，此时需要通过资源重配、功能重组和流程重构，重新构建体系继续执行相应的作战任务。为此，首先，需要依据作战任务需求，在体系的全局范围内（或者说体系的环境中）获取合适资源（平台、武器和系统以及相关保障资源等），通过不同的集成配置方法与手段进行资源集成；其次，通过网络通信等技术方法和手段实现体系所有成员互联、互通，并将体系中相关信息进行有机整合与集成，以实现信息的最大化共享和综合运用；再次，通过功能集成实现平台、武器和系统相关功能模块动态调度的"即插即用"，形成能够完成作战任务的功能体集合；最后，通过过程集成，快速构建或重构能够完成对抗任务的作战流程模型，实施体系对抗作战。因此，集成是体系工程的一个必不可少的重要环节，虽然从技术层面上，根据集成特点和模式，可以将体系集成分为资源集成、数据信息集成、功能集成和过程集成等层面，但由于组成体系的武器、平台和系统等一般受到空间的限制，都将这几个层面进行综合考虑和统一设计，形成满足特定功能，能够完成多样任务的综合集成方案。

3.1　集成模式分类

　　体系集成是以使命任务为依据，将体系的全局资源（软件、硬件和人员等）进行集成与配置，以满足体系的业务需求，因此体系集成是以资源集成为核心，以完成使命任务为目的。体系的资源集成是依据体系的业务需求，在体系存在的全局范围内（或者说体系的环境中）获取资源，以满足体系的任务需求为目标，通过不同的集成配置方法与技术手段进行资源集成。体系资源分布在广域范围内，体系业务需求是多样化的，对体系资源进行集成，各种资源在分布式环境中形成顺畅协同与紧密协作共同完成使命任务，需要将体系中的基础软硬件有机组织起来形成强大的支撑能力，将分散在各个系统的数据和信息进行统一的管理和调度实现体系范围内的按需获取，为分布在不同地域、平台和设备上的各种功能提供互联、互通、互操作的技术手段，并将其灵活组织成为能够完成多种业务的过程模式。因此体系集成要求为资源与基础软硬件、数据信息、功能和过程等方面提供相应的集成技术，从而为体系的全局资源（软件、硬件和人员等）进行集成与配置提供支持。

在电子信息技术快速发展的推动下，体系的综合集成已成为国内外体系尤其是武器装备体系化的发展趋势。目前，集成的含义在学术界还没有形成一致的概念，从集成层次上一般认为系统和体系集成主要包含资源集成、数据信息集成、功能集成和过程集成。资源集成主要是以统一标准化的形式实现系统和体系中各类资源综合起来统一分配，并且实现硬件设备标准化和可共用。数据集成是将各种异构的数据提供统一的描述、组织、管理和访问模型和机制。信息集成是将系统和体系内的全局信息进行统一处理、有机综合，以实现信息的最大化共享和运用。功能集成主要是以统一的实现形式、操作方式等实现功能的即插即用。过程集成主要是将系统和体系的活动、流程等采用统一的组织方式、流程模式快速构建适用不同业务需求、完成多样任务的过程模式。

体系一般都是面向特定领域构建起来的，具有很强的领域特征。因此，在各个不同领域上一般从资源集成、信息集成、功能集成和过程集成等多个方面综合考虑，根据领域提供一整套综合集成模式和解决方案。一般情况下，由于武器装备上的空间非常有限，因此，世界各国主要从资源集成、数据信息集成、功能集成和过程集成等多个方面综合解决体系集成的问题，这种集成方式成为综合集成或一体化集成。例如在舰船领域，目前国外普遍的做法是基于开放架构，广泛采用标准化的硬件和 COTS 技术，将舰船或编队的各类作战资源、计算设备、存储设备、网络设备、显示设备、通信设备和监控设备等硬件通过基础软件（集成中间件）进行集成，从而形成一套完整的集成解决方案，为情报侦察、预警探测、指挥控制、信息通信、电子对抗、武器交战和其他作战信息保障等领域应用提供服务。其中以全舰计算环境（TSCE）最具代表性。

体系来源于系统，系统和体系的特性既有联系又有区别，系统工程和体系工程所侧重的方面也有所不同，因此，体系集成既有系统集成的特征和要求，也有自己独特的方面。体系集成和系统集成方面也体现出不同的特点和要求，本章首先分析介绍资源集成、数据信息集成、功能集成和过程集成等不同集成模式的基本概念、要求和一般实现方式；其次介绍具有代表意义的军用领域典型系统、平台和装备的综合集成模式；最后总结出系统集成和体系集成的异同点。

3.2 资源集成

资源集成包括体系可用调配资源集成及其基础软硬件集成。体系由功能上相互支持、性能上相互协调的多种类型的装备系统、平台和设备通过网络链接集成为有机整体，跨空间、跨平台、跨军兵种地执行多样化的作战任务，在武器装备体系的全局范围内（或者说体系的环境中）获取合适资源（平台、武器和系统以及相关保障资源等），通过不同的集成配置方法与手段进行资源集成。体系资源集成可以分为两种：静态配置和动态配置。在体系资源集成中，首先根据作战初始态势和预设任务进行全局初步集成配置，也称为静态配置；其次需要根据作战态势变化以及平台、武器和系统出现战损、故障，对武器装备体系资源进行动态配置。

基础软硬件集成主要是从网络设备、计算设备和显控设备等方面，通过制定统一的标准规范，实现这些硬件资源的统一共用。基础软件集成是在底层操作系统、网络通信协议、硬件驱动等方面，采用统一的技术体制实现不同部件、不同系统之间的相互连接、信息通信和相互调用等。在基础软硬件集成方面，首先是在单个武器、平台和系统上实现集成，然后扩展到体系中。例如，早期的德国 STN 阿特拉斯公司的 ISUS90 综合作战系统采用开放架构，采用交换式以太网双总线网络拓扑结构，将声呐、光导、光学、雷达、电子支援措施和通信情报系统、导航系统与武器系统有效地集成到一起，整个系统具有数据联系能力，计算机通信由以太网双总线系统和光纤数据传输系统控制，所有子系统均装备了先进的基于 PC 的处理计算机实现实时控制，整个系统采用标准化信号处理，尽可能减少信号误差。英国宇航防御系统有限公司研制的 SMCS 指挥系统采用双冗余光纤局域网与潜艇的声呐、战术武器连接，提供对武器发射系统的控制，可支持"战斧"对地导弹，该系统共使用了 200 多个微处理机进行统一的计算处理。法国 UDS 公司研制 SUBTICS 战术综合作战系统以标准数据处理机、冗余数据总线和多功能控制台为基础，采用双冗余以太网总线，将所有的声和非声传感器的输入以及武器、导航系统、指挥和武器控制系统的功能综合到 6 个双屏多功能彩色控制台上。随着装备与作战体系化发展，物联网、边缘计算、5G 等技术发展为在体系基础软硬件集成提供了技术支撑，当前各国纷纷加速推进体系基础软硬件的综合集成研究工作。

3.3　数据信息集成

　　数据集成和信息集成是很难明确区别开的两个部分。主要从数据与信息统一表示和统一管理两个方面开展研究，统一表示的重点在于数据，主要是实现异构数据的同构化，就是将不同表示形式（异构）的数据与信息采用统一的表示框架、标准来描述与操作。信息统一管理是将系统和体系运行中所有的数据进行统一的管理与控制，实现数据和信息按需获取的共享。

　　在数据表示方面，美国的"网络中心战"提出需要在数据和信息表示上要求具有统一标准。由于传统的作战单元中信息具有多样性、异构性、复杂性等特点，导致了数据种类多样化、格式不统一等特点，需要将异构平台、不同格式、不同语义的数据信息进行统一表示和规范操作。解决这个问题最常用的方法是提供统一的集成数据模型（Integration Data Model，IDM），它具有自描述能力，具有统一表示形式和代数操作，能够描述各种异构数据的抽象结构、具体表示和关系，提供原子数据、组合数据的元数据描述，屏蔽数据在结构格式、句法上的异构性，能够容纳已有的数据格式、复杂数据类型，支持各种具有不同语法和格式的数据结构模型，使得协同作战单元各种信息数据按照统一的模型和规范进行分类、处理和表示，形成一个统一、标准、科学的信息表示标准与操作规范。数据模型应该满足三方面的要求：能比较真实地模拟现实世界；能容易为人们所理解，便于在计算机上实现。当前数据分为结构化、半结构化以及非结构化数据。在早期提出的信息表示方案中，往往存在一些不足：数据转换和整合规则都融合在定制代码中，发生变化就难以灵活适应；各个设备只能通过中间库或者集中库的方式来解决数据集成，然而这样又形成了新的数据孤岛。这种状况直至 XML 的出现才有改变。XML 作为一种自描述语言，具有适合数据交换的特性。现有的基于 XML 数据集成平台有如下特点：用 XML 格式作为统一的数据交换标准，为数据访问提供简便、统一的模式；数据转换和整合规则可以灵活定义，独立于应用集成和业务逻辑。如 BEA 公司的数据集成平台 BEA Liquid Data 就是这样的产品。遗憾的是，伴随着用 XML 进行数据交换的是系统运行性能的降低。从 XML 文档所形成的树状结构中查找信息、解析、校验、转换等操作，都不能轻易完成，需要耗费过多系统资源。因此，XML 还不能彻底解决这类问题。为了解决数据表示以及 XML 问题，国际上有一些组织致力于数据概念模型的标准化工作，试图通过对各个信息数据资源的统一抽象和概括，为分布式集成提供通用的、统一的概念模型，找到能够实现全社会数据共享的数据模型，例如美国斯坦福大学与 IBM Almaden 研究中心提出的 OEM（Object Exchange Model）以及东南大学的基于带根连通有向图的对象集成模型（OIM）。OEM 是一种自描述数据模型，适合表示松散或结构不固定的半结构化数据，用于异构数据集成。OIM 以 OIM 对象代数作为查询语言的数学基础，包括六种对象操作，分别是对象并、对象差、对象选择、对象投影、对象粘贴和对象切削，其中对象并和对象差不同于关系代数的相应运算，参与运算的两个 OIM 可以不相容，即可以具有不同数目的子对象以及不同的子对象取值。

　　统一数据模型能够为体系和系统的数据信息实时获取和利用提供便利，然而随着体系形成和应用，积累了大量的数据，而这些数据对于体系对抗的作战来说，在某些场景和任务下十分重要，甚至成为决定胜败的关键因素，因此对于体系大数据（Big Data）的研究和应用将会是体系数据集成的一个重点研究方向。

　　信息集成是将体系内的全局信息进行统一处理、有机综合，以实现信息按需获取的共享。早期体系成员之间（传感器、武器、系统等）是通过 TCP/IP 协议实现互连的，这种点对点的互连方式，造成了体系复杂性高，扩展性差，不能实现武器、平台和系统到体系的"即插即用"和"按需获取"的信息共享需求，不能适应系统动态加入和动态退出，所以尤其不适应武器装备体系的作战组成成员动态加入/退出的需求。基于发布/订阅机制能够使通信的参与者在空间、时间和控制流上完全解耦，并且能较好地解决在不可靠网络环境中通信时数据的自动发现、数据传输的实时性、可靠性和冗余性等问题，能够很好地满足体系分布式松散通信的需求，使得体系可以很好地配置和利用信息资源，支持体系作战过程中复杂多变的数据信息流需求。

3.4　功能集成

功能集成的最主要目的是实现体系中各个平台、武器和系统的功能模块灵活配置、动态调度的"即插即用"。由于体系中包含多领域多专业异构的功能模块和实现方式，服务化的功能集成模式能够有效地将异构的功能模块进行"即插即用"的集成，使得体系资源实现快速共享和调用，完成相应的作战任务。事实上，分布在各个平台、武器和系统中的功能模块调度，都是通过软件接口或功能的形式实现。

为了实现功能"即插即用"，在商用行业提出了一系列解决方案和技术，早期代表性的技术是分布式组件（构件）技术、中间件技术。有多个组织和公司为组件、组件框架和接口建立了模型和技术规范，其中 OMG CORBA、Microsoft COM/DCOM（或 .NET）以及 Sun JavaBean/EJB 占主导地位。组件和中间件技术在武器系统中得到了较为广泛的应用，应用最多的是 OMG CORBA。CORBA 可以实现异步、可靠和异构平台上的功能访问，在一定程度上达到了解耦的目的，在早期的舰船武器平台和作战系统、飞机航电系统等方面取得了较为广泛的应用。

随着技术的发展，面向服务的体系结构（Service-Oriented Architecture, SOA）为功能集成提供了更好的技术支撑。第 2 章已经对 SOA 作了大致的介绍，这里不再赘述。

相比于系统，体系组成元素之间的关系是相互独立，它的结构是在复杂网络中具有动态变化性，在使用环境中各个组成单元独立运行，组成单元之间的耦合很松散，体系的边界也是随着外部环境和内部结构的变化而激烈变化，各个组成单元在自主行为、动态连接和交互协同中完成体系的整体目标，因此从分布式组件架构和 SOA 的特性上看，SOA 无疑更适合体系的功能集成。

3.5 过程集成

过程集成主要是将体系的功能、行为、活动等采用统一的组织方式快速构建成为适应不同任务需求的流程模式，它的最主要的目的是为用户提供一个可以灵活在线定制和运行的工作流程，以便完成各种各样的任务。体系过程集成主要通过将分布式的武器、平台、系统和设备的行为活动进行编制编排，在活动执行引擎的支撑下实现面向体系对抗作战实施的各类应用集成。当前 Web 服务编排描述语言 WS-CDL、Web 服务业务流程执行语言 BPEL4WS 为体系的过程集成提供了强有力的技术借鉴。

在 Web 服务中，业务流程集成整合的规范标准主要有 BPEL4WS 和 WS-CDL，它们的目的是要创建诸如 Web 服务调用、数据操纵、故障处理或终止某个流程等工作的不同活动，然后将这些活动连接起来，将分散在网络各地的服务集成整合起来，从而创建出面向具体业务的可运行流程模式，以实现业务过程的集成。

业务流程集成整合通过服务编制（也称编配）和服务编排来实现。服务编排和服务编制分别从两个不同的角度对服务组合进行了描述。服务编排从整体角度去介绍系统中各服务之间的交互，具体指在多个交互方和多个源中追踪消息顺序，尤其是 Web 服务之间的消息交互，在服务编排中各个参与服务的地位是平等的。事实上，业务流程是依据一定业务规则按照有序序列执行的一系列操作，而操作的排序、选择和执行即为服务编排。而服务编制是可执行的业务流程，它既可以与外部的 Web 服务交互，也可以与内部的服务交互，这种交互发生在消息层级，包括业务逻辑、任务执行顺序等，但服务编制仅仅是从单个服务层面去描述应该什么时候调用服务，调用什么服务，而并没有对交互方应该如何协作进行定义。当前的编制方式有集中式编制和分布式编制。服务编排可以在 Web 服务组合协商和设计的阶段进行使用，明确每个参与服务在协作的过程中所扮演的角色和过程协议，并且按照此协议指导组织内部的服务编制的实现。

服务编制是按照一种陈述性的而非编程性的方式创建合成服务，编制对组合中的每个参与服务都做了详细定义，同时也对服务间的执行顺序做了严格的限制，因此，编制可以认为是业务的简单执行过程，而这个执行过程本身也可以看作一个 Web 服务。而服务编排所关注的是服务参与方如何在更大的业务中进行协调合作，对每个服务来说，编排都会对如何与组合中其他相关的网络服务的交互过程做出详细的定义，并非像编制那样只会从自身服务的角度去描述如何执行给定的业务流。

在体系中，各个成员节点具有高度自治性、连接的动态性与开放性等特征，同时运行环境也是多元化、动态和开放，在这种情况下，需要通过编制和编排技术依据业务需求将体系中分散在各个节点的功能、操作和活动等集成整合形成有机的流程模式，从而实现体系的过程集成，以便实施体系的相应任务。

3.6　系统综合集成

由于系统和体系一般都是面向特定领域构建起来的，具有很强的领域特征，因此，在各个不同领域上一般从资源集成、数据信息集成、功能集成和过程集成等多个方面综合考虑，根据领域提供一整套综合集成模式和解决方案。在不同历史时期，由于具有不同的技术支撑，因此系统和体系的综合集成架构和方案也有很大的区别。

体系集成是在系统集成的基础上发展起来的，从 20 世纪 90 年代到 21 世纪初，由于分布式组件架构的出现，各个领域都不同程度推出了系统集成解决方案。进入 21 世纪后，随着电子信息技术的迅猛发展，尤其是云计算技术的出现，出现了新的系统综合集成模式。本节主要介绍系统综合集成。

3.6.1　基于分布式组件架构的综合集成

分布式组件架构在军用领域得到广泛应用的是 CORBA，自 20 世纪八九十年代开始，不同国家在不同领域的系统推出了综合集成架构和解决方案。为切实推行开放式架构的集成，美国制定了专门的政策文件，成立了许多工作组，并委任国防部重要官员任组长，比如：美国国防部成立了开放式系统联合工作组（Open System-Joint Task Force，OSJTF），波音飞机公司也都开展了军民用开放式系统结构的研究，并及时在航空电子系统中应用了开放架构。20 世纪 90 年代中期，麦道飞机公司和波音飞机公司开发了基于 TAO ORB 的、能跨越多个飞机平台的开放架构 OFP（Operational Flight Program），如图 3.1 所示，并应用到 F-15 和 F-18 的改进型中。波音公司还研发了一套开放系统结构 OSA（Open System Architecture），并且已经在无人战斗机（Unmanned Combat Air Vehicle，UCAV）等飞行器的研制中得到应用。

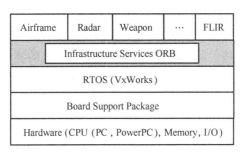

图 3.1　OFP 开发架构示意图

"宝石柱""宝石台"是美国空军综合航电系统实现综合集成的代表。而实现"宝石柱"系统结构的第一架战斗机就是美国的 F-22 战斗机。继为 F-22 研制的"宝石柱"系统之后，美国研制了新型综合电子系统构架"宝石台"，并应用于 F35 战斗机上。"宝石台"系统可以看作对"宝石柱"系统的进一步发展，与"宝石柱"系统相比，"宝石台"系统在传感区域进行了更为广泛和更加深刻的综合化处理，同时"宝石台"系统取消了"宝石柱"系统的功能区，取而代之的是元素化、模块化的概念，其概念就是将探测器、飞行管理、外挂管理、电子战等诸多探测系统通过一个高速率光交换系统让飞机各个系统处于一个多处理器网络中，从而使航电系统更加紧凑，综合范围和深度都比"宝石柱"系统更加广泛。

F-35 战斗机是目前世界上最先进的第五代战斗机之一，由于采用了一系列世界领先的最新航空技术，F-35 成为当今战斗机技术的领导者，除 F-35 大推力发动机外，DSI 进气道设计，以"宝石台"为代表的先进综合航电架构、先进综合射频和先进电子战系统、机载有源相控阵火控雷达、EODAS 和 EOTS 光电系统和轴对称矢量喷管 AVEN 六大技术成为 F-35 战斗机强大性能的支柱。

在舰艇电子信息系统领域，主要的做法是基于开放式体系结构，广泛采用标准化的硬件和 COTS 技术，从而形成一套完整的集成解决方案。比较有代表性的有英国的 SMCS 系统、法国的 SUBICS 系统、德国的 ISUS90 系统、美国的 AN/BSY-1、AN/BSY-2 系统以及即将安装在最新型核动力潜艇 NSSN 上的 C^3I 系统等。

ISUS90 综合作战系统（参见图 3.2）是德国 STN 阿特拉斯公司研制的 ISUS83 系统的改进型。ISUS90 采用开放式体系结构，采用交换式以太网双总线网络拓扑结构，将声呐、光导、光学、雷达、电子支援措施和通信情报系统、导航系统与武器系统有效地集成到一起。整个系统具有数据联系能力，计算机通信由以太网双总线系统和光纤数据传输系统控制。所有子系统均装备了先进的基于 PC 的处理计算机实现实时控制。整个系统采用标准化信号处理，尽可能减少信号误差。系统的实时控制采用 PC 处理机，声呐信号处理采用高速 RISC 处理机。系统采用通用多功能控制台，功能可以互换，所有显示器上的术语通用，信息显示共同处理。系统减少使用专用硬件，将重点放在采用国际通用标准的功能化软件上，整个系统提供了大量的备用替换能力。

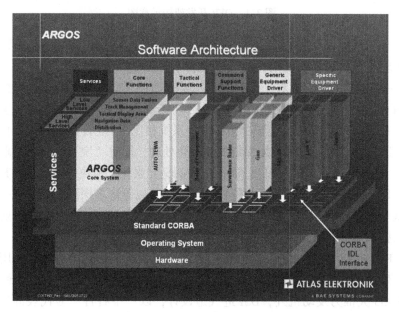

图 3.2　ISUS90 的典型配置界面

SUBTICS 战术综合作战系统（参见图 3.3）是法国 UDS 公司研制的第一个开放式、模块化结构系统，适合装备各类潜艇，包括新建和改装艇。SUBTICS 的核心是一个开放式模块化结构，以标准数据处理机、冗余数据总线和多功能控制台为基础，采用双冗余以太网总线，将所有的声和非声传感器的输入以及武器、导航系统、指挥和武器控制系统的功能综合到 6 个双屏多功能彩色控制台上。该系统提高了总的作战性能；广泛采用 COTS 技术和开放式模块化系统结构，系统兼容性好，升级容易，配置灵活；适装性好。

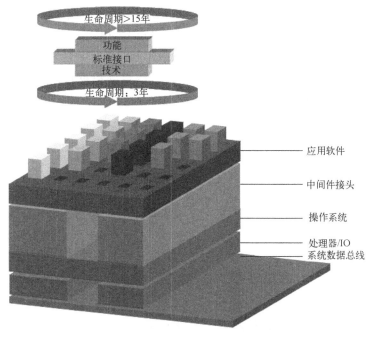

图 3.3 法国的 SUBTICS 战术综合作战系统

NSSN C^3I 系统是先进的作战系统，也是美国海军第一个全综合作战系统——Hiper-D（图 3.4），它装备在潜艇上，几乎综合了潜艇上的所有电子设备，形成了一个以光纤局域网连接的全分布式处理系统。该系统采用顶层系统设计原则，突出浅海作战和联合作战；采用实时 Unix 操作系统和全开放式模块化系统结构，使系统升级，技术转移、改进和扩充更方便；最大限度地利用了商用流行技术，极大地减少了研制费用，缩短了研制周期。C^3I 系统中的各个子系统连接在一种松耦合联合体系结构中，通过 ATM 光纤网络的分层结构共享处理过的数据和信息。该艇 95%是模块化的结构。由于在 NSSN 试验期间不断用最新技术对 C^3I 系统进行更新，以最新产品取代那些过时的硬件和软件，因此当 NSSN 交付使用时，NSSN C^3I 系统仍然是代表当时技术水平的先进系统。

3.6.2 全舰计算环境

随着云计算的出现和快速发展，囊括范围更广、集成度更高的系统也随之出现，最典型的代表是装备在美国海军新型驱逐舰 DDG1000（也称朱姆沃尔特）上的全舰计算环境（Total Ship Computing Environment，

TSCE)。TSCE（图3.5）是美国乃至全世界范围内舰艇电子信息系统综合集成的典型代表，也是最高水平，将舰艇平台上的电子与信息系统的综合集成推向了极致。全舰计算环境是 DDG1000 十大关键技术之一。在 DDG1000 舰上，TSCE 对处理机柜和显控台等设施根据作战系统、机械、电气、通信等专业的不同进行了分类标准化和通用化，硬件主要选用商用现货产品。

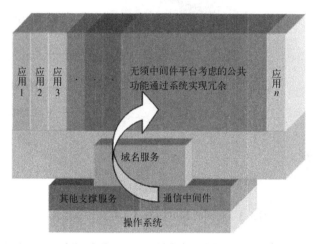

图 3.4　美国舰艇作战系统综合集成环境 Hiper-D 系统

TSCE 是一个包括岸基保障、C⁴ISR、作战系统以及船机电的全舰系统，如图 3.6 所示。TSCE 是为全舰任务应用提供服务的计算硬件和公共软件。TSCE 以 OA 为基础，基于全舰计算环境基础设施所提供的平台化计算支持，能够更好地解决各系统集成时的"烟囱"问题，为舰船提供可升级、自组织、可配置、可高水平完成系统集成和自动化操作的平台，提升了装备的快速交付能力。

全舰计算环境通过开放式技术体系结构的技术架构（图3.7），从层次上分为硬件、操作系统、中间件、基础结构服务及应用五个层次。其中下面四层又称全舰计算环境基础设施（TSCE-I），形成一个开放的、虚拟的计算环境，所有计算资源统一调度管理，可为其他领域的应用提供服务，所有传感器、受动器、激励器和武器通过适配器与全舰计算环境连接，所有应用软件均分布在这个计算环境中，为舰上电子与信息系统提供了基础软硬件平台。几乎所有的基础软硬件平台都依赖商用计算技术。DDG1000 能够将如此大规模应用软件无缝地集成到一起，并且提供软件和硬件的持续增强能力，TSCE-I 是关键因素。这种级别的集成和自动化是史无前例的，也是 DDG1000 驱逐舰人员减少 60% 的主要原因。

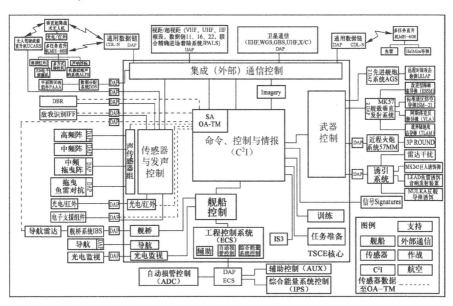

图 3.5　DDG1000 全舰计算环境示意图

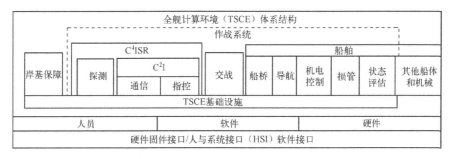

图 3.6　TSCE 系统定义

　　全舰计算环境基础设施是基础骨干，全舰所有应用软件都运行于其上，实现了舰船上所有舰载系统的无缝集成。全舰计算环境基础设施与舰船任务应用程序结合，提供了一个开放体系结构的任务系统，能满足所有作战需求，并具有可扩展性以满足新的操作需求。该体系结构将所有战时和平时的操作集成到一个单一的、通用的计算环境中。

　　全舰计算环境基础设施为运行于其顶层的应用程序提供统一的信息交换、信息处理、信息存储、信息分发、信息安全和保密等服务，实现舰艇上所有系统的综合信息管理，提供信息的实时处理与分发、数据库存储与访问等服务。全舰计算环境基础设施支持应用系统的即插即用，是系统互联、互通、信息共享、安全可靠运行的基础。全舰计算环境基础设施采用标准的软硬件系统，增强了海军使用标准软件和民用现成硬件的能力。

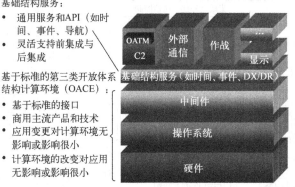

图 3.7　全舰计算环境技术架构

全舰计算环境基础设施的结构分以下 4 层。

（1）硬件层。硬件层包括支撑系统运行的计算机、电缆设备、交换机、驱动器等硬件设施，这些硬件设施均采用标准民用现成设备，构成了全舰计算环境的网络和计算环境基础。

（2）操作系统层。操作系统层包括运行于硬件层计算机之上的各种类型的操作系统。这些操作系统采用标准民用现成技术，全舰计算环境基础设施支持包括实时 Linux、便携式计算机操作系统接口（POSIX）等多种操作系统。

（3）中间件层。中间件层是全舰计算环境基础设施的核心部分，它位于操作系统和应用软件之间，实现全舰计算环境各种类型操作系统和应用程序之间的实时通信和资源共享。

（4）基础结构服务层。基础结构服务层为应用程序层提供应用程序管理及信息交换、处理和管理等各项基础服务，它分为通用服务和领域专用服务，通用服务指所有应用均使用的服务，如时间同步、数据记录、输入/输出控制、电力管理、声明管理、数据分发管理等；领域专用服务则指某一个或一些应用专用的服务，如信息可靠性和安全性管理、任务特殊资源管理等。

TSCE 以中间件技术为核心，"中间件"由于在系统结构中往往居于计算机硬件及操作系统与应用软件之间而得名，多用于分布式系统，通过标准化的程序接口和协议、数据传输和网络服务，将异种/异构计算机硬件及操作系统、应用程序加以封装，隐藏其特异性以解决这些异种/异构应用系统难以集成的问题，进而提高系统整体的开放性。

全舰计算环境基础设施中所采用的多层中间件系统包括主机基础结构中间件、分布中间件、公共中间件服务和领域专用中间件服务（图3.8）。需要特别指出的是，基础结构服务本身也是一种中间件，只是运行于全舰计算环境基础设施中间件系统的高端。全舰计算环境基础设施多层中间件系统细述如下。

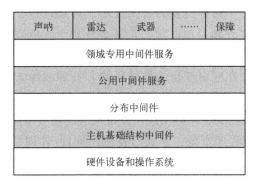

图3.8　全舰计算环境多层中间件结构

（1）主机基础结构中间件用于封装和强化本地操作系统的通信和并发机制以生成可移植、可重用的网络程序软构件，如反应器、接收器-连接器、监视器对象、活动对象及软构件配置等。这些软构件隔离了偶然出现的个别操作系统不兼容问题，避免了通过低级操作系统编程应用程序界面。

（2）分布中间件定义了一种高端分布式编程模型，其可重复使用的应用程序界面和机制是对通过主机基础结构中间件封装的本地操作系统网络编程能力的扩展，并使之自动化。分布中间件支持开发人员可以像开发单机应用程序那样开发分布式应用程序，即通过请求操作目标对象或分布式软构件的形式。

（3）公共中间件服务是对分布中间件的扩充，通过定义一组高层的、与应用领域无关的、可重用的服务，包括事件通知、命名、数据存储和分发、安全和故障恢复等，以保证多计算机环境下大多数分布式应用软件的高效运行。

（4）领域专用中间件服务根据特定作战系统应用领域，包括航空电子任务计算、雷达信号处理、武器瞄准，以及指挥与决策系统等的需求定制的一批中间件。与前 3 种中间件层的软构件具有广泛的民用现成技术来源不同，领域专用中间件服务是目前全舰计算环境基础设施中间层中发展和应用最不成熟的一层。

全舰计算环境能够保持高效运转且具备高可用性和高抗毁性的核心保障之一，就是其采用动态资源管理技术。资源管理器所采用的动态机制将根据战术平台所处情况的具体需求动态地分配应用程序所需的计算和网络资源。例如，当确认一个来自空中的威胁时，"处理器池"将主要被分配给打击空中目标所需的各类显示、计算任务，而当这种威胁被消除时，同一个"处理器池"将可能被分配用于反舰攻击的各项运算任务。对比"烟囱"式系统体系僵硬固定、专属专用的基础结构软硬件而言，这种机制无疑在应对变化的作战环境和资源故障方面具有极大的灵活性。

全舰计算环境资源管理器能够在分布式系统环境中监控网络、操作系统、中间件和应用程序资源，主要具备应用软件/处理监控、操作系统监控、网络监控、系统健康监控、资源和应用软件控制、系统和资源规范、故障检测/故障隔离/故障恢复、动态资源分配等功能（图 3.9）。

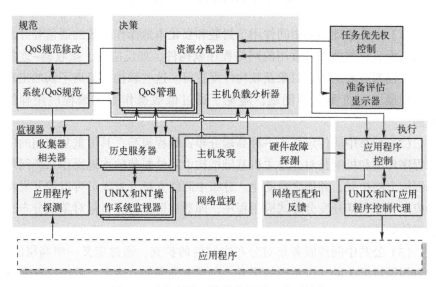

图 3.9　全舰计算环境的资源管理体系结构

3.7　体系综合集成

由于体系具有系统所不具有的组成成员行为自主性和管理独立性，体系整体的涌现性，以及成员随时加入/推出的演化性等特征，因此体系综合集成需要适应体系的特征和要求。在体系集成方面，美军基于开放式架构的体系互操作与集成技术是面向"多域协同联合作战"的装备体系整体建设规划与实施工作的一个组成部分，涉及国防立法、研制规范、项目计划、技术框架、辅助工具的多个方面。单纯从其中一个方面（单一项目或装备）看，是难以对美军装备体系集成形成全面的认识和了解的。要从历史和发展的眼光看待美军在体系集成形成的核心优势——"以法令为保障的多域联合管理与执行能力"。基于这一能力，基于开放式架构的体系互操作与集成、模型驱动系统工程等技术得以在装备体系建设的全生命周期发挥作用。

美军基于开放式架构的体系互操作与集成技术的发展历史、各部分组成以及相关项目安排详见本书的附录 A《美军基于开放架构的体系互操作与集成》。

体系由功能上相互支持、性能上相互协调的多种类型的武器装备系统、平台通过网络链接集成为有机整体。体系集成模式主要包括资源集成、数据信息集成、功能集成和过程集成等，这些集成模式和支撑技术是确保体系具有行为自主性、管理独立性、区域分布性和异构性的重要基础，也是体系具有整体演化性、自组织和适应性及动态重构等特征的重要保障。

正如体系虽然来源于系统，但具有与系统不同的特点一样，体系集成是在系统集成的基础上发展起来的，同样具有与系统集成不同的特点和要求，如表 3.1 所示。

表 3.1　系统集成和体系集成的特性对比

集成方面	系统集成	体系集成
面向重点	面向既定功能、性能实现的预设式集成模式为主	面向支持成员动态加入/退出的在线演进式集成为主
资源集成	面向异构系统、设备软硬件的综合集成与使用	实现各种分布式武器、平台和系统的实时配置和优化运用，面向异构系统、设备软硬件的综合集成

续表

集成方面	系统集成	体系集成
数据信息集成	通过统一数据模型和信息共享方式，实现系统内"所见即所得"的数据信息实时按需共享	不仅要在体系内实现快速数据信息互理解和"所见即所得"的数据信息实时按需共享，还要实现对体系内积累大数据进行集成、挖掘和综合利用
功能集成	生命周期内可预设、可控范围内相关功能模块的互联、互通和互操作	体系渐进成型过程以及激烈演化过程中的动态、不可预见的功能模块的互联、互通和互操作
过程集成	以相互较强依赖、可预见式的系统流程为主	以相互独立成员的行为、活动灵活组织形成能够完成多样任务的作战流程，以及资源重配、功能重组和流程重构为主
综合集成	在较为稳定架构基础上，以实现相对稳定的数据信息集成和功能模式为主要方面	在开放架构基础上，不仅要实现成员动态加入/退出信息集成和功能集成，而且要实现体系资源动态优化配置和体系流程重构的过程集成

3.8 本章小结

集成是体系工程的一个必不可少的重要环节，根据集成特点和模式，体系集成可以分为资源集成、数据信息集成、功能集成和过程集成等层面。由于组成体系的武器、平台和系统等一般收到空间的限制，一般情况下将这几个层面进行综合考虑和统一设计，以满足特定功能，从而完成多样任务的综合集成方案。本章首先介绍了资源集成、数据信息集成、功能集成和过程集成的基本概念和内涵；其次，针对武器装备系统的特点和需求，分析了两类典型系统综合集成技术的发展情况、体系结构和应用状况等，分别是基于分布式组件架构的综合集成和全舰计算环境；然后对体系集成与系统集成的异同点进行比较分析，为后面章节的阐述奠定了基础。

参考文献

[1] 李冠宇，刘军，张俊. 分布式异构数据集成系统的研究与实现. 计算机应用研究，2004，21（3）：96-98.

[2] The BEA Liquid Data Team. BEA Liquid Data for WebLogic：XML-based Enterprise Information Integration. Proceedings of the 20th International

Conference on Data Engineering, 2004: 68-73.

[3] McHugh J, Abiteboul S, Coldman R, et al. Lore: A Database Management System for Semistructured Data. ACM SIGMOD, 1997, 26 (3): 54-66.

[4] 韩江洪, 郑淑丽, 魏振春, 等. 面向 XML 的 Web 数据模型研究. 小型微型计算机系统, 2005, 26 (4): 609-613.

[5] IBM. Internet Application Development with MQSeries and Java. Palos Verdes: Vervante Corporate Publishing, 1997: 123-127.

[6] Object Management Group. Data Distribution Service for Real-time Systems. Version1.2, Jan. 2007.

[7] 柴晓路. Web 服务架构与开放互操作技术. 北京: 清华大学出版社, 2002.

[8] 姚世军. 基于 Agent 的面向服务选择的 Web Service 架构研究. 计算机技术与发展, 2006, 16 (9): 59-61.

[9] 李明, 唐亮, 王允峰, 等. 全舰计算环境工程项目管理研究. 舰船电子工程, 2012, 32 (12): 4-8.

[10] 董晓明, 石朝明, 黄坤, 等. 美海军 DDG-1000 全舰计算环境体系结构探析. 中国舰船研究, 2012, 7 (6): 7-15.

[11] 张伟. 美国海军全舰计算环境发展及关键技术. 舰船科学技术, 2016, 38 (4): 148-152.

[12] 项剑锋, 景武. 战斗机综合航空电子系统现状与发展探索. 沈阳航空航天大学学报, 2008 (2): 19-23.

[13] 张红. 新一代综合航电系统的发展趋势. 航空精密制造技术, 2016, 52 (2): 1-4.

第 4 章

体系资源集成

　　体系由功能上相互支持、性能上相互协调的多种类型的系统和平台通过网络链接集成为有机整体，需要跨空间、跨平台、跨军兵种地执行多样化的作战任务，为此需要面向不同作战对象和战场态势，在体系的全局范围内获取合适资源（平台、武器和系统及相关保障资源等），通过不同的优化配置方法与手段进行资源集成，满足体系对抗条件下的作战需求。体系的资源集成可以分为两个层面：一个层面从完成作战任务的角度上看，是体系中具有行为自主性、管理独立性和位置分布性的体系成员（如海上编队舰船、飞机和导弹等）的集成，可以称为作战资源集成；另一个层面从体系综合计算能力的角度上看，是体系成员之间基础计算设备（如分布在各个成员内部的计算硬件和基础软件）的集成，可以称为计算资源集成。

4.1　体系作战资源集成机制

　　体系作战资源集成可以分为两种：静态配置和动态配置。在体系作战资源集成中，首先根据作战初始态势和预设任务进行全局初步集成配置，也称为静态配置；然后需要根据作战态势变化，以及平台、武器和系统出现的战损、故障，对武器装备体系作战资源进行动态配置。在体系作战资源集成机制上，通过全局作战资源控制中心获取体系环境中的作战资源信息，根据作战任务需求进行资源的集成配置。体系作战资源集成是在体系全局环境中进行的，不仅需要获取全局环境中平台、武器和系统等资源的属性、能力和状态等参数，还需要对当前体系的态势和任务具有全面、清晰的判断和认知。

体系作战资源的静态配置通常是一种预先配置，根据任务需求拟定配置方案。静态配置需要考虑配置方案的有效性、灵活性和鲁棒性。体系作战资源的动态配置是相对静态配置过程而言的。静态配置过程通常是一种预先计划，或者说是一种配置预案；动态配置根据作战态势的变化进行平台、武器和系统等资源适时、动态的调整配置。通常，动态配置以静态配置的鲁棒性和灵活性为基础。

体系作战资源动态配置过程是在任务执行过程中，根据战场态势和情况进行资源的再次调整，因此，动态配置过程中通常只需要考虑任务的当前性和后效性而不需考虑任务的前置性，即已经发生的情况（如已经进行的作战任务或消耗资源量）不在动态配置的考虑中，动态配置重点考虑任务的当前性和任务的后效性。

体系作战资源集成是以完成共同作战任务为目标，以达到预定任务效果为准则，兼顾权衡资源冗余与资源效益、资源价值成本的平衡。

记平台、武器和系统单元的类型（如舰艇、飞机、导弹、火炮等）为 M，每种类型的单元可获取的数量为 $N_i(i=1,2,\cdots,M)$，记平台单元 $i(i=1,2,\cdots,M)$ 的价值成本为 vc_i，平台单元的最大作战任务负载为 $W_i^A(i=1,2,\cdots,M)$。平台单元 $\boldsymbol{p}_j$ 的作战能力为 $\boldsymbol{p}_j=[c_1,c_2,\cdots,c_H]$（$H$ 为资源能力维度），在体系作战资源集成上同一类平台单元可以理解为同一型号的武器或系统，因此同一类型单元具有相同的能力向量。

记 K 为原任务的数量，原任务 j 的负载为 $W_j^{\mathrm{T}}(j=1,2,\cdots,K)$，原任务 j 被作战单元类型 i 执行的效率为 $a_{i,j}(i=1,2,\cdots,M;j=1,2,\cdots,K)$，则原作战任务的能力需求向量 $\mathbf{RC}_i=[\mathrm{rc}_1,\mathrm{rc}_2,\cdots,\mathrm{rc}_H]$（$H$ 为体系中的能力维度，即体系资源能力维度）。

在体系作战资源集成时，需要计算每种平台单元类型配备的数量 $n_i(i=1,2,\cdots,M)$，$0\leq n_i\leq N_i$。同时需要为作战任务（原作战任务）指派平台单元类型，即给出 $a_{i,j}(i=1,2,\cdots,M;j=1,2,\cdots,K)$。

记在某个作战任务中，体系集成可获取的平台单元数量为 m，则可获取平台单元数量与平台单元类型数 M 存在如下关系：

$$\sum_{i=1}^{M} N_i = m$$

假设：平台单元在执行一个任务后，在平台单元资源能力负载所允许的条件下可以被分配执行另外的任务，体系的任意平台单元必须承载至少一个任务，即

$$\sum_{i=1}^{K} x_{lj} \geqslant 1$$

式中，l 表示平台单元，$l = 1, 2, \cdots, m$。

体系作战资源集成策略从以下几方面考虑。

1. 平台单元的能力负载比率——资源集成的冗余性策略

体系的鲁棒性需要以冗余容错的资源为基础。为确保体系的鲁棒性，在资源作战集成过程中需要维持一定的冗余。因此，在资源集成时需要设置平台单元的能力负载比率，即某一平台单元在执行一次完整使命时所使用能力负载占其全部能力的比例。

记任意平台单元在资源作战集成时维持的能力负载比率为 γ（$0 < \gamma \leqslant 1$），则平台单元在集成过程中不考虑承载任何任务（全闲置）时，$\gamma = 0$；平台单元在集成过程中只考虑承载其全部能力的一半（半闲置）时，$\gamma = 0.5$；平台单元在集成过程中承载其全部能力（能力充分发挥）时，$\gamma = 1$。根据假设，$\gamma = 0$ 的情况不允许出现。

2. 平台单元的聚集策略——减少平台单元间的协作策略

满足任务的能力需求是资源作战集成的首要目标。任务能力需求的满足是指在某一原任务上聚集的平台单元在不同的能力维度上都不小于任务的能力需求，这一集成策略可描述如下。

$$\gamma \sum_{i=1}^{m} y_{i,j} c_h - \mathrm{rc}_h \geqslant 0 \, (j = 1, 2, \cdots, K; \ h = 1, 2, \cdots, H)$$

式中，$y_{i,j}(i = 1, 2, \cdots, m)$ 表示任务指派的具体平台单元，$y_{i,j} = 1$ 表示平台单元 p_i 被派去执行任务 mt_j。

在任务执行过程中存在平台单元的协同，即多个平台单元协作完成同一作战任务，平台单元在任务上的聚集可能出现超出预想的数量，使任务执行过程中的指挥协同复杂化，因此，作战资源聚集时需要尽量减少平台单元的不必要协同，以简化任务的执行，这一聚集原则可表示为

$$\min \sum_{j}^{K} \sum_{i=1}^{m} y_{i,j}$$

3. 资源能力的消耗性策略

资源能力的消耗性策略是指平台单元在被指派给某一任务后，其能力

负载受到削弱。在没有补给的情况下平台单元连续执行任务时其能力负载的削弱表示如下。

$$pc_i = \left[\gamma c_1 - \sum_{j=1}^{K} y_{i,j} rc_1, \gamma c_2 - \sum_{j=1}^{K} y_{i,j} rc_2, \cdots, \gamma c_H - \sum_{j=1}^{K} y_{i,j} rc_H \right]$$

式中，$i = 1, 2, \cdots, m$；$j = 1, 2, \cdots, K$。

体系作战资源的能力消耗存在最大限度，对任意平台单元，这一限度即能力负载的最大值，当某一能力的消耗达到其极限时平台单元在该功能上不再承载任何任务负载。因此，在作战资源的集成上存在资源的能力约束，即在平台单元任意能力维度上其能力的消耗不能超过其负载能力。

$$\sum_{j=1}^{K} y_{i,j} rc_h' \leqslant \gamma c_h$$

式中，$j = 1, 2, \cdots, K$；$h = 1, 2, \cdots, H$；rc_h' 表示在 h 能力维度上，平台单元 $\boldsymbol{p}_i$ 对战术任务 mt_i 贡献的能力。

4. 任务执行效率原则

平台单元在不同能力维度上对同一任务的执行表现出不同的执行效率，如驱逐舰和护卫舰都具备防空能力，但在执行防空任务的效率上存在差异。在体系作战资源的集成上，任务执行的效率优先原则是主要原则，即最大化任务执行效率。

记平台单元 $\boldsymbol{p}_i$ 的任务执行效率 pe_i 为在整个使命过程中执行不同功能表现出的效率之和，则作战单元 $\boldsymbol{p}_i$ 的任务执行效率 pe_i 可表示为

$$pe_i = \sum_{h=1}^{H} e_h f_h (l_h - l_h')$$

式中，l_h 表示平台单元 $\boldsymbol{p}_i$ 在能力维度 h 上的初始能力负载；l_h' 表示作战单元 $\boldsymbol{p}_i$ 在能力维度 h 上执行使命任务后的负载能力；$f_h(l_h - l_h')$ 表示平台单元在能力维度 h 上任务执行的效率函数，函数定义为

$$f_h(l_h - l_h') = 1 - \frac{l_h'}{l_h}$$

式中，$f_h(l_h - l_h')$ 表示平台单元 $\boldsymbol{p}_i$ 在能力维度 h 上对集成资源执行总的执行效率，其贡献原则是，负载越高，则效率贡献越高。这一原则强调在平台单元的集成过程中应该尽可能发挥平台的主要功能，例如，防空驱逐舰尽量被集成去执行防空任务，反潜护卫舰尽量被集成去执行反潜作战任务，近空对地支援飞机应该被集成去执行对地火力支援任务，等等。

由此，在作战资源集成过程中的任务执行效率的最大化原则可表示为

$$\max \sum_{i=1}^{m} pc_i$$

根据前面分析，上式进一步表示为

$$\max \sum_{i=1}^{m} pc_i = \max \sum_{i=1}^{m} \sum_{h=1}^{H} e_h f_h(l_h - l_h') = \max \sum_{i=1}^{m} \sum_{h=1}^{H} e_h \left(1 - \frac{l_h'}{l_h}\right)$$

不同类型作战资源在不同任务执行上的效率 $a_{i,j}$ 是确定的，通常在平台单元形成或产生之初就已确定其在不同使命任务执行上的效率。

5. 资源价值成本原则

平台单元的价值成本（vc）为对获取该平台单元难度的评估，如体系作战资源包括武器装备的建造价值成本、作战单元的部署与后勤保障，或者人员的训练成本及其他附加价值成本等因素。作战资源价值成本可由指挥或参谋人员根据战场态势和相关影响因素来确定。

资源价值成本原则是作战资源集成过程中使得资源获取的难度最小化原则，即

$$\min \sum_{i=1}^{M} n_i vc_i$$

6. 体系资源集成的数学描述

根据以上定义与分析，体系作战资源集成配置问题可理解为在满足任务能力需求约束基础上最大化任务执行的效率，最小化作战单元消耗的价值成本与作战单元间的协作。

定义任务执行效率的权值为 α，平台单元成本消耗的权值为 β，平台单元间的协作权值为 π，则平台单元编成配置的最优化需要在任务执行效率 $\max \sum_{i=1}^{m} pc_i$、平台单元成本消耗 $\sum_{i=1}^{M} n_i c_i$ 和平台单元间的协作负载 $\sum_{j}^{K} \sum_{i=1}^{m} y_{i,j}$ 之间权衡。

由此，体系作战资源集成的最优化问题转化为多背包规划问题的变体，即伪多项式指数问题（pseudo-polynomial time），其描述为

$$\alpha \max \sum_{i=1}^{m} pc_i - \beta \sum_{k=1}^{M} n_k c_k - \pi \sum_{j=1}^{K} \sum_{i=1}^{m} y_{i,j}$$

$$\text{s. t.} \begin{cases} \gamma \sum_{i=1}^{m} y_{i,j} c_h - \text{rc}_h \geqslant 0 \\[2ex] \text{pc}_i = \left[\gamma c_1 - \sum_{j=1}^{K} y_{i,j} \text{rc}_1, \gamma c_2 - \sum_{j=1}^{K} y_{i,j} \text{rc}_2, \cdots, \gamma c_H - \sum_{j=1}^{K} y_{i,j} \text{rc}_H \right] \\[2ex] \sum_{j=1}^{K} y_{i,j} \text{rc}'_h \leqslant \gamma c_h \\[2ex] \sum_{k=1}^{M} n_k = m \\[2ex] \text{pe}_i = \sum_{h=1}^{H} e_h f_h (l_h - l'_h) \\[2ex] f_h (l_h - l'_h) = 1 - \dfrac{l'_h}{l_h} \end{cases}$$

$$(j = 1, 2, \cdots, K; h = 1, 2, \cdots, H; i = 1, 2, \cdots, m)$$

体系作战资源集成是以完成共同作战任务为目标，以达到预定作战效果为准则，是对资源冗余、资源效益与资源成本因素的权衡。体系作战资源的集成需要对作战任务能力、任务执行效率及体系资源的价值成本因素等进行资源集成的最优化。在体系作战资源集成过程中，首先根据作战任务需求和作战环境，描述作战想定；其次对作战使命任务进行分解，建立作战任务模型及其关系图，描述作战任务能力需求、任务处理的时间需求、任务的区域位置和任务的优先顺序等；再次建立可获取体系作战资源模型，形成体系可获取的平台单元的描述，可以是作战实体资源，如坦克、飞机、舰艇等，也可以是信息资源，如态势信息、指挥信息（命令、计划）、决策信息等；最后采用最优化资源集成算法，获取体系的作战资源并进行配置。其过程如图 4.1 所示。

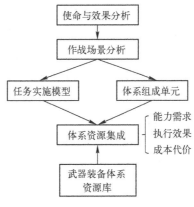

图 4.1　体系作战资源集成过程

4.2 基于云的体系计算资源集成

体系作战资源集成能够基于体系任务需求，面向预定任务效果，从平台、武器和系统的作战资源全集中实现最优化的资源配置。体系作战资源集成将位置分散的、功能上相互支持的、性能上相互协调的多种类型的武器装备系统、平台通过网络链接集成为有机整体。因为分布在各个成员上用于计算的资源很不均匀，而在体系执行任务过程中，由于复杂计算和作战实时性的要求，所以通过云计算技术将分布在各个成员中的计算资源集成起来，形成面向体系的高性能计算的基础设施。

4.2.1 体系云计算分类

体系中各个成员（如舰艇、飞机和坦克等）内部涉及软硬件的系统、装备一般称为信息控制系统，从本质上说，这类系统是以信号（信息）的获取、处理、存储和传输等为基础，实现对成员内部装备控制，完成既定作战使命/任务的信息控制系统，如作战系统、指控系统、通信系统、平台系统、航空系统和反潜系统等。目前，采用先进云计算实现体系成员内部及体系全局计算软硬装备综合集成已经成为发展趋势。为体系需要进行大容量计算的类型主要分为三种。

（1）基础信号计算。主要包括电磁协同计算、光电信号和声学信号协同处理。要求对体系上所有可用的电磁信号、光电信号和声学信号进行全方位的协同计算与处理，以便满足作战要求的速度快和精度高的计算需求。

（2）信息处理与挖掘。主要包括多类信息协同处理（融合、解算等）、根据作战需求对历史遗留数据挖掘和图形图像协同快速处理。

（3）作战实时仿真推演。在体系对抗过程中，根据当前任务和态势，对拟采取的不同作战方案进行对抗式仿真推演，快速为指战员提供各种作战方案的仿真推演效果并给出辅助作战决策。

因此，将云计算技术应用于体系集成，构建能够满足执行作战任务需求的云服务（云计算、云存储和云挖掘等），必须首先要求实现"信号（信息）即服务"（Signal and Information as a Service，SIaaS），信号（信息）即服务要求体系内所有信号（信息）以服务的形式提供。当前体系中的很多装备或系统由于受到当时计算速度、网络传输能力的影响，对外屏蔽了很多大容量的信号或信息。由于计算芯片的快速发展，通过集成体系内的计算资源可以支持体系中实现 SIaaS。通过对体系中的信号或信息进行协同计算处理，能够大幅度提高体系执行任务的效果。由此，体系中的云服务结构如图 4.2 所示。

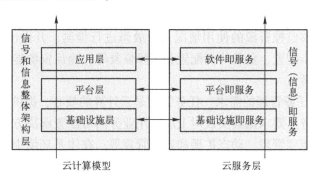

图 4.2　云计算在体系中实施的服务层次关系图

云计算分为三类，即公共云、私有云和混合云。从体系的角度，将云计算应分为三类：体系云、成员云和成员内部云；从应用层面的角度，将云计算分为计算云、存储云和综合服务云等。体系中云计算组成结构如图 4.3 所示。

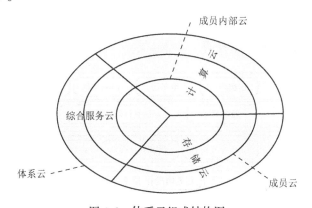

图 4.3　体系云组成结构图

4.2.2　体系云架构

云计算主要关注如何充分地利用硬件、软件和数据的能力，以及如何更好地使各个计算设备协同工作并发挥最大效用的能力，其基本思想是"把力量联合起来，给其中的每个成员使用"，它采用共享基础架构的方法将巨大的资源池连接在一起为用户提供多种服务，如图 4.4 所示。因此根据体系作战使用的需求和特点，分析作战应用对体系云的基础需求。

（1）对资源管理的需求。云计算主要通过虚拟化技术实现对硬件基础设施的管理，虚拟化是实现云资源共享的核心技术；在虚拟化技术基础上，要求能够监控资源的使用情况，对故障进行检测，并做出迅速反应，完成节点同步配置、负载均衡配置和故障恢复等，确保资源能顺利分配给合适的应用者。

（2）对任务管理的需求。任务管理是云计算的核心，提供应用程序部署与管理服务。要求能够实现对上层应用业务的可配置解决方案，并对上层应用实施调度管理、动态扩展和容错管理等；在体系环境中，需要统一的数据信息、功能服务等表示和交换框架，实现对体系三类云中的信号、信息和应用层面的云服务。

（3）对用户管理的需求。体系云的用户主要包含作战指战员和使用的各个应用软硬件。用户管理不仅需要提供给指战员使用的交互界面，而且对指战员与应用软件的授权、认证、登录等方面进行管理，同时需要对提供/请求服务提供相应的管理功能（加入、退出、请求、响应等管理）。

（4）对安全管理的需求。云安全管理包括身份验证、访问授权、加密管理、综合防护、安全审计等。

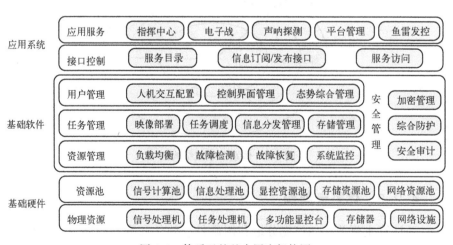

图 4.4　体系云的基本层次架构图

体系云需要通过虚拟化技术为体系内所有的平台、系统、武器等提供具有通用性、易扩展性、高可靠性和灵活性的按需服务。由于体系不同成员之间具有不同特征的业务领域，因此，要求对体系内的信号处理、信息计算和显控设备等基础设施根据不同专业进行分类标准化和通用化，形成一个开放的、虚拟的计算/服务环境，从而集成所有传感器、武器及各种设备，高效完成既定的作战任务，提高作战效能。这种方式与传统方式在信号计算、信息处理和功能协同方式上存在很大的差异，因此，它必然在实现技术、模型和方法上提出一系列的挑战，主要如下。

（1）基本理念的开放化：如何从作战使用和系统研制的角度来认识体系云开放环境下基础设施、平台服务、应用需求，以及各个专业系统的特征？

（2）协同与分离柔性化：如何将体系云、成员云与成员内部云之间根据作战任务要求实现柔性横向协同与分离，并提供灵活多样的协同方式以支撑计算云、存储云和综合服务云之间的纵向协同化？

（3）运行机制的自适应：如何在开放、动态的运行环境下，使得体系云对外部环境的变化、作战任务的切换具有自适应能力？

（4）管理的自治化：如何使得在开放动态环境下，体系云能够根据外部环境变化、作战任务改变及管理者的要求实现自我管理？

（5）保障的可信化：如何在经典安全与可靠技术基础上为不同层次、不同粒度的体系云提供多级别容错、高精度计算、故障恢复和加密等方面可行的支撑？

（6）技术体系系统化：上述方法、技术主要涉及体系云的某一侧面，如何面向作战任务和作战环境等需求，建立相应的方法与技术体系？

为了应对上述挑战，三层体系云之间需要合理的组织结构，因此，设计了体系云、成员云和成员内部云三层体系架构，如图 4.5 所示。

可见，在体系中，即使成员内部也集成了不同领域特征的各类应用，为了实现不同领域计算、处理的高内聚、松耦合，需要设定不同特征的成员内部云，如电磁协同计算云、水声协同计算云、信息交互处理云和人机交互环境云等。这些私有云通过成员内部云协同管理、公共容错机制和公共加密管理等实现交互与协同，从而形成有机整体的成员云。在体系作战过程中，需要将不同的多成员组成有机的编队整体，因此需要相应地加入/退出机制、总体任务分配机制和协同通信管理等将分散的成员云进行统一的组织和协调，从而构建面向编队的体系云。

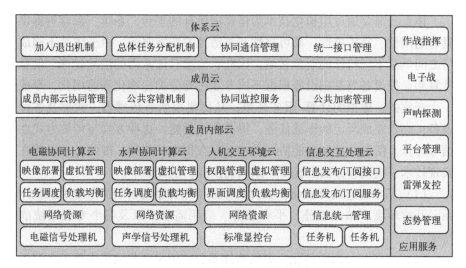

图 4.5   三层体系云的架构图

4.3   本章小结

本章根据体系在执行作战任务的要求，将体系的资源集成分为作战资源集成和计算资源集成两个层面。在作战资源集成层面上，分析了静态配置和动态配置的特点，在考虑平台单元的能力负载比率、平台单元的聚集策略、资源能力的消耗性策略、任务执行效率原则和资源价值成本原则等条件下，阐述了体系作战资源集成的数学模型。在计算资源集成层面上，将云计算理念、思想、技术和方法应用于体系计算资源，根据体系作战使用特点及所涉及领域特征，提出了体系云、成员云和成员内部云的三层组成结构和"信号（信息）即服务"的概念，在此基础上，从资源管理、任务管理、用户管理和安全管理等方面分析了作战应用对体系云的基础需求，并对体系云在基本理念、运行机制、可信性和技术体系等方面面临的挑战进行了阐述，设计了三层体系云架构。

参考文献

[1] 张维明，刘忠，阳东升，等. 体系工程理论与方法. 北京：科学出版社，2010.

[2] 杨克巍，等. 体系需求工程技术与方法. 北京：科学出版社，2011.

［3］郭齐胜，董志明，樊延平，等．装备需求论证工程化理论与技术．北京：国防工业出版社，2016.

［4］Jay Lee, Hung-An Kao. Recent Advances and Trends of Cyber-Physical Systems and Big Data Analytics in Industrial Informatics. Proceeding of Int. Conference on Industrial Informatics，2014：1-6.

［5］贾现录，王书敏，周远，等．武器装备作战需求工程理论与技术．北京：军事科学出版社，2013.

［6］（美）Mo Jamshidi. 体系工程基础理论与应用．许建峰，郝政疆，黄辰，等译．北京：电子工业出版社，2016.

［7］罗军舟，金嘉晖，宋爱波，等．云计算：体系架构与关键技术．通信学报，2011（7）：3-21.

［8］陈康，郑纬民．云计算：系统实例与研究现状．软件学报，2009（5）：1337-1348.

［9］陈秀忠．面向云计算的基础网络提供技术研究．北京：北京邮电大学，2011.

［10］王丽，侯素红．基于云计算的船舶大规模数据融合技术．舰船科学技术，2020，42（10）：155-157.

［11］白嘉萌，寇英帅，刘泽艺，等．云计算平台基于角色的权限管理系统设计与实现．信息网络安全，2020，000（001）：75-82.

第 5 章

空间集成数据模型

体系由各种分布的平台、武器等系统组成，系统内部实际上由各种
异构的设备和子系统等组成。体系中各种分布异构的平台、系统之间存在
不同格式、不同语义的数据和信息，为了实现体系的综合集成，就要求对
这些不同格式、不同语义的数据和信息进行统一表示和规范操作。本章首
先分析体系和系统集成需要解决的数据集成的问题，其次为了有助于解决
数据集成问题，提出了一种空间集成数据模型（Spatial Integration Data
Model，SIDM），最后对该数据模型对象进行形式化描述和代数操作描述，
为后面的信息综合集成提供数据信息表示、描述和操作基础。

5.1　典型数据模型

体系需要将各种分布的平台武器和系统进行综合集成，实现跨领域、
跨地域、跨应用系统之间的数据交互。从应用上看，体系允许不同的设备
厂商提供的、运行在不同的系统和平台上的异构应用软硬件间实现数据互
操作性，能够屏蔽系统和平台间的差异，这就要求采用一种具有动态性、
灵活性的数据模型。如何将异构平台、不同格式、不同语义的数据信息进
行统一表示和规范操作，如何将网络环境中众多的数据信息按照体系的需
求进行有机集成，实现数据无障碍交互协作，解决数据的多样性和异构性
是综合集成必须解决的问题。

数据集成主要解决数据多样性、异构性的问题，数据集成多样性处理
的理想状态是能够达到动态性，即能够动态地对数据和元数据进行描述、
加载和解析，支持动态数据重构和数据集成规则，满足数据请求的多样
性，并准确、全面地获取关联信息。为了解决体系中数据的多样性和异构

性，最常用的方法是提供一个集成数据模型（Integration Data Model，IDM），它具有自描述能力、统一表示形式和代数操作，能够描述各种异构数据的抽象结构、具体表示和关系，提供原子数据、组合数据的元数据描述，屏蔽数据在结构格式、句法上的异构性，能够容纳已有的数据格式、复杂数据类型，支持各种具有不同语法和格式的数据结构模型，使得体系协同作战单元各种信息数据按照统一的模型和规范进行分类、处理和表示，形成一个统一、标准、科学的信息表示标准与操作规范。数据模型应该满足三方面的要求：能比较真实地模拟现实世界，能容易为人们所理解，便于在计算机上实现。

在动态体系集成中，集成数据模型应尽可能简单，不同数据源之间的数据模型易于相互转换，并且独立于数据在各数据源中的存储方式，能够适应数据源动态加入和退出集成环境，能够表示缺少属性值的对象，建立在集成数据模型基础之上的数据操作应该能方便地表述各数据源的数据含义和处理过程、支持和处理面向集合的语句。目前，国际上有一些组织致力于数据概念模型的标准化工作，试图通过对各个数据信息资源的统一抽象和概括，为分布式集成提供通用的、统一的概念模型，找到能够实现数据共享的数据集成模型。

当前数据分为结构化、半结构化及非结构化数据。早期提出的数据表示方案往往存在一些不足：数据转换和整合规则都融合在定制代码中，发生变化就难以灵活适应；各个平台、系统和设备只能通过中间库或集中库的方式来解决数据集成，然而这样又形成了新的数据孤岛。这种状况直至 XML 的出现才有所改变。XML 作为一种自描述语言，具有适合数据交换的特性。现有的基于 XML 的数据集成平台有如下特点：用 XML 格式作为统一的数据交换标准，为数据访问提供简便、统一的模式；数据转换和整合规则可以灵活定义，独立于应用集成和业务逻辑。遗憾的是，伴随着用 XML 进行数据交换的是系统运行性能的降低。从 XML 文档所形成的树状结构中查找信息、解析、校验、转换等操作，都不能轻易完成，需要耗费过多系统资源。

美国斯坦福大学与 IBM Almaden 研究中心提出 OEM（Object Exchange Model），OEM 是一种自描述数据模型，适合表示松散或结构不固定的半结构化数据，用于异构数据集成。在 OEM 中，数据由一组对象表示，OEM 对象可表示为<label, oid, type, value>，称为对象描述子。OEM 数据可以用图的形式来表示，图中的节点表示对象，节点之间的边用标签进行标记，所有的标记集合用 A 来表示，因此 OEM 半结构数据的图形表达形式为：$G=<V, E, r, v>$，其中，V 表示图中所有的节点集合，根据表达对象类型的不同，可以分为复杂类型节点 Vc 和原子类型节点 Va，E 表示节点之间的关系，r 为图的根节点，OEM 允许一个图有多个根节点存在，$v:Va→D$ 表示映射关系，给原子类型的节点赋值，D 表示原子类型的节点集合。

基于带根连通有向图的对象集成模型（OIM），以 OIM 对象代数作为查询语言的数学基础，在 OIM 的对象模型中，对象的描述子表示为四元组 $<OID, n, t, c>$，其中，OID 表示对象标识符，n 表示对象名，t 表示对象类型，c 表示对象值。t 除了可以表示基本数据类型，还可以表示集合数据类型、可变长数据类型和引用类型。OIM 从便于异构数据源的集成出发，提供 OIM 对象代数，作为查询语言的数据基础。OIM 包括六种对象操作，分别是对象并、对象差、对象选择、对象投影、对象粘贴和对象切削，其中对象并和对象差不同于关系代数的相应运算，参与运算的两个 OIM 可以不相容，即具有不同数目的子对象及不同的子对象取值。对象的图表示可以出现环路，能够灵活应用于异构多数据源的集成。对象选择可以从一个异构的 OIM 对象中选出所有满足条件的亲子对象。粘贴操作专为异构多数据源的集成而设计，可以将一个 OIM 对象的某个子对象粘贴到另一个 OIM 对象的指定点，使灵活的数据集成成为可能。对象切削操作在给定的 OIM 对象的所有亲子对象中，沿指定路径去除从路径终点出发的子对象，对于没有预知模式的数据源，如 HTML 文件，用户很难了解超文本链的详细结构，利用对象切削运算，通过在 OIM 对象中去除已知部分，得到未知部分，给异构数据源的集成带来极大的方便。

虽然 OEM 和 OIM 为分布式系统的数据集成提供了方便，但由于它面向的对象是普通的分布式系统的集成，并没有结合扩展性和通信量等特点，因此对于系统的数据集成来说有不足之处，主要表现为：没有考虑对象标记的语义关系，没有完整的代数操作定义，对于同层次对象的描述无明确的表达顺序，表达属性-值的对象的支持不够，缺乏对数据集成需要的整体结构规范的统一，不能够在数据格式、数据句法和语义对数据进行统一的表示和操作，对数据的重构性、扩展性的能力不足。本章结合 OEM 和 OIM 的优点，采用空间数据结构描述和表达各类数据之间及各类数据内部的数据项具有的特征关系，建立空间集成数据模型（Spatial Integration Data Model，SIDM），描述空间集成数据模型的代数操作，为体系和系统的更高层的集成（如信息集成）提供了数据表示、描述、操作基础，起到体系和系统集成中元数据的作用。

5.2　空间集成数据模型的对象描述

体系包含的武器、传感器、系统等种类繁多，结构各异，操作差别大，主要体现在两个方面。一方面是数据结构差别大，有结构化数据，如战术数据库信息、目标数据库信息等；有非结构化信息，如声呐阵元域信息、视频音频流信息等；有半结构化信息，如声呐目标信息、声呐噪声信息、雷达目标信息及其他 XML 格式信息。另一方面对数据的操作也各有不同，对战术数据库和目标数据库信息主要是对数据库的操作及对目标的匹配。在不同类型的声呐探测信息进行融合、声呐探测信息与鱼雷探测信息进行融合时，需要提取不同数据类型的相关数据项进行融合；在各个单元之间进行通信时，为了节省通信信道，通常将几种异构的"二维平面"的数据结构（如导航信息、声呐目标信息等）"重构"成一个"三维空间"的数据结构，然后进行通信。因此，需要建立一种能够描述、表示结构化数据、非结构化数据和半结构化数据的统一数据集成模型，同时该数据集成模型的对象不仅能够实现对象并、对象差、对象选择、对象投影、对象粘贴和对象切削等代数操作，还能够支持各种不同数据类型的灵活"重构"性和扩展性。

为支持体系的信息集成要求，建立一种空间集成数据模型。在该数据模型中，数据对象可以分为四类：点状结构、线状结构、面状结构和构造结构，图 5.1 表示了数据结构模型的空间对象。

空间集成数据模型的对象以基本数据类型对象和复杂数据类型对象来表示，定义如下。

α：0 维（0D）空间对象集合，a：0 维（0D）空间对象元素，即基本数据类型（Atom），代表 point 对象，主要包括 NUMBER、REAL、INEGER、STRING、BOOLEAN、BINARY 等。

β：1 维（1D）空间对象集合，β：1 维（1D）空间对象元素，即简单数据类型（Simple），可以是 line、string 或 points 对象；在基本数据类型的基础上修饰而成，各个关键字对上下界分别有不同的规则和限制，这些限制都隐含于空间数据结构的语义约束中，使用其可以显式表达约束语义，保证在数据交换中语义的一致性。

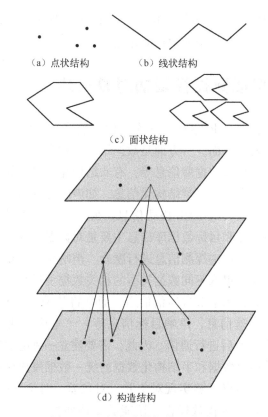

（a）点状结构　　　　（b）线状结构

（c）面状结构

（d）构造结构

图 5.1　空间集成数据模型的对象

γ：2 维（2D）空间对象集合，ν：2 维（2D）空间对象元素，即聚合数据类型（Integrate），可以是 region 或 regions 对象；在简单数据类型的基础上修饰而成，具有相应关键字，是简单数据类型的线性集合。

3：3 维（3D）空间对象集合，3：3 维（3D）空间对象元素，即构造数据类型（Constructing），可以是 point、line、string、Constructing；构造数据类型是由属于不同的元语句的基本数据类型、简单数据类型或聚合数据类型构造而成的，是具有特定语义的数据类型。

针对空间数据模型具有以下的关系：

$\beta \supseteq \alpha = \{a_1, a_2, \cdots\}$；

$\nu \supseteq \beta = \{\alpha_1, \alpha_2, \cdots\}$；

$3 \supseteq (\gamma \vee \beta \vee \alpha) = \{\{\nu_1, \nu_2, \cdots\} \vee \{\beta_1, \beta_2, \cdots\} \vee \{a_1, a_2, \cdots\}\}$。

空间集成数据模型的数据对象类型分为基本数据类型、简单数据类型、聚合数据类型和构造数据类型，根据对象所属类型不同，对象的描述形式也各不相同，具体的语法描述为：

Ａ
SIDM：Atom | Simple | Integrate | Constructing

Atom：<label, oid, type, value>

Simple：<label, oid, type, a-oid-list>

Integrate：<label, oid, type, s-oid-list>

Constructing：<label, oid, linktype, ref-oid-list>

其中，oid 是唯一的对象标识符；label 表示对象代表的含义；type 为对象类型，对于基本对象，type 是指模型允许的基本数据类型，对于复杂对象，type 表示集合数据类型；value 是基本类型的值；复杂对象值 a-oid-list、s-oid-list 和 ref-oid-list 为一组<rank, oid>列表，代表了该对象所包含的子对象集合，其中，a-oid-list 有 rank：:0 | 1，rank 的值为 0 表示子对象是基本类型，rank 的值为 1 表示基本类型的系列；s-oid-list 有 rank：:0 | 1 | 2，rank 值为 0 表示子对象是基本类型，rank 的值为 1 表示基本类型的系列，rank 的值为 2 表示简单类型的线性系列；ref-oid-list 有 rank：:0 | 1 | 2 | 3 | 4，rank 的值为 0 表示子对象是基本类型，rank 的值为 1 表示基本类型的系列，rank 的值为 2 表示简单类型的线性系列，rank 的值为 3 表示聚合数据类型的系列，rank 的值为 4 表示简单类型（基本类型）和聚合数据类型的系列的组合。根据 Constructing 链接的类型，引用对象的类型可以分为内部引用和外部链接，外部链接包括简单链接和扩展链接。因此，SIDM 定义三种引用类型：inner、simple 和 extended，分别表示内部引用、简单链接和扩展链接，链接类型为 inner 的引用对象其取值为引用对象的 oid，链接类型为 simple 和 extended 的对象值类似复杂对象的取值，为一组 oid 列表，表示该引用对象所包含的子元素、属性及字符数据。

5.3　空间集成数据模型的代数操作

SIDM 的对象描述形式表示为 $S = ((V, V_{root}), E, A, Rule, Ref, EAstr)$，其中，

$V = \{v_1, v_2, \cdots, v_n\}$ 是 V_{root} 有限元素的集合，$v_i (1 \leqslant i \leqslant n)$ 是数据集合中的元素；

$E = \{e_1, e_2, \cdots, e_n\}$ 是边的集合，$e_i (1 \leqslant i \leqslant n)$ 是数据关系边集合中的元素；

$A = \{a_1, a_2, \cdots, a_n\}$ 是属性的集合，$a_i (1 \leqslant i \leqslant n)$ 是数据集合中的属性；

Rule(V) 是数据集合规则的集合；

Ref(V_1/A_1, V_2/A_2) 是数据集合上的引用关系；

EAstr 是 V 到 A 的幂集的一个映射。

根据代数对象描述模式写出的具体数据都是该模式的具体实例。假定 NV 是有限元素节点的集合，用一个三元组 $e = (NE, NE, NE)$ 来记录元素节点之间父子之间以及兄弟之间的序关系，对于 $e = (n_p, n_l, n) \in \{(NE, NE, NE)\}$，它表达的含义是对于节点 n，它的父节点是 n_p，左兄弟是 n_l；如果 n 没有左兄弟，则 $n_l = n_p$。$[n_1, n_2, \cdots, n_k]$ 是 n_p 所有儿子按从左到右组成的序列，记为 Extend(n_p)。Extend(n_p) $\in \{(NE, NE, NE)\} *$，是正则表达式 Rule(n_p) 可以推导出来的一个序列，记为 Extend(n_p) $\Leftarrow$ Rule(n_p)。

SIDM 数据集合实例表示为 ES = $(NV, E_{NV}, NA, Ref_{NV}, NVAstr, root)$，其中，

NV 是有限元素节点的集合，存在 lab：NV$\rightarrow E$；

NA 是有限属性节点的集合，存在 att：NA$\rightarrow A$；

$E_{NV} \subseteq \{(NV, NV, NV)\}$，对任何 Extend($n_p$) $\in E_{NV}^*$，都有 Extend(n_p) $\Leftarrow$ Rule(n_p)；

Ref$_{NV} \subseteq \{(NV/NA, NV/NA)\}$，对于 $\forall$ (nv$_1$/na$_1$, nv$_2$/na$_2$) $\in$ Ref$_{NV}$，都有 (lab(nv$_1$)/att(na$_1$), lab(nv$_2$)/att(na$_2$)) $\in$ Ref；

NVAstr $\subseteq \{(NV, NA)\}$，对于 $\forall$ (n_1, n_2) $\in$ NVAstr；都有 att(n_2) $\in$ EAstr(lab(n_1))；

root $\in$ NV，存在 Lab(root) $\in V_{root}$。

数据集成是由一系列不同类型（或异构）的数据集合而成的，因此，将对数据对象的操作作为不同数据集合的集成规则，对于给定的 $S_1 = (NV_1, E_{NV1}, NA_1, Ref_{NV1}, NVEAstr_1, root_1)$，$S_2 = (NV_2, E_{NV2}, NA_2, Ref_{NV2}, NVEAstr_2, root_2)$，$\cdots$，$S_n = (NV_n, E_{NVn}, NA_n, Ref_{NVn}, NVEAstr_n, root_n)$ 是 n 个同构或异构数据，根据 Rule 规则集合，则有 $S = (NV, E_{NV}, NA, Ref_{NV}, NVEAstr, root)$，这个过程称为数据的重构。

SIDM 模型支持 OIM 模型提供的六种对象操作，同时支持扩展 OEM 的对象交、对象除两种代数操作，它们分别如下。

对象并：对象 O_1 和 O_2 的并记作 $O_1 \oplus O_2$，$O_1 \oplus O_2$ 的亲子对象集是 O_1 和 O_2 的亲子对象集的并。

设 $O_1 = (r_1, V_1, E_1)$，$O_2 = (r_2, V_2, E_2)$，则 $O_1 \oplus O_2 = (r, V, E)$。

$V = \{v_i \mid v_i \in (V_1 - \{r_1\}) \lor v_i \in (V_2 - \{r_2\}) \lor v_i = r\}$。

$E = \{ e_i \mid e_i \in (E_1 - \{\langle r_1, v_m \rangle\}) \vee e_i \in (E_2 - \{\langle r_2, v_n \rangle\}) \vee e_i = \langle r, v_m \rangle \vee e_i = \langle r, v_n \rangle \wedge \langle r_1, v_m \rangle \in E_1 \wedge \langle r_2, v_n \rangle \in E_2 \}$。

对象差：对象 O_1 和 O_2 的差记作 $O_1 \ominus O_2$，$O_1 \ominus O_2$ 的亲子对象集是 O_1 和 O_2 的亲子对象集的差。

设 $O_1 = (r_1, V_1, E_1)$，$O_2 = (r_2, V_2, E_2)$，则 $O_1 \ominus O_2 = (r, V, E)$。

$V = \{ v_i \mid (v_i \in v(\text{MCG}(O_1, v_m)) \vee v_i = r) \wedge \langle r_1, v_m \rangle \in E_1 \wedge \neg \exists v_n (\langle r_2, v_n \rangle \in E_2 \wedge \text{MCG}(O_1, v_m) = \text{MCG}(O_2, v_n)) \}$。

$E = \{ e_i \mid (e_i \in e(\text{MCG}(O_1, v_m)) \vee e_i = \langle r, v_m \rangle) \wedge \langle r_1, v_m \rangle \in E_1 \wedge \neg \exists v_n (\langle r_2, v_n \rangle \in E_2 \wedge \text{MCG}(O_1, v_m) = \text{MCG}(O_2, v_n)) \}$。

对象选择：按照一定的条件 f，在给定对象 $O_1 = (r_1, V_1, E_1)$ 中选取根 r_1 的若干亲子对象，用公式表示为 $\sigma[f](O_1) = (r, V, E)$。

这里，f 为布尔函数，表示选择条件。

$V = \{ v_i \mid (v_i \in v(\text{MCG}(O_1, v_m)) \vee v_i = r) \wedge \langle r_1, v_m \rangle \in E_1 \wedge f(\text{MCG}(O_1, v_m)) \}$。

$E = \{ e_i \mid (e_i \in e(\text{MCG}(O_1, v_m)) \vee e_i = \langle r, v_m \rangle) \wedge \langle r_1, v_m \rangle \in E_1 \wedge f(\text{MCG}(O_1, v_m)) \}$。

对象投影：在给定对象 $O_1 = (r_1, V_1, E_1)$ 中的所有亲子对象中，沿指定路径集 $\{p_1, \cdots, p_k\}$ 选取从路径终点出发的子对象，表示成 $\Pi[p_1, \cdots, p_k](O_1) = (r, V, E)$。

$V = \{ v_i \mid (v_i \in (\text{nodes}(p_j) - \{r_1\}) \vee v_i \in v(\text{MCG}(O_1, \text{end}(p_j))) \vee v_i = r) \wedge j \geq 1 \wedge j \leq k \}$。

$E = \{ e_i \mid (e_i \in e(\text{MCG}(O_1, \text{end}(p_j))) \vee e_i \in (p_j - \{\langle r, v_m \rangle\}) \vee e_i = \langle r, v_m \rangle) \wedge \langle r_1, v_m \rangle \in p_j \wedge j \geq 1 \wedge j \leq k \}$。

对象粘贴：规定被粘贴对象 O_1 为基本对象，按照一定的条件 f，在基本对象的某点 p_1 粘贴其他对象 O_2 的某点 p_2 的子对象。

设有对象 $O_1 = (r_1, V_1, E_1)$，$O_2 = (r_2, V_2, E_2)$，p_1 和 p_2 是原始路径表达式，$\text{end}(p_1)$ 是 O_1 的非叶节点，表示 O_1 中的粘贴点，$\text{end}(p_2)$ 表示 O_2 的选取点，f 是粘贴条件。在 O_1 和 O_2 的亲子对象满足条件 f 的情况下，将 O_2 中 $\text{end}(p_2)$ 节点的所有亲子对象粘贴到 O_1 中，作为 $\text{end}(p_1)$ 节点的亲子对象的操作，用公式表示为 $O_1 \otimes [p_1, p_2, f] O_2 = (r, V, E)$。

$V = \{ v_i \mid (v_i \in (V_1 - \{r_1\}) \vee v_i \in v(O_j) \vee v_i = r) \wedge f(\text{MCG}(O_1, \text{end}(p_1)), \text{MCG}(O_2, \text{end}(p_2)) \wedge O_j \in \text{son}(\text{end}(p_2)) \wedge \forall p_m (\neg \exists p_n (p_m$ 是 O_2 中的路径 $\wedge p_n$ 是 O_1 中的路径 $\wedge \text{begin}(p_m) = \text{end}(p_2) \wedge \text{begin}(p_n) = \text{end}(p_1) \wedge \text{end}(p_m) =$

$v_i \wedge p_m$ 与 p_n 是同类路径) $\}$ 。

$E = \{ e_i \mid (e_i \in (E_1 - \{\langle r_1, v_m \rangle\}) \vee e_i = \langle r, v_m \rangle \vee e_i = (\mathrm{end}(p_1), v_n) \vee e_i \in e$ $(\mathrm{MCG}(O_2, v_n)) \vee e_i = \langle v_k, v_1 \rangle \vee e_i \in e(\mathrm{MCG}(O_2, v_1))) \wedge f(\mathrm{MCG}(O_1, \mathrm{end}$ $(p_1)), \mathrm{MCG}(O_2, \mathrm{end}(p_2)) \wedge \langle r_1, v_m \rangle \in E_1 \wedge v_n \in \mathrm{son}(\mathrm{end}(p_2)) \wedge v_n \notin \mathrm{son}$ $(\mathrm{end}(p_1)) \wedge v_k \in v(\mathrm{MCG}(O_1, \mathrm{end}(p_1)) \wedge v_1' \in v(\mathrm{MCG}(O_2, \mathrm{end}(p_2)) \wedge \exists p_s$ $(p_s \text{ 是 } O_1 \text{ 中的路径} \wedge \mathrm{begin}(p_s) = \mathrm{end}(p_1) \wedge \mathrm{end}(p_s) = v_k) \wedge \exists p_t (p_t \text{ 是 } O_2 \text{ 中的}$ 路径 $\wedge \mathrm{begin}(p_t) = \mathrm{end}(p_2) \wedge \mathrm{end}(p_t) = v_1') \wedge p_s \text{ 与 } p_t \text{ 是同类路径} \wedge v_1 \in$ $\mathrm{son}(v_1') \wedge v_1 \notin \mathrm{son}(v_k) \}$ 。

对象切削：在给定的对象 $O_1 = (r_1, V_1, E_1)$ 的所有亲子对象中，沿指定路径集 $\{p_1, \cdots, p_k\}$ 去除从路径终点出发的子对象，表示成 $\overline{\varPi}[p_1, \cdots, p_k]$ $(O_1) = (r, V, E)$ 。

$V = \{ v_i \mid (v_i \in (\mathrm{nodes}(p) - \{r_1\}) \vee v_i \in v(\mathrm{MCG}(O_1, p)) \vee v_i = r) \wedge \exists p(p$ 是原始路径 $\wedge p \notin (p_j^+ \cup \mathrm{front}(p_j)) \wedge j \geqslant 1 \wedge j \leqslant k \}$ 。

$E = \{ e_i \mid (e_i \in e(\mathrm{MCG}(O_1, p)) \vee e_i \in (p - \{\langle r_1, v_m \rangle\}) \vee e_i = \langle r, v_m \rangle) \wedge$ $\exists p$ (p 是原始路径 $\wedge p \notin (p_j^+ \cup \mathrm{front}(p_j))) \wedge \langle r_1, v_m \rangle \in p \wedge j \geqslant 1 \wedge j \leqslant k \}$ 。

对象交：设有对象 $O_1 = (r_1, V_1, E_1)$ ，$O_2 = (r_2, V_2, E_2)$ ，对象交表示为 $O_1 \cap O_2 \rightarrow O(r, V, E)$ ，其结果的亲子对象集是两个给定对象 O_1 和 O_2 亲子对象集的交，对象交与对象差是互补的两个操作。

$V = \{ v \mid v \in (V(\mathrm{MC}(O_1, v_m)) \vee v = r \wedge \langle r_1, v_m \rangle \in E_1 \wedge \exists v_n (\langle r_2, v_n \rangle \in$ $E_2 \wedge \mathrm{MC}(O_1, v_m) = \mathrm{MC}(O_2, v_n)) \}$ 。

$E = \{ e \mid e \in (E(\mathrm{MC}(O_1, v_m)) \vee e = \langle r, v_m \rangle \wedge \langle r_1, v_m \rangle \in E_1 \wedge \exists v_n (\langle r_2, v_n \rangle$ $\in E_2 \wedge \mathrm{MC}(O_1, v_m) = \mathrm{MC}(O_2, v_n)) \}$ 。

其中，$\mathrm{MC}(O_1, v_m) = (V_m, E_m)$ 表示从节点 v_m 出发的最大连通子图。

对象包含：给定两个 OIM 对象 $O_1 = (r_1, V_1, E_1)$ ，$O_2 = (r_2, V_2, E_2)$ ，以及一组原始路径 $p_1 : r_1 \rightarrow v_1, \cdots, p_n : r_n \rightarrow v_n$ ，沿着这些路径从 O_1 中选择具有和 O_2 同构子对象的亲子对象集合，当两个对象 O_1 和 O_2 满足条件 $O_2 \subset O_1$ （O_2 为 O_1 的子对象）时，可以执行对象包含操作，表示为 $\varPsi(O_1, O_2[p_1, p_2] \rightarrow O(V', E', r))$ 。

$V = \{ v \mid v \in (\mathrm{nodes}(p_k) - \{r_1\}) \vee v \in V(\mathrm{MC}(O_1, \mathrm{end}(p_k))) \vee v = r \wedge k \leqslant$ $1 \wedge k \geqslant n \wedge \exists v_n (v_n \in V(\mathrm{MC}(O_1, \mathrm{end}(p_k))) \wedge \mathrm{MC}(O_1, v_n) = O_2) \}$ 。

$E = \{ e \mid e \in (p_k - \{\langle r_1, v_m \rangle\}) \vee e = \langle r, v_m \rangle \wedge \langle r_1, v_m \rangle \in E_1 \vee e \in E(\mathrm{MC}$ $(O_1, \mathrm{end}(p_k)) \wedge \exists v_n \{v_n \in V\{\mathrm{MC}(O_1, \mathrm{end}(p_k)) \wedge \mathrm{MC}(O_1, v_n) = O_2\} \}$ 。

其中，$\mathrm{MC}(O_1, v_m) = (V_m, E_m)$ 表示从节点 v_m 出发的最大连通子图。

5.4　空间集成数据模型特点

SIDM 为分布式异构系统的数据集成提供了统一标准的数据表示与操作规范，给出具体的语法、语义和代数操作的形式描述，在数据格式、语法及语义三方面达到了统一，因此，与 OEM 和 OIM 相比，SIDM 具有更大的灵活性，适合异构的体系和系统集成，表现如下。

（1）SIDM 描述了模型的抽象结构、具体表示和关系，概括抽象并提取了四种数据对象类型，能够容纳多种异构的数据结构及复杂数据类型，解决了体系和系统中的数据多样性问题。

（2）SIDM 定义了模型的语义关系和语法表示，能够在不同领域、不同应用和不同学科之间形成统一的数据表示标准和数据操作约定，并运用元数据建立异构系统集成统一的数据模型以解决现有系统间由于没有统一的数据结构约定而产生的数据共享、系统间交互的困难，同时解决利用采办资源进行集成过程中，由于不同的系统及应用由不同的数据模型表示，从而导致体系中应用之间在语义层面上互操作存在的问题。

（3）SIDM 阐述了模型对象多种代数操作，包括并、交、差等，实现了数据对象的重构，为数据对象的分解、查询和访问提供了形式化基础，做到无论两个对象是否相容，都可以执行对象并、对象差、对象交等运算，实现与不同粒度、不同模型的数据，如关系模型、面向对象模型等之间的映射，为异构系统之间建立起一一映射的连接关系，保证各个异构系统数据信息能够按照 SIDM 提供的语法、语义及代数操作被重新组合起来，并能够准确完整地"重构"，从而为体系实现基于条件组合数据访问提供技术支持。

SIDM 为体系和系统的各个异构的数据源提供了统一的数据描述规则、表示标准和操作规范，同时为更高一层的集成提供了统一数据集成模型或范式，为实现系统的数据集成和更高一层的集成（信息集成），要求如下。

（1）各个数据源的对外数据的描述和表示要符合 SIDM 描述规则和表示标准，这样才能保证与其他的数据源进行数据交互时具备统一的数据视图。

（2）对数据源的数据操作要符合 SIDM 的代数操作，这样才能保证整个体系和系统具有统一的数据交互过程和方法。

（3）体系和系统更高一层的集成（如信息集成）数据信息的描述、表示、访问以及信息集成平台的建立，要以 SIDM 为基础，在 SIDM 规定的范围内描述信息结构、定义语法结构和制定语义操作等，这样才能实现底层数据集成、上层信息集成及过程集成的综合集成。

5.5 本章小结

数据集成主要是解决数据多样性、异构性的问题，数据集成多样性处理的理想状态是能够达到动态性，即能够动态地对数据和元数据进行描述、加载和解析，支持动态数据重构和数据集成规则，满足数据请求的多样性并准确、全面获取关联信息。为解决数据源之间数据模型的异构性，在分析两种数据模型 OEM 和 OIM 的基础上，提出了具有层次结构的空间集成数据模型，对该数据集成模型对象进行形式化描述和代数操作描述，它在带根连通有向图的数据模型基础上，充分考虑数据集成中的层次关系和语法表达的灵活性，实现与其他数据模型，包括关系模型、面向对象模型之间的映射，起到元数据作用，为第 6 章的信息集成的实现提供了有力的技术基础支持。

参考文献

［1］华铨平，张玉宝. XML 语言及应用. 北京：清华大学出版社，2005.

［2］李冠宇，刘军，张俊. 分布式异构数据集成系统的研究与实现. 计算机应用研究，2004，21（3）：96-98.

［3］The BEA Liquid Data Team. BEA Liquid Data for WebLogic：XML-based Enterprise Information Integration. Proceedings of the 20th International Conference on Data Engineering，2004：68-73.

［4］McHugh J，Abiteboul S，Coldman R，et al. Lore：A Database Management System for Semistructured Data. ACM SIGMOD，1997，26（3）：54-66.

［5］Papakonstantinou Y，Garcia Molina H，Widom J. Object exchange across heterogeneous information sources. In：Proceedings of the Eleventh International Conference on Data Engineering，Taiwan March，1995：251-260.

［6］韩江洪，郑淑丽，魏振春，等. 面向 XML 的 Web 数据模型研究. 小

型微型计算机系统，2005，26（4）：609-613.

［7］Wang Ning, Xu Hongbing, Wang Nengbin. A data model and algebra for object integration based on a rooted connected directed graph. Journal of Software，1998，9（12）：894-898.

［8］Wang Ning, Xu Hongbing, Wang Nengbin. Capabilities-Based query decomposition and optimization in heterogeneous data integration system. Chinese J. Computers，1999，22（1）：31-38.

第6章

基于发布/订阅的信息集成

6.1 引言

信息集成是指通过网络通信等技术方法和手段实现体系所有成员互联、互通，并将系统和体系内的全局信息进行统一处理、有机综合，以实现信息的按需共享和最大化运用。体系具有分布性、异构性、演化性和涌现性等特性，在体系信息集成过程中，需要保持体系的这些特性。信息集成要求解决体系中分布系统异构信息之间的信息统一处理、按需共享和最大应用，同时要求保持体系的演化性和积极涌现性。

体系的演化是对现有体系的改造或变革，使体系具备新的能力，适应新的环境，履行新的使命。从发生演化时所属的状态上看，体系的演化可以分为静态演化和动态演化两种。静态演化，主要包括体系建设过程中高层使命、使用任务等变化导致的演化，新需求出现、技术更新、使用改进等导致升级维护，体系成员中新平台、新武器出现导致的体系整体层面的更新等。这些都不是在体系运行状态下发生的演化。动态演化，是在体系运行使用过程中，发生成员损毁/故障退出，新成员加入，或任务、环境等剧烈变化时，要求体系必须进行自身的快速调整以适应变化，确保体系具有持续生命力，并达到所需的使用效果。这需要体系在不停止正在运行活动和流程的情况下能够实现在线动态的结构重置、功能重组和流程重构等支持。它是根据使命任务和环境的变化，在体系运行使用时刻修改其体系结构、组成系统的过程定义，并将过程定义的变化动态地传播到其他正在运行的组成系统的过程。

信息集成要能够满足体系的静态演化和动态演化要求，为此可以将信息集成分为预设式的信息集成模式和在线式的信息集成模式。预设式的信息集成要求在体系中的成员发生升级维护，非运行时刻体系新成员出现与加入，体系的整体架构发生变化时，能够快速地实现体系中成员的"即插即用"和"按需获取"的信息共享和最大化应用需求，能够保持体系静态演化特性。在线式的信息集成则要求在体系运行状态下，出现成员的动态加入/退出，正在运行活动和流程出现动态的结构重置、功能重组和流程重构时，体系能够识别接收、管理利用所有成员（含新成员）向体系发布的信息，并且向所有成员提供按需获取的信息服务。

发布/订阅（Pub/Sub）机制及 DDS（基于发布/订阅实现）能够使通信的参与者在空间、时间和控制流上完全解耦，并且较好地解决在不可靠网络环境中通信时数据的自动发现及数据传输的实时性、可靠性和冗余性等问题；能够很好地满足体系分布式松散通信的需求，使体系可以很好地配置和利用信息资源，实现体系中组成成员的"即插即用"和"按需获取"的信息共享需求；能够很好地适应体系成员的动态加入/退出，支持体系使用过程中复杂多变的数据信息流需求。本章首先阐述一种基于 DDS 的预设式信息集成中间件和相应的接口；其次论述了基于发布/订阅机制的信息集成平台，该平台能够支持体系动态演化的信息集成。

6.2 预设式信息集成中间件

体系的信息集成通过中间件或集成平台来实现。基于 DDS 的预设式信息集成中间件要求获得体系中所有的信息主题（Topic），通过 IDL 语言进行表示，并对所有的信息主题进行统一管理，为各个成员的应用构件提供按需获取的服务。体系中各个成员的应用构件在研制开发过程要了解自己所需要发布和订阅的信息主题，并且按照 DDS 的接口规范来实现与中间件的信息交互。

6.2.1 信息集成中间件结构

预设式信息集成中间件符合 DDS 规范、遵循 RTPS 协议。OMG DDS 规范中描述了 DDS 两个层次的接口，分别是 DCPS（Data-Centric Publish Subscribe）和 DLRL（Data Local Reconstruction Layer）。DCPS 层是 DDS 规范的核心内容，该层定义了 DDS 的发布/订阅模型，能够根据主题和 QoS 约束将数据发布者的信息高效地传递给数据订阅者。DLRL 层是基于

DCPS 层的可选层，该层定义了应用层与 DCPS 层之间的接口，负责整理应用构件域 DCPS 层之间交互的数据，简化应用层的编程过程。

DDS 规范中没有规定消息交换所使用的协议，为了让不同产生开发的 DDS 中间件能够进行互操作，OMG 定义了 RTPS（Real-Time Publish-Subscribe）协议，描述了 DDS 中间件交互的消息格式、消息的解析方式等内容。信息集成管理软件遵从 DDS 规范和 RTPS 规范实现了 RTPS 层和 DCPS 层的主要部分。信息集成中间件实现逻辑如图 6.1 所示。

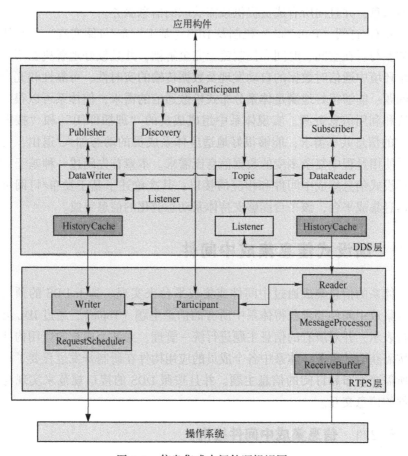

图 6.1　信息集成中间件逻辑视图

信息集成中间件具备发布/订阅基本功能、简单发现协议、OMG 定义的 QoS。信息集成中间件分为 DDS 层和 RTPS 层，DDS 层实现了 DCPS 的概念模型，RTPS 层实现了 RTPS 协议。在 DCPS 中，数据域划分了不同的数据空间，只有同在一个数据域的 DDS 实体才可以进行信息的交互。

DCPS 中的域参与者（DomainParticipant）管理 DDS 应用中一个数据域的所有实体，这些实体包括了主题、Publisher、Subscriber、DataWriter 和 DataReader。主题用于区分不同的发布/订阅数据，发布者和订阅者之间通过关注相同的主题来完成信息的交互，发布者和订阅者有且只有一个可关注的主题，关注不同主题的发布者和订阅者之间没有任何联系。Publisher 用于管理域参与者下所有的 DataWriter，DataWriter 与 DDS 应用构件中的发布者——对应，每个 DataWriter 都绑定了一个主题，发布者通过调用 DataWriter 提供的接口发送数据。类似地，Subscriber 管理域参与者下所有的 DataReader，DataReader 与 DDS 应用构件中的订阅者——对应，每个 DataReader 也都绑定了一个主题，DataReader 在接收数据之后提交给 DDS 应用构件。

在 RTPS 中真正实现了消息的收发，RTPS 中的实体是由 DCPS 中的实体——映射得到的，并添加了用于处理消息的实体 RequestScheduler 和 MessageProcessor，前者用于处理来自 DCPS 层的发送数据的请求，后者用于解析收到的数据报文。RTPS 中的域参与者（Participant）与 DCPS 中的 DomainParticipant 一一对应，功能同样是管理 RTPS 中一个数据域中的所有实体。RTPS 中的端点分为 Writer 和 Reader，与 DCPS 中的 DataWriter 和 DataReader 一一对应。RTPS 层和 DCPS 层之间通过内存缓冲区 HistoryCache 实现数据的共享，DCPS 将需要发送的数据放在发送端的 HistoryCache 中，RTPS 将接收到的数据放在接收端的 HistoryCache 中。例如，当应用构件调用 DDS 的 Writer 接口发送数据时，DCPS 层的 DataWriter 会将数据封装为 CacheChange 放到 HistoryCache 中，并通知 RTPS 层的 RequestScheduler 有数据发送的请求。RequestScheduler 调度到这个请求后，通过 RTPS 的 Writer 将 HistoryCache 中的数据取出，并通过网络发送给所有与之匹配的 RTPS 层的 Reader，接收到数据后 Reader 通过回调函数的方式通知 DDS 层的 DataReader 有新的数据到达，应用构件就可以在回调函数收取新数据了。

此外，在 DDS 层的 Discovery 模块实现了 SDP 发现匹配协议，发现阶段的 DDS 数据被称为内置数据或 DDS 控制报文。内置数据收发的实现也使用 DDS 发布/订阅机制。SDP 定义了一组内置主题类型、内置发布者和订阅者。SPDP 阶段使用的内置主题类型为 "DCPSParticipant"，内置的发布者用于发布域参与者加入数据域的信息，内置的订阅者用于收取其他域参与者的信息。在 SEDP 阶段，使用的内置主题类型为 "DCPSPublication" 和

"DCPSSubscription"。

信息集成中间件运行时共有五个线程（如图 6.2 所示），包括主线程、SendTask、ReceiveTask、DispatchTask 和 RemoteCheckTask。主线程是应用组件创建的线程，DDS 应用在此线程中调用 API，完成加入数据域、创建发布者/订阅者、发布数据等操作。SendTask 线程根据调度队列中的发送数据请求，将 HistoryCache 中的对应数据发送至远端的订阅者。ReceiveTask 线程监听网络端口，将收到的消息写入 ReceiveBuffer。DispatchTask 线程将 ReceiveBuffer 中的 RTPS 报文解析，提取出用户数据存入 HistoryCache，并通知主线程的订阅者有新数据待接收，订阅者在回调函数中处理缓冲区中提交的数据。RemoteCheckTask 线程负责定期检查已匹配的域参与者存活情况，根据上次收到域参与者存活信息的时间和用户定义的租期，判断此域参与者是否失效。

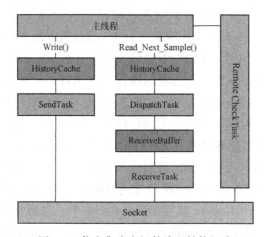

图 6.2　信息集成中间件线程结构组成

6.2.2　信息集成中间件接口定义

预设式信息集成中间件遵循 DDS 规范，通过中间件数据域的划分，实现体系内不同领域的系统、设备在同一网络内并行共享而不会相互干扰。IDL 描述了中间件的具体数据类型。为了实现体系内数据信息交互，中间件提供 10 个接口，分别用于初始化 DDS 域、创建主题发布者、创建主题订阅者、删除主题发布者、删除主题订阅者、发布者类型转换、订阅者类型转换、发送数据、接收数据、退出 DDS 域。具体的接口定义如图 6.3 所示，各个接口的详细定义如表 6.1~表 6.10 所示。

```
//初始化域
_RETURNCODE_T DomainInit(_DOMAINID_T domainId, char * compName)
      //创建主题发布者
DataWriter * CreateDataWriter(const char * componentName,
                              _DOMAINID_T domainId,
                              const char * topic_name,
                              const char * type_name,
                              DataWriterListener * listener,
                              const _DATA_WRITER_QOS    * qos)
      //发布者类型转换
XXXXDataWriter * XXXXDataWriter::Narrow(DataWriter * dataWriter)
      //发送数据
_RETURNCODE_T XXXXDataWriter::Write(XXXX& data)
      //删除主题发布者
_RETURNCODE_T DeleteDataWriter(DataWriter * aDataWriter)
//创建主题订阅者
DataReader * CreateDataReader(const char * componentName,
                              _DOMAINID_T domainId,
                              const char * topic_name,
                              const char * type_name,
                              DataReaderListener * listener,
                              const _DATA_READER_QOS * qos)
//订阅者类型转换
XXXXDataReader * XXXXDataReader::Narrow(DataReader * dataReader)
//接收数据
_RETURNCODE_T XXXXDataReader::Read_Next_Sample(XXXX& receivedData)
//删除主题订阅者
_RETURNCODE_T DeleteDataReader(DataReader * aDataReader)
//退出域
_RETURNCODE_T DomainRelease(_DOMAINID_T domainId)
```

图 6.3　中间件接口定义

表 6.1　初始化 DDS 域接口

接口定义	_RETURNCODE_T DomainInit(_DOMAINID_T domainId, char * compName)		
接口名称	DomainInit		
提供/需求	提供		
简单描述	初始化 DDS 域		
参数说明	名称	类型	简短描述
	domainId	long	所需初始化的域的值
	compName	char *	组件名，用以区分不同应用，一般以本应用名称作为组件名
返回值	DDS 返回值		

表6.2　创建主题发布者接口

接口定义	DataWriter * CreateDataWriter(const char * componentName, _DOMAINID_T domainId, const char * topic_name, const char * type_name, DataWriterListener * listener, const _DATA_WRITER_QOS　　* qos)		
接口名称	CreateDataWriter		
提供/需求	提供		
简单描述	创建主题发布者		
参数说明	名称	类型	简短描述
	componentName	const char *	组件名
	domainId	long	域值 主题发布者所归属的域，该域必须已经被初始化
	topic_name	const char *	主题名 该域中唯一
	type_name	const char *	结构体名 主题发布者使用的结构体类型
	listener	DataWriterListener *	该主题数据发布时的监听回调类，可以重载该类，用于实时监听发布的数据 一般设置为 NULL
	qos	cost _DATA_WRITER_QOS *	服务策略 用以设置主题发者的功能
返回值	DataWrite * 创建成功的数据发布者指针		

表6.3　删除主题发布者接口

接口定义	_RETURNCODE_T DeleteDataWriter(DataWriter * aDataWriter)		
接口名称	DeleteDataWriter		
提供/需求	提供		
简单描述	删除已创建的数据发布者		
参数说明	名称	类型	简短描述
	aDataWriter	DataWriter *	已创建的数据发布者指针
返回值	DDS 返回值		

表 6.4　创建主题订阅者接口

接口定义	DataReader * CreateDataReader (const char * componentName, _DOMAINID_T domainId, const char * topic_name, const char * type_name, DataReaderListener * listener, const _DATA_READER_QOS * qos)		
接口名称	CreateDataReader		
提供/需求	提供		
简单描述	创建主题订阅者		
参数说明	**名称**	**类型**	**简短描述**
	componentName	const char *	组件名
	domainId	long	域值 主题发布者所归属的域，该域必须已经被初始化
	topic_name	const char *	主题名 该域中唯一
	type_name	const char *	结构体名 主题发布者使用的结构体类型
	listener	DataReaderListener *	该主题数据订阅时的监听回调类，需要重载该类，用于实时监听发布的数据，并在该类中对接收到的数据进行处理
	qos	cost _DATA_READER_QOS *	服务策略 用以设置主题订阅者的功能 需要与该主题的发布者 Qos 配置一致
返回值	DataReader * 创建成功的数据订阅者指针		

表 6.5　删除主题订阅者接口

接口定义	_RETURNCODE_T DeleteDataReader(DataReader * aDataReader)		
接口名称	DeleteDataReader		
提供/需求	提供		
简单描述	删除已创建的数据订阅者		
参数说明	**名称**	**类型**	**简短描述**
	aDataReader	DataReader *	已创建的数据订阅者指针
返回值	DDS 返回值		

表 6.6　将创建的发布者转换为与其结构体相关的类型接口

接口定义	XXXXDataWriter＊ XXXXDataWriter∷Narrow(DataWriter＊ dataWriter)		
接口名称	XXXXDataWriter∷Narrow		
提供/需求	提供		
简单描述	将创建的数据发布者转换为与其结构体相关的类型		
参数说明	名称	类型	简短描述
	dataWriter	DataWriter＊	已创建的数据发布者指针
	XXXXDataWriter		XXXX 替换成其使用的结构体名
返回值	类型转换后的数据发布者		

表 6.7　使用 Narrow 类型转换后的对象发送数据接口

接口定义	_RETURNCODE_T XXXXDataWriter∷Write(XXXX& data)		
接口名称	XXXXDataWriter∷Write		
提供/需求	提供		
简单描述	使用 Narrow 类型转换后的对象发送数据		
参数说明	名称	类型	简短描述
	data	XXXX&	该主题使用的结构体发送的该类型的数据变量
	XXXXDataWriter		XXXX 为其使用的结构体名类型转换后的数据发布者对象
返回值	DDS 返回值		

表 6.8　将创建的订阅者转换为与其结构体相关的类型接口

接口定义	XXXXDataReader＊ XXXXDataReader∷Narrow(DataReader＊ dataReader)		
接口名称	XXXXDataReader∷Narrow		
提供/需求	提供		
简单描述	将创建的数据订阅者转换为与其结构体相关的类型		
参数说明	名称	类型	简短描述
	dataReader	DataReader＊	已创建的数据订阅者指针
	XXXXDataReader		XXXX 替换成其使用的结构体名
返回值	类型转换后的数据订阅者		

表 6.9　使用 Narrow 类型转换后的对象接收数据接口

接口定义	_RETURNCODE_T XXXXDataReader::Read_Next_Sample(XXXX& receivedData)		
接口名称	XXXXDataReader::Read_Next_Sample		
提供/需求	提供		
简单描述	使用 Narrow 类型转换后的对象接收数据		
参数说明	名称	类型	简短描述
	receivedData	XXXX&	该主题使用的结构体接收到的该类型的数据变量
	XXXXDataReader		XXXX 为其使用的结构体名类型转换后的数据订阅者对象
返回值	DDS 返回值		

表 6.10　退出已创建的域接口

接口定义	_RETURNCODE_T DomainRelease(_DOMAINID_T domainId)		
接口名称	DomainRelease		
提供/需求	提供		
简单描述	退出已创建的域		
参数说明	名称	类型	简短描述
	domainId	long	域值
返回值	DDS 返回值		

6.3　在线式的信息集成

体系运行使用过程中，时常发生成员损毁/故障退出，新成员加入，或任务、环境等剧烈变化时体系动态在线地进行结构重置、功能重组和流程重构等，以确保体系在应用过程中具有持续的生命力，具备很强的动态演化特性。在这种情况下，对于信息集成中间件或平台而言，不可能做到在研制开发阶段就都能获得体系运行阶段（长时间不停止运行）所有的信息类型和结构，而是在运行阶段随着动态演化的发生，新类型、新结构的信息不断加入体系中来，此时信息集成平台要能够识别接收、管理利用所有成员（含新成员）向体系发布的信息，并且能够向所有成员提供按需获取的信息服务，形成在线式的信息集成模式。

本节以第 5 章关于 SIDM 信息的描述、表示和操作为基础，基于发布/

订阅机制，结合体系在线式的信息集成的要求，构建了信息综合集成平台，设计了一套具有完整语义和语法结构的信息订阅语言，提出了一种双向驱动的匹配算法，即发布事件驱动匹配和订阅事件驱动匹配的算法，并进行了性能分析。

目前，国内外对 Pub/Sub 系统研究很多，同时发布了相应产品，但是这些产品所面向的对象和目的不同，各具特点，也有共同的特性，主要表现为：应用领域主要针对国际互联网络的各种应用，在事件发布过程中，没有考虑事件的重复性，在事件的订阅过程中，没有考虑实时性，同时系统的数据模型不统一，没有考虑信息集成的特性，更没有考虑体系动态演化特性。因此，必须对 Pub/Sub 系统模型进行改进，以便更好地适应体系内部协同及动态演化的信息集成要求。

Pub/Sub 系统中最核心的部分是事件的匹配算法，首先匹配算法与发布事件的组织结构相关，发布事件的组织结构直接影响匹配算法的时间效率和空间效率；其次匹配算法与事件的匹配过程相关，它直接影响了匹配是否成功，在当前的 Pub/Sub 系统中，由于缺乏统一的发布事件描述、表示和操作模型，因此系统对发布事件的组织效率并不高，而且大多数 Pub/Sub 系统都支持复杂语义，使系统匹配算法的时间效率和空间效率不高。同时，当前大多数系统的匹配过程是基于发布事件驱动的算法，这使事件订阅者对已发布的事件丧失了获取能力，并不适用体系成员协同的信息集成和按需获取需求，因此，需要根据体系各成员协同及动态演化的信息按需设计新的匹配算法，能够更好地适应体系特征。

订阅事件的描述和表示必须具有统一模式，订阅语言就是对订阅事件的描述和表示，首先，它以简洁、易懂的方式提供给应用，以便应用能够按照订阅语言方便、快捷地组织所需要的信息；其次，它能够让 Pub/Sub 系统和订阅事件匹配算法快速识别应用的订阅信息，以便基于事件的匹配算法进行事件的匹配；最后，它能够与返回给应用的信息结构或模型具有很好的对应性，以便用户能够方便识别订阅事件与返回结果之间的对应关系。

6.3.1　综合信息集成模型

为了提供适合体系各成员协同及动态演化的信息集成平台，以 SIDM 为基础，基于 Pub/Sub 机制，将大量分布的、异构的、动态的信息源中的信息看成一个整体，对存在于不同信息源中的信息进行有效整合，并且能够以一个统一的视图提供给用户使用，建立统一的系统信息描述方式和访问操作规范，实现信息集成数据到各种信息源本地模式之间的映射，在动态、异构、开放的环境下，为各个成员提供一个访问异构数据源的统一接口，构建了基于 Pub/Sub 机制的综合信息集成平台（Pub/Sub-Based Information Integration Platform，PIIP）。图 6.4 描述了 PIIP 的信息交互结构模型，它从语义和结构两个方面解决订阅匹配问题。当信息事件发布时，系统首先将其转换成 SIDM 格式，然后对其进行进一步处理，而对于信息事件接收者而言，所有的信息事件都符合 SIDM 规定的格式。

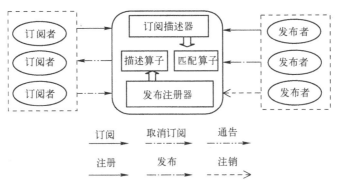

图 6.4 PIIP 的信息交互结构模型

为体系各成员分布的、异构的、动态的信息提供一种通用的信息表示方式，PIIP 采用统一的数据集成模型 SIDM，通过信息描述算子对数据模型进行统一的表示和描述，信息描述算子负责将应用者的应用语义信息统一表示为全系统解释唯一的信息表示结构。平台能够利用事件的语义信息和结构信息进行匹配，从而能够比基于关键词的方法提供更为精确的过滤。

信息生产者称为发布者，在进行注册后，以事件形式将信息结构向 PIIP 进行通告（Notify），并获得该信息的标识符，然后将信息标识符连同信息具体数据不断发布/发送给 PIIP，如果信息生产者不再生产信息，或该信息已经作废，则向 PIIP 注销该信息。信息消费者称为订阅者，在进行注册时会收到 PIIP 返回当前所有的信息标识、结构和数据特性，如果需要相关信息，则向 PIIP 发出一个订阅事件，表示对系统中的哪些信息感兴趣，如果不再感兴趣，也可以取消订阅；而 PIIP 则保证将生产者发布的信息及时、可靠地通告/传送给所有对其感兴趣的订阅者。通过这种信息集成机制，可以实现在体系运行阶段，快速接收、管理和分发新类型、新结构的信息，并且向所有成员提供按需获取的信息服务，实现在线式的信息集成。

在 PIIP 中，发布注册器负责接收发布者的信息注册请求，建立信息索引结构后，将注册请求转给描述算子，同时接收发布者的信息注销请求；将所注销的信息从索引表中删除，并删除相应的信息发布结构和信息存储结构；在接收到信息发布事件后，经过初步处理，送给描述算子。描述算子负责根据 PIIP 的信息模型，对发布者发布的信息进行统一的形式描述与转换，并为其发布的信息建立相应的信息发布结构和数据存储结构。订阅描述器负责接收订阅者的信息订阅事件请求，经过初步处理，将它传给匹配算子，同时接收信息取消订阅事件，将相应的订阅请求删除。匹配算子负责高效地找到与给定订阅条件相匹配的信息，将匹配结果进行有效组织后传送给订阅者，同时维护信息的订阅请求事件。

在 Pub/Sub 系统中，匹配算子所实现的匹配算法是系统的核心部分，它直接决定了 Pub/Sub 系统性能（事件匹配时间效率和空间效率），而订阅事件的表示和描述对订阅事件的解析、识别和处理都产生重要影响，因此，一般的 Pub/Sub 系统都会根据各自不同特点，制定相应的订阅语言，以便有效地支持订阅事件的表示、解析和处理。

6.3.2 信息集成订阅发布语言

由于 PIIP 中事件要遵从 SIDM，所以用户的订阅条件实际上就是一种建立在 SIDM 语法之上的模式，其中规定了订阅事件的约束。根据 SIDM 的语法设计了一种 PIIP 信息订阅语言。

在 PIIP 中，用户的一个订阅条件由若干个"语句模式"（statement pattern）的"与"和"或"操作组成。每个语句模式描述订阅事件中的一个语句，其形式如下。

$$(subject, meta\text{-}statement, [\,filter\_func(subject)\,])$$

其中，subject 规定了一个语句中的 subject，它们标识具体的信息对象，meta-statement 规定了一个语句应满足的类型约束，即令某语句模式中的 meta-statement 为 (s, p, r)，若某 SIDM 语句能与该语句模式匹配，则如下断言为真。

s　SIDM:type　oid-list-subject

（s 必须属于 oid-list 中的某个具体值）

p　SIDMs:subPropertyOf　oid-list-Atom-subject

（ p 必须是某个 subject 类型的 Atom）

r　SIDM：type　oid-list-Atom-value

（ r , p 的条件限制必须属于 Atom 的 value）

在语句模式中，当 subject 为变量且其类型为 Atom 时，语句模式中可以有一个过滤函数 filter_func(subject)，它是一个布尔表达式，用于进一步限制宾语变量的取值。过滤函数中允许的操作包括>、<、=等关系运算。

根据订阅语句模式，本书采用字符串形式来定义信息订阅语言（Information Subscribe Language，ISL）的语法，其语法表示为

```
<subscribe>:=/ * empty * /|<subscribe_str>;

<subscribe_str>:=<subscribe_simple><subscribe_ext>;

<subscribe_ext>:=/ * empty * /|<subscribe_str>;

<subscribe_simple>:=<section_header>|<section_header><section_description>;

<section_description>:={<description_cell><description_ext>};

<description_ext>:=/ * empty * /|<description_cell><description_ext>;

<description_cell>:={<section_field><section_condition>};

<section_header>:={HEADER|<sequence_string>};

<section_field>:=/ * empty * /|{FIELD|<sequence_string>};

<section_condition>:=/ * empty * /|{CONDITION|<compare_or>};

<compare_or>:=<compare_and>OR<compare_and>|<compare_and>;

<compare_and>:=<expr_compare>AND<expr_compare>|<expr_compare>;

<expr_compare>:=(<ident>= = =<factor>)|(<ident>>=<factor>)|(<ident>><factor>)|
(<ident><=<factor>)|(<ident><<factor>)|(<ident>! =<factor>)|(<compare_
or>);

<sequence_string>:=<string><sequence_ext>;

<sequence_ext>:=/ * empty * /|<sequence_next>;

<sequence_next>:=<string><sequence_ext>;

<factor>:='<text_chars>'|<number>|TRUE|FALSE;

<ident>:= $ <string>;

<string>:=<text_chars><string_ext>;

<string_ext>:=/ * empty * /|. <string_next>;

<string_next>:=<text_chars><string_ext>;

<text_chars>:=<text_chars><text_char>;

<number>:=<digits>|<digits>. <digits>|-<digits>|-<digits>. <digits>;

<digits>:=<digits><digit>;

<text_char>:=<alpha>|<digit>;
```

<alpha>表示 A~Z 及 a~z 的字母;

<digit>表示 0~9 的数字。

根据上述描述,ISL 具有如下特点。

(1) 语法结构简单,以字符串的形式描述,易于应用者理解和实现。

(2) 能够支持最小粒度数据类型(SIDM 中 Atom 数据类型)的"与"和"或"操作的条件组合订阅。

(3) 支持数字类型、字符类型、字符串类型和 Bool 型的判断匹配。

6.3.3 双向驱动的信息集成匹配算法

当前,一般 Pub/Sub 系统匹配算法的本质思想在于,当到达一个发布事件以后,要能快速地找到所有与之匹配的订阅条件。从这一点上说,Pub/Sub 系统与数据库系统相比,数据和查询(订阅)条件的角色正好颠倒过来。在数据库系统中,大量的数据被保存并建立了索引,以便当用户发起一个查询条件时,能够快速地找到所需要的数据。而在一般的 Pub/Sub 系统中,大量的订阅条件被保存并建立索引,以便当到达一个事件(数据)时,能够快速地找到与之匹配的订阅条件。

在体系信息综合集成中,不仅信息发布事件到达 PIIP 后,进行与之相关的订阅事件的匹配,找到满足条件的数据,而且信息订阅事件到达 PIIP 后,也要与已经发布的信息进行匹配,找到满足条件的数据,发送/通告给订阅者。为了适应体系信息综合集成的这种需要,本节提出了一种双向驱动匹配算法,即发布事件驱动匹配和订阅事件驱动匹配算法,下面介绍双向驱动匹配算法中采用的索引结构及相应的匹配过程。

1. 索引结构

在 PIIP 内部维护了当前系统中所有已经发布的信息结构及已经发送的实际信息数据。在用户所定义的发布信息基础上,根据 SIDM 对象层次结构和属性层次结构,PIIP 根据相应的语法完成对应用信息结构的解析,将各种信息结构组织为树状结构,称为信息结构树(Structure Tree,ST),同时得到唯一的信息标识,并建立数据存储表,当信息数据发布到系统中时,根据信息标识在树中找到相应存储表的位置进行信息数据缓存。为了加快信息访问速度,采用数组表对所有的信息数据进行管理,称为信息存储结构(Storage Structure,SS)数组。ST 和 SS 统称为信息结构实体(Information Structure Entity,ISE),其结构如图 6.5 所示。ISE 是 PIIP 的索引结构基础，其中 ST 的各 subject 按字典顺序排序，以便查找。

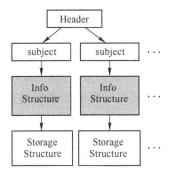

图 6.5　PIIP 的信息结构实体

PIIP 为用户提供了规范的订阅语言，PIIP 根据用户所提交的订阅请求，根据 SIDM 和 ISL，求出所有合法的元语句，将它们组织成两棵树，分别为待匹配树与已匹配树。其中树的根节点为树的标识，树的叶节点为订阅请求合法的元语句。待匹配树保存符合语法的等待匹配的所有订阅请求及其合法的元语句，已匹配树保存已经匹配过的所有订阅请求及其合法元语句。

PIIP 提供两种检索匹配机制。其一是发布事件驱动检索匹配，即当用户发布一种信息时，PIIP 将该信息缓存在 ISE 中，同时在待匹配树中查找对应的订阅请求，如果找到与发布信息相匹配的 subject，则按照匹配算法进行匹配，将相应的订阅请求从待匹配树中删除，加入已匹配树，将匹配的元语句和匹配映射也保存到该树的节点中。其二是订阅事件驱动匹配，即当 PIIP 接收到用户提交的订阅事件时，PIIP 检查其语法合法性，然后在 ISE 中查找相应的 subject，如果找到，则进行匹配，同时将匹配的结果和映射保存到已匹配树中，否则将订阅请求加入待匹配树中。

2. 匹配过程

当一个订阅事件进入 PIIP 以后，系统按照广度优先顺序排序，以使事件中所有标记的 subject 都被遍历到，且仅被遍历一次。对于每个被遍历到的 subject，系统对其生成一个或多个如下形式的三元组：

(subject, object , meta-statement, [filter_func(subject)])

称其为"带类型语句"（typed-statement），其中，subject 是信息的类别 ID，object 是订阅事件检索的 ID，meta-statement 是此事件所对应语句的元语句，表示为 (m_s, m_p, m_r)，其生成规则如下：m_s 为订阅事件中所指定的 oid-list-subject 的对象，m_p 为 subject 对象的 Atom，m_r 为事件中 meta-statement 所指定对象的 filter_func(subject)。一个订阅语句可能会对应多个带类型语句。当 oid-list-subject 中具有不同的信息类型时，同时 meta-statement 与 filter_func(subject) 都需要对 oid-list-subject 所包含的 Atom 进行过滤时，在匹配结果中需要对所提取的数据进行"重构"，以便以一个 subject 的形式返回给发起订阅事件的用户。

对于遍历事件内容时所生成的每个带类型语句，PIIP 根据其中的元语句，找到 ST 中的相应项，将其与待匹配项树中的各语句模式进行匹配。然后，系统还根据 ST 中该项的 SS，找到相应的信息数据。

令函数 isVariable(k) 表示断言"k 为变量"。对于一个语句模式 $s_p = (s_1, m_{s1}, \text{filter\_func}_1)$ 和一个带类型语句 $t_s = (s_2, o_2, m_{s2})$，s_p 能与 t_s 匹配的充要条件为

$$(s_1 = s_2 \lor \text{isVariable}(s_1)) \land (m_{s2} \subseteq m_{s1}) \land \text{filter\_func}_1(s_2)$$

s_p 与 t_s 匹配的结果，是建立了两对事件和 ISE 的 subject 之间的映射：$s_1 \leftrightarrow s_2$。

在事件的匹配过程中，如果以发布事件驱动检索匹配，匹配过程开始时，PIIP 根据信息类型的 subject 在待匹配树中查找相应的以 subject 为关键字的各带类型语句，如果找到了，就根据 meta-statement 形成映射方案，记录带类型语句与 ISE 的 subject 的映射，并将其加入已匹配树中。如果以订阅事件驱动检索匹配，匹配过程开始时，订阅事件中以 subject 为关键字的各带类型语句已位于待匹配树中，PIIP 在 ISE 中寻找与之匹配的 subject，如果找到了，则形成映射方案，并将其转移到已匹配树中。

3. 算法分析

令 TS 表示平均每个事件中的带类型语句个数，D 表示平均每个带类型语句所能推导的元语句个数，W 表示平均每个待匹配树中的节点数，SP 表示各匹配树中平均每个节点下的语句模式个数，N 表示订阅事件数量，则由算法中的循环层次可知，算法的时间复杂度为 $O(\text{TS} \times D \times W \times \text{SP} \times N)$，一般来说 TS、$D$、$W$ 和 SP 都比较小，算法的时间复杂度与订阅数量成线性关系。

在空间复杂度方面，算法的空间占用主要包括以下两个方面。

（1）各订阅事件所对应的匹配树。匹配树中的节点个数与订阅事件的复杂度和订阅条件数量有关。

（2）ISE 数量，其大小由信息类型的数量决定。

设匹配树的平均大小为 m，ISE 中每个信息类型的空间占用为 e，具有 L 个信息类型，则本算法的空间复杂度为 $O(N{\times}m+L{\times}e)$。因此，总体来说，算法的空间复杂度与订阅数量及信息类型数量成线性关系。

6.3.4 模拟试验及结果分析

对于发布/订阅系统及其匹配算法的性能评价指标主要是订阅事件的匹配时间。因此，对 PIIP 的订阅事件的匹配时间进行了模拟试验，以便对 PIIP 的性能进行评价。在不考虑信息的存储的情况下，采用 C\C++语言开发，实验所使用的机器是一台 CPU 为 2.0GHz、内存为 512MB 的普通 PC 机，所使用的操作系统为 Windows。

在模拟试验中，假设 PIIP 中信息类型为 Construction，其中 ref-oid-lis 包含 10 个 Simpleness 类，每个 Simpleness 类具有 10 个 Atom 类型的属性。假设每个订阅事件中有 10 个 section_field，每个 section_field 指向一个 Simpleness 类，包含 5 个 Atom 类型，每个 Atom 类型指向一个 CONDITION，形成 5 个 Atom 类型"与"操作的过滤函数，匹配结果如图 6.6 所示。

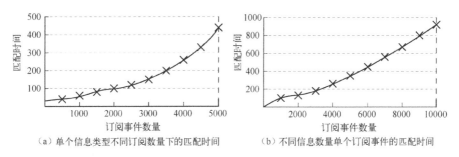

（a）单个信息类型不同订阅数量下的匹配时间　　（b）不同信息数量单个订阅事件的匹配时间

图 6.6　订阅事件匹配结果

图 6.6（a）显示了 PIIP 在单个信息类型不同订阅数量下的匹配时间，其中，订阅数量从 500 增加到 5000。从图中可以看出，PIIP 的匹配时间与订阅数量基本上成线性关系。当订阅数量为 5000 时，匹配时间为 430ms。

图 6.6（b）显示了 PIIP 在不同信息数量单个订阅事件的匹配时间，其中，信息数量从 1000 增加到 10000。从图中可以看出，PIIP 的匹配时间

与订阅数量基本上成线性关系。当订阅数量为 10000 时，匹配时间为 890ms。

6.4　本章小结

体系具有静态演化和动态演化的特性，形成了对信息集成的不同要求，为此可以将信息集成分为预设式的信息集成模式和在线式的信息集成模式。Pub/Sub 机制及 DDS 能够使通信的参与者在空间、时间和控制流上完全解耦；能够很好地满足体系分布式松散通信的需求，实现体系中组成成员的"即插即用"和"按需获取"的信息共享需求；能够很好地适应体系成员的动态加入/退出，支持体系使用过程中复杂多变的数据信息流需求。为适应体系静态演化，建立了基于 DDS 的预设式信息集成中间件，设计了该中间件的结构模型，阐述了该中间件的线程结构及其功能实现方式，并制定了详细的信息发布/订阅接口。为了适应体系动态演化特性，构建了信息综合集成平台，设计了一套具有完整语义和语法结构的信息订阅语言，ISL 为用户提供一个访问异构信息源的统一接口，完成了信息集成平台的基础核心匹配算法和平台的实现，使体系信息的生产者和消费者在时间和空间上完全解耦，为体系各个专业应用提供公共的信息交互平台，为动态加入/退出体系的各类成员提供高速、可靠的信息交互方式和数据传输通道，实现体系内信息"所见即所得"的按需获取能力，以统一的信息接口满足体系动态演化的需要。

参考文献

［1］ Baldoni R，Contenti M，Virgillito A. The evolution of publish/subscribe communication systems//Future directions in distributed computing. Springer Berlin Heidelberg，2003：137-141.

［2］ Object Management Group （OMG）. Data Distribution Service for Real-time Systems，version 2. 1. Technical Document，August 2007.

［3］ Data Distribution Service （DDS）version 1. 4. OMG Group. 2015-04-10.

［4］ 陈春甫. 基于 DDS 的数据分发系统的设计与实现. 上海：复旦大学，2008.

［5］ Pereira J，Fabret F，Llirbat F，et al. WebFilter：A high throughput XML-based publish and subscribe system. In：Proc. of the 27th Int'l Conf. on Very Large Data Bases. San Francisco：Morgan Kaufmann Publishers, 2001：723-724.

［6］马建刚，黄涛，汪锦岭，等 . 面向大规模分布式计算发布订阅系统核心技术 . 软件学报，2006，17（1）：134-145.

［7］徐罡，黄涛，刘绍华，等 . 分布应用集成核心技术研究综述 . 计算机学报，2005，28（4）：434-443.

［8］罗英伟，刘昕鹏，彭豪博，等 . 面向事件处置的信息服务集成调度模型 . 软件学报，2006，17（12）：2554-2564.

［9］Wang J L, Jin B H, Li J, et al. Data model and matching algorithm in an ontology-based publish/subscribe system. Journal of Software，2005，16（9）：1625-1635.

［10］郦仕云，宁汝新，徐劲祥，等 . 气动和结构多学科优化设计过程集成技术研究 . 系统仿真学报，2007，19（4）：852-855.

［11］刘士军，孟祥旭，向辉 . 基于 XML 的文物数字博物馆数据集成研究 . 系统仿真学报，2002，14（12）：1624-1627.

［12］邓睿，王维平，朱一凡 . 一体化信息驱动仿真方法研究 . 系统仿真学报，2007，19（15）：3376-3379.

第 7 章

数据信息集成效应评价

体系集成过程的优劣直接影响体系使用效果。集成效应是各种集成活动自底向上地聚合到体系所形成的效应的度量。体系的数据信息集成需要在不同成员之间实现信息交互与共享，数据信息集成效应分析能够有效评价检验集成的效果。首先，分析建立体系数据信息集成效应评价指标体系，从信息获取能力、信息传输能力、信息共享能力和信息互操作性等方面来分析评价体系的数据信息集成效果。其次，在集成效应评价过程中，需要将底层指标需求聚合到上层指标中，提出了基于 Choquet 积分的体系集成效应聚合方法，为体系集成效应评价聚合的实施提供技术基础。

7.1 数据信息集成效应评价指标

在体系集成过程中，不同平台、系统需要实现信息交互与共享。体系中各个成员的信息具有分散性和异构性。其中，分散性表现为信息在时间和空间上的分散，异构性表现为相关信息描述、格式、交互方式等具有很大差异性。信息集成是指利用通信技术、数据库技术和中间件技术等，在共享信息模型、公共基础设施和软件中间件等支持下，将各个平台、系统中孤立的信息源关联起来，确保每个成员在每个阶段、每个活动中都能在正确的时间、正确的地点以适当的方式获取所需的信息。

信息集成的目标是将分布在不同平台、系统中自治和异构的多处局部数据源中的信息有效地集成，实现各平台、系统间的信息共享与融合。其核心是数据集成，即要将不同平台、系统中信息不一致、缺少数据交换共享的异构分布数据源进行集成，构建完善数据共享环境。信息集成还应解决数据、信息和知识（包括经验）之间的有效转换问题。体系信息集成具有数据类型多样、数据结构各异、数据来源复杂、数据之间语义关系复杂、数据操作不兼容等特点，因此信息集成具有两个难点：①如何处置异构数据处理所引发的一系列冲突和问题；②如何高效地对信息进行组织、调度和共享，同时保持数据的一致性和完整性。因此，体系信息集成方法主要包括建设数据标准和规范，如行业数据字典、核心共享数据结构模型、联合技术体系结构等，建立信息组织与管理机制，并采用统一的数据表示、数据交换和接口标准，建立信息通用基础设施（共有硬件和支撑软件）等，实现异构信息的集成，提高体系信息能力。

体系信息能力是指体系所具有的信息获取、传输、处理和利用的能力。鉴于信息能力的内涵和体系运行过程中信息流向和使用，体系信息集成效应主要体现在信息获取能力、信息传输能力、信息共享能力、信息互操作性等方面。

综上所述，体系信息集成效应指标如图 7.1 所示。

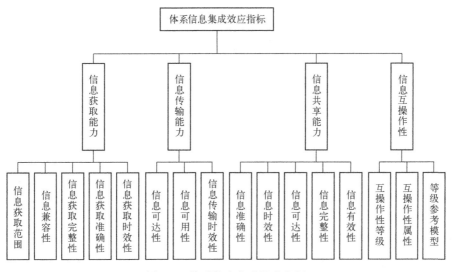

图 7.1　体系信息集成效应指标

7.2　信息获取能力

信息获取能力是指，体系利用声呐、雷达、单传感器或传感器网络等设备获取环境、态势和内部状态等信息的能力。信息获取能力影响因素主要包括获取的信息源种类、防御目标种类、信息获取范围、目标获取密度、目标测量精度、信息密度、信息精度、信息质量、信息覆盖范围、信息获取时延、接入传感器数量、可用信息获取的完整性、信息获取的准确性和信息获取的时效性来度量。

1. 信息获取的完整性

信息获取的完整性反映的是体系探测和发现目标的能力，用规定作战环境内战场感知态势中目标种类及数量与战场客观态势的吻合程度来表示。由于战场感知态势是随时间变化的，所以信息获取的完整性指标是时间的函数。假设 t 时刻对战场目标探测信息的完整性指标为 $\beta(t)$，它包含探测到的目标种类的完整性 $C(t)$ 和探测目标数量的完整性 $N(t)$，则有

$$\beta(t) = C(t) \times N(t)$$

其中：

$$C(t) = \frac{t \text{ 时刻正确探测到的目标种类数}}{t \text{ 时刻客观态势中实际存在的目标种类数}}$$

$$N(t) = \frac{t \text{ 时刻正确探测到的目标数量}}{t \text{ 时刻客观态势中实际存在的目标数量}}$$

2. 信息获取的准确性

信息获取的准确性反映了体系目标识别的能力，是指规定体系感知态势中敌方目标的种类、数量、特征等与真实目标相吻合的程度，是指信息源获取情报信息的精度。信息精度是对信息映射真实性的度量，其影响因素包括目标位置误差、时间精度误差、定位精度误差。一般地，目标参数可分为特征型参量和数值型参量两大类。比如，目标种类（潜艇、水面舰、飞机等）是属于特征型参量；而目标数量、目标距离、坐标等属于数值型参量。对于特征型参量，首先应该进行量化处理。

假设 $\boldsymbol{P}_i(t)$ 分别表示第 i 个目标 t 时刻在客观作战态势中的特征向量，可以表示为

$$\boldsymbol{P}_i(t) = \left[p_1^i(t), \cdots, p_l^i(t), \cdots, p_m^i(t) \right]$$

式中，m 为第 i 个目标的特征参数个数；$p_l^i(t)$ 为作战客观态势中目标的第 $l(l \in [1, 2, \cdots, m])$ 个特征分量，目标特征分量可以由目标类型、速度、距离、身份属性、型号等来描述。

设 $\boldsymbol{A}_{ij}(t)$ 为第 j 种探测搜索手段（声呐、雷达、光电等）对目标 i 所获得的特征向量，可表示为

$$A_{ij}(t) = [a_p^i(t), \cdots, a_q^i(t)], \quad p \leq q \leq m$$

即

$$[a_p^i(t), \cdots, a_q^i(t)] \subseteq [p_1^i(t), \cdots, p_l^i(t), \cdots, p_m^i(t)]$$

设 $\omega_l^i(l \in [1, 2, \cdots, m])$ 为第 i 个目标的每个特征向量在该目标整体目标特征中的权重,则第 j 种探测搜索手段对目标 i 获取的观察信息,与对应目标的偏离程度 $D_{ij}(t)$ 可定义为

$$D_{ij}(t) = \sum_{l=p}^{q} \omega_l^i \cdot \left| \frac{a_l^{ij}(t) - p_l^{ij}(t)}{p_l^{ij}(t)} \right|, \quad \sum_{l=1}^{m} \omega_l^i = 1$$

则利用探测搜索手段对目标 i 获取的观察信息,与对应目标的偏离程度 $D_i(t)$ 可定义为

$$D_i(t) = \sum_{l=1}^{m} \omega_l^i \cdot \left| \frac{a_l^i(t) - p_l^i(t)}{p_l^i(t)} \right|, \quad \sum_{l=1}^{m} \omega_l^i = 1$$

则第 i 个目标在 t 时刻信息获取的准确度定义为 $1-D_i(t)$。若总共有 k 个敌方目标,则在 t 时刻信息获取的准确度为

$$\overline{D}(t) = \sum_{i=1}^{k} \frac{1 - D_i(t)}{k}$$

注:对目标特征向量中的某些目标特征分量,若没有探测搜索手段获取其观测信息,则可认为对该目标这部分特征分量的观测偏离程度无限大,而对该部分特征分量的信息获取准确性可认为是零。

3. 信息获取的时效性

信息获取的时效性是指探测/监视战场环境中作战目标的实时性,以及采集和处理情报信息的实时性。体系信息获取的时效性指标是利用探测搜索手段 i 获取满足作战需求的信息总量的时间概率特性,即

$$P_i = P(T_i \leq T_{max})$$

式中,P_i 表示体系信息获取时效性的时间概率特性;T_{max} 为信息获取最大允许时间;T_i 表示获取满足作战需求的目标特征信息所需的时间,可表示为

$$T_i = T_{采样周期|i} + T_{处理|i} + T_{延迟|i}$$

式中,$T_{采样周期|i}$ 表示探测搜索手段 i 的信息采集周期;$T_{处理|i}$ 为其处理时间;$T_{延迟|i}$ 为各种因素造成的延迟。假定某特定的作战任务需求的信息获取时效性为 T_{max},若 $T_i \leq T_{max}$ 则认为该信息获取的时效性满足该作战应用,具有时效性;否则,该信息的获取不满足作战需求,信息不具有实效性。

7.3 信息传输能力

体系的信息传输能力是各个平台、系统组成网络并且各节点生成信息后，在规定的时限内及时、准确地传输到其他网络节点的能力，或者其他节点准确获取该信息的能力。体系的信息传输能力取决于信息传输速率、传输带宽、网络结构、信息容量、表达效率、通信协议兼容性及装备水平等因素。其衡量指标主要有信息的可达性、信息的可用性、信息的传输时效性。

1. 信息的可达性

信息的可达性主要通过分析体系中各个平台、系统之间的连通性和信息传输的丢失率来进行评价。连通性表征单平台、系统之间网络连通状况。信息传输的丢失率指标用于度量各个平台、系统之间发送和接收信息能否完全传递。由于体系中各个平台、系统对不同类型的信息品质要求各不相同，因此对信息的丢失率要求不一样。例如，目标指示信息的连续性要求比战场态势信息的连续性要求高得多。某类信息丢失率计算方法如下。

$$p_1 = \frac{N_1}{N_s}$$

式中，p_1 为该类信息的丢失率；N_1 为统计时间内信息的丢失数量；N_s 为统计时间内信息的发送数量。

2. 信息的可用性

信息的可用性指信息到达指定的平台、系统后要满足上层活动需求，主要用信息密度、信息一致度、信息传输时延、信息正确率、信息更新率、信息传输精度等指标对信息的可用性进行评价，用这些技术指标评价信息传输系统的传输时效性、可靠性、正确性等性能。

信息密度是指所获得的信息总量中所携带有用信息的比例。

信息一致度是在体系中不同平台、系统中相关信息一致性的程度。比如，在探测搜索系统和融合解算系统中敌情数据的一致性程度。

信息传输时延指标用于评价跨平台、跨系统信息传递所需时间，指的是端到端的时延，主要检验态势信息、目标信息、命令信息、文电信息等实时性是否满足作战使用的要求。信息传输时延的计算方法如下。

$$T_i = \frac{1}{m}\sum_{n=1}^{m} t_n, \quad t_n = t_r - t_s$$

式中，T_i 为该类信息的平均传输时延；t_n 为第 n 条信息的传输时延；t_r 为第 n 条信息被接收时刻；t_s 为第 n 条信息被发送时刻；m 为统计时间内传输的该类信息总条数。

信息正确率指标用于评价体系中跨平台、跨系统传递信息的正确性。作战使用中不同用途信息对信息正确性的要求各不相同，例如，态势类信息对信息的正确率要求要比目标指示类、文电类低。体系中有的信息不允许错误，必须要进行严格的校验，一旦错误就要丢弃重传，如作战命令。信息正确率计算方法如下。

$$P_m = \frac{N_e}{N_r}$$

式中，P_m 为信息正确率；N_e 为接收到的错误信息量；N_r 为接收到信息总量。

信息更新率指标主要用于评价跨平台、跨系统信息传递速度是否满足体系武器发射、作战指挥等方面需求。信息传输系统装备类型很多，不同装备的性能各不相同，有的信息传输速率快，信息更新率就高，有的信息传输速率低，信息更新率就低。信息更新率的计算方法如下。

$$F = \frac{m}{t_m - t_1}$$

式中，F 为信息更新率；m 为在统计期间共收到该类信息的条数；t_m 为第 m 条信息收到的时刻；t_1 为第一条信息收到的时刻。

信息传输精度指标主要用于评价信息跨平台、跨系统传输后的精度是否满足作战需求。在武器装备体系中，主要用于衡量目标类信息传输后的精度是否能够保持。接收到跨平台、跨系统传输的目标信息后，利用目标信息的位置参数（方位、距离或经度、纬度）和运动参数（航速、航向）与发送时目标的位置及运动参数之间的误差统计的均方根（二阶原点矩的平方根）来度量。

3. 信息的传输时效性

信息的传输时效性是在规定的时限内以最快的速率传递给其他网络节点的能力。在体系中，平台、系统一般采用数据链路进行信息传输，其时效性取决于数据链的信息传输速率、传输带宽、网络结构、路由选择、信息容量、表达效率、通信协议兼容性及装备水平等因素。

一般来说，数据信息从信息发送端到接收端的平均时间 $\overline{T}$ 可表示为

$$\overline{T} = T_{传输} + T_{交互} + T_{延误} + T_{收通} + T_{发通}$$

式中，$T_{传输}$ 为信息在传输通道传输的时延；$T_{交互}$ 为操作人员在整个流程中的人机交互时延；$T_{延误}$ 为人为造成的延误时延；$T_{收通}$ 为从数据链接收信息到显示所需的时间，如果信息发送和信息接收的设备、信息格式及转换一致，可认为 $T_{发通} = T_{收通}$。

则信息传输的时效性可定义为

$$\eta = \begin{cases} 1, \overline{T} \leqslant T_{\lim}^{0} \\ 0, \overline{T} > T_{\lim}^{0} \end{cases}$$

式中，$T_{\lim}^{0}$ 表示作战任务对信息传输时效性的需求。当 $\overline{T} \leqslant T_{\lim}^{0}$ 时，认为信息传输时效性满足作战需求；否则，不满足作战任务的信息传输时效性需求。

7.4 信息共享能力

信息共享能力是体系对提交的信息正确地建立索引、存储和传递，并在各个平台、系统正常工作的水平。信息共享能力是体系信息集成能力的关键部分，采用准确性、时效性、可达性、兼容性和有效性等指标进行描述。

1. 信息共享的准确性

信息共享的准确性是指信息在共享过程中，不发生错误、保持原义的程度。可直接通过分析信息共享的结果来描述准确性，t 时刻，战场上有 m 个目标，第 i 个目标有 n 个属性，其中第 j 个属性的取值为 $h_{ij}(j=1, 2,\cdots,n)$，则目标真实的特征向量为

$$\boldsymbol{H}_i(t) = [h_{i1}, h_{i2}, \cdots, h_{ij}, h_{in}]$$

平台、系统获取到的目标特征向量可表示为

$$\overline{\boldsymbol{H}}_i(t) = [\overline{h}_{i1}, \overline{h}_{i2}, \cdots, \overline{h}_{ij}, \overline{h}_{in}]$$

通过共享后获取的信息值与真实值之差为

$$D_i(t) = [\boldsymbol{H}_i(t) - \overline{\boldsymbol{H}}_i(t)] = [h_{i1} - \overline{h}_{i1}, h_{i2} - \overline{h}_{i2}, \cdots, h_{in} - \overline{h}_{in}] = [d_{i1}, d_{i2}, \cdots, d_{in}]$$

由此可得，t 时刻信息共享的准确性为

$$\mathrm{LA\_V}(t) = 1 - \frac{1}{mn} \sum_{i=1}^{n} \sum_{j=}^{n} \frac{d_{ij}(t)}{h_{ij}(t)}$$

2. 信息共享的时效性

信息共享的时效性是指共享信息的寿命周期适用于任务周期的程度，可以用共享信息寿命周期和任务周期的重合度来衡量。设共享信息寿命周期的起点时间为 T_{start}，终点时间为 T_{end}，任务周期的起点时间为 C_{start}，终点时间为 C_{end}。这 4 个时刻可以计算出两个时间段：共享信息的寿命时间段为 T_{inf}，任务周期时间为 C_{task}，其中 $T_{inf} = T_{start} - T_{end}$，$C_{task} = C_{start} - C_{end}$。$T_{inf}$ 和 C_{task} 重合度有 6 种情况，如图 7.2 和表 7.1 所示。

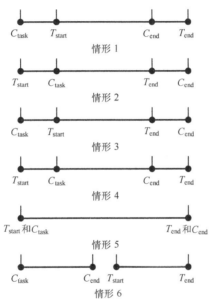

图 7.2　T_{inf} 和 C_{task} 重合度

表 7.1　信息共享的时效性满足情况

情形名称	情形描述	满足任务系统	无资源浪费	不延时任务
情形 1	T_{inf} 和 C_{task} 交叉重叠	★		
情形 2	T_{inf} 和 C_{task} 交叉重叠	★		★
情形 3	$C_{task} > T_{inf}$	★		
情形 4	$C_{task} < T_{inf}$	★		★
情形 5	$C_{task} = T_{inf}$	★	★	★
情形 6	T_{inf} 和 C_{task} 相离			
注：★代表满足要求				

3. 信息共享的可达性

信息共享的可达性是指信息共享的广度和深度，在衡量时可以参考共享中节点的参与度，以及共享信息占总信息量的百分比。

4. 信息的兼容性

信息的兼容性是指信息在共享过程中，在不同平台、系统及不同应用环境下能够保持可用的程度。体系中各个平台、系统能够支持的信息类型、格式的完备程度及信息的互操作，可根据体系支持的信息格式、信息种类、通信接口等性能参数来衡量兼容性。

7.5 信息互操作性

信息互操作性是指两个或两个以上的平台、系统之间交换信息并相互利用所交换信息的能力。互操作性的概念范围很广，只要体系中系统或应用之间能够交换信息并相互利用所交换的信息，就认为它们具有互操作能力。为便于对体系的信息互操作性进行评估，可利用互操作性等级参考模型来表达信息的互操作性。该模型可以描述不断增加的信息交换和利用要求，以及支持它的相应支撑环境。该模型如表 7.2 所示。

表 7.2　信息互操作性等级参考模型

支撑环境	互操作等级	互操作属性			
		P	A	I	D
通用的	跨域级	跨域级	交互式	多维拓扑	跨域级模型
集成的	领域级	领域级	组件式	WAN	领域级模型
分布的	功能级	程序级	桌面自动化	LAN	项目级模型
对等的	连接级	局部/站点级	标准系统驱动程序	简单连接	局部格式
人工的	隔离级	人工访问控制	不适用	独立	专用格式

在该模型中，信息互操作性从低到高分为隔离、连接、功能、领域和跨域五个等级。同时，每个等级上的信息互操作支撑环境分为人工、对等、分布、集成和通用五个层面。对应于不同的信息互操作等级和支撑环境，信息互操作属性分为规程、应用、基础设施和数据四类。

1. 规程属性（P）

信息互操作的规程属性由多种提供指导和操作控制的文件构成，而这些文件影响系统开发、集成和操作等各个方面。该属性由操作性和功能性的程序开发指南，以及技术体系结构和体系架构的规范组成，其内容包括标准、管理、安全和运行四个方面。

2. 应用属性（A）

信息互操作的应用属性由体系的任务确定，主要包括体系的业务应用软件和共性支撑软件。在软件架构上，主要表现为从独立业务应用程序、基于客户/服务器模式的应用程序到跨领域、跨组织的应用程序。

3. 基础设施属性（I）

信息互操作的基础设施属性包括平台、系统间建立连接的通信网络、计算机网络、系统服务、通用信息共享基础软件及安全设备等。基础设施属性主要包括交互信息协议的遵循情况、系统信息传递正确性、控制协议的可执行性及系统互操作能力等。该项指标主要保障平台、系统之间信息能够准确、及时传递和控制命令正确执行。

4. 数据属性（D）

信息互操作的数据属性主要对处理的信息进行描述，涉及数据格式（语法）和数据内容或含义（语义）两个方面。该属性包括一般文本、格式文本、数据库、视频、话音、图像、图形信息、数据模型等所有数据类型和格式。

信息互操作性等级参考模型为信息的互操作性属性提供了基准值。该模型表中，列是四个互操作性属性，行是五个互操作性等级，其交叉点给出了每个互操作性等级应具备的基本特征和属性。参考模型用规程、应用、基础设施和数据四种属性来表征互操作性的五个等级，在确定互操作性的每个等级时都必须考虑上述四种属性，但每种属性的重要程度会随等级的变化而变化，且每个等级都有一个关键属性。隔离级的关键属性是规程。连接级的关键属性是基础设施。功能级的关键属性是应用。领域级的关键属性是数据。跨域级的关键属性是数据和规程。

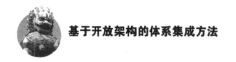

7.6　集成效应聚合方法

7.6.1　聚合权重向量计算

体系集成从资源集成、数据信息集成、功能集成和过程集成等层面开展，在进行体系集成效应评价过程中，需要建立层次化的集成效应评价指标体系，对底层指标进行量化度量后，自底向上计算相应的集成效应。因此，需要建立下层指标参数对上层指标参数的权重向量。层次分析法（Analytic Hierarchy Process，AHP）是对一些较为复杂、较为模糊的问题做出决策的简易方法，它特别适用于那些难以完全定量分析的问题，也适合用于体系集成效应评价权重向量的计算。计算权重向量的过程主要有五个步骤。

步骤一：建立集成效应评估的层次结构模型。

将有关因素按照属性自上而下地分解成若干层次：同一层各因素从属于上一层因素，同时又支配下一层的因素或受到下层因素的影响。最上层为目标层（一般只有一个因素），最下层为方案层或对象层/决策层，中间可以有 1 个或几个层次，通常为准则层或指标层。当准则层元素过多（如多于9个）时，应进一步分解出子准则层。

在集成效应的评价中首先需要建立集成效应指标体系。体系集成主要从三个方面开展：信息集成、功能集成和过程集成，相关的指标体系参照7.5 节。

步骤二：构造成对比较矩阵。

以层次结构模型的第 2 层开始，对从属于（或影响）及上一层每个因素的同一层诸因素，用成对比较法和 1~9 比较尺度构造成对比较矩阵，直到最下层。

步骤三：计算每个成对比较矩阵的权向量，并做一致性检验。

对每个成对比较矩阵计算最大特征根 $\lambda_{\max}$ 及对应的特征向量（和法、根法、幂法等）：

$$W = \begin{pmatrix} W_1 \\ \vdots \\ W_n \end{pmatrix}$$

① 利用一致性指标 CI、随机一致性指标 RI 和一致性比率 CR 做一致

性检验 $\left(\mathrm{CR}=\dfrac{\mathrm{CI}}{\mathrm{RI}}\right)$。

② 若通过检验（CR<0.1，或 CI<0.1），则将上层权向量 $W=\begin{pmatrix}W_1\\\vdots\\W_n\end{pmatrix}$ 归

一化之后作为（B_j 到 A_j）的权向量（单排序权向量）。

③ 若 CR<0.1 不成立，则需要重新构造成对比较矩阵。

步骤四：计算组合权向量并作组合一致性检验，即层次总排序。

① 利用单层权向量的权值 $W_j=\begin{pmatrix}W_1\\\vdots\\W_n\end{pmatrix}(j=1,2,\cdots,m)$ 构造组合权向量表

（见表 7.3），并计算出特征根、组合特征向量，进行一致性检验。

表 7.3　组合权向量表

上层重量　单层权向量　下层层次	A_1	A_1	$\cdots$	A_{1m}	计算组合权向量 $W=\begin{pmatrix}W_1\\\vdots\\W_n\end{pmatrix}$
	a_1	a_2	$\cdots$	a_m	其中 $W_i=\sum\limits_{j=1}^{m}a_jW_{ij}$
B_1	W_{11}	W_{12}	$\cdots$	W_{1m}	$W_1=\sum\limits_{j=1}^{m}a_jb_{1j}$
B_2	W_{12}	W_{22}	$\cdots$	W_{2m}	$W_2=\sum\limits_{j=1}^{m}a_jb_{2j}$
$\vdots$	$\vdots$	$\vdots$	$\vdots$	$\vdots$	$\vdots$
B_n	W_{n1}	W_{n2}	$\cdots$	W_{nm}	$W_n=\sum\limits_{j=1}^{m}a_jb_{nj}$
最大特征根 $\lambda_{\max}^{(i)}$	和法、根法、幂法				
一致性检验 CI	$\mathrm{CI}_j=\dfrac{\lambda_{\max}^{(j)}-n}{n-1}$				CI<0.1 ？
随机一致性检验 RI	RI_j 对照表				
一致性比率 CR	$\mathrm{CR}=\dfrac{\mathrm{CI}}{\mathrm{RI}}=\sum\limits_{j}^{m}a_j\mathrm{CI}_j\Big/\sum\limits_{j=}^{m}a_j\mathrm{RI}_{2j}$				CR<0.1 ？

② 若通过一致性检验，则可按照组合权向量 $W = \begin{pmatrix} W_1 \\ \vdots \\ W_n \end{pmatrix}$ 的表示结果进

行决策 （$W = \begin{pmatrix} W_1 \\ \vdots \\ W_n \end{pmatrix}$ 中 W_i 中最大者的最优），即 $W* = \max\{W: | W_i \in (W_1, \cdots,$

$W_n)^{\mathrm{T}}\}$。

③ 若未能通过检验，则需要重新考虑模型或重新构造一致性比率。

步骤五：输出各层指标的权向量。

7.6.2 基于 Choquet 积分的体系集成效应聚合

从体系顶层集成需求出发，通过对资源集成、数据信息集成、功能集成和过程集成进行分析，映射到底层的集成性能参数指标，并建立体系集成效应指标体系。再通过 AHP 方法对集成效应进行分析，获得下一层指标对上层指标的权向量。基于这些信息，下一步需要做的工作就是，使用适当的集结算子，能从底层的集成性能参数指标值出发，并基于集成效应指标的模糊测度，自底向上进行聚合，得到满足顶层集成需求的程度，以便对不同的集成方案进行对比和择优。

从体系集成效应指标分析中可知，资源集成、数据信息集成、功能集成和过程集成等在不同作战任务下具有很强的不确定性。集值随机变量既能描述事物发展的随机性质，又能描述事物发展状态的不确定性。Choquet 积分是基于模糊测度的一种非可加和非线性积分，因此，将集成效应指标用集值随机变量进行描述，并采用 Choquet 积分作为集结算子，对体系集成效应进行聚合，实现对体系集成效应的定量分析。基于 Choquet 积分的体系集成效应聚合评估模型如图 7.3 所示。

基于 Choquet 积分的体系集成效应聚合评估具体步骤如下。

（1）使用基于 AHP 的方法建立体系集成效应分析层次模型，并使用基于 AHP 的模糊测度计算方法，求得表征集成指标相互关系的模糊测度 μ。

（2）确定每个集成效能性能指标确定感兴趣的区间，然后建立其集成效应函数 $U_i(C_i)$，集成效应函数的取值区间为 $[0,1]$。

（3）使用 Choquet 积分作为集结算子建立体系集成效应评估模型，如下式所示：

$$U(C) = \sum_{i=1}^{n} (U_i(C_{(i)}) - U_i(C_{(i-1)}))\mu(C_{(i)})$$

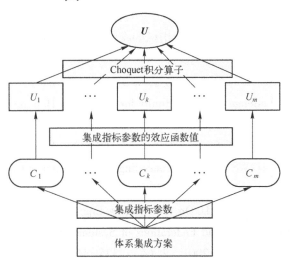

图 7.3 基于 Choquet 积分的体系集成效应聚合评估模型

（4）将相关数据代入上述基于 Choquet 积分的体系集成效应评估模型，计算不同方案的系统集成效应值。

（5）根据不同集成方案的体系集成效应值，可以对多个集成方案进行评估、比较和择优。

7.7 本章小结

体系集成过程的优劣直接影响体系使用效果和作战效能。在将各个平台、系统集成为体系过程中，首先需要在不同武器平台、系统之间实现信息交互与共享，数据信息集成效应分析能够有效评价、检验集成的效果。本章首先分析体系的信息集成效应的评价指标，提出武器装备体系信息集成效应主要体现在信息获取能力、信息传输能力、信息共享能力、信息互操作性等方面，建立这些影响因素指标的计算方法。然后，针对在体系集成效应评价过程中，需要将底层指标聚合到上层指标中，提出了基于 Choquet 积分的体系集成效应聚合方法，为体系集成效应评价聚合的实施提供技术基础。

参考文献

［1］ 胡剑文. 武器装备体系能力指标的探索性分析与设计. 北京：国防工业出版社，2009.

［2］ Manthorpe W. H. The Emerging Joint System-of-Systems：A Systems Engineering Challenge and Opportunity for APL. John Hopkins APL Technical Digest，1996，17 (3)：305-310.

［3］ Pei R S. Systems-of-Systems Integration (SoSI)—A Smart Way of Acquiring Army C4I2WS Systems. Proceedings of the Summer Computer Simulation Conference，2000：574-579.

［4］ Sage A P，Cuppan C D. On the Systems Engineering and Management of Systems-of-Systems and Federations of Systems. Information，Knowledge，Systems Management，2001，2 (4)：325-345.

［5］ Maier M W. Architecting Principles for Systems-of-Systems. System Engineering，1998，1 (4)：267-284.

［6］ GAO. Defense Acquisitions DoD Management Approach and Processes Not-Well Suited to Supports Development of Global Information Grid，January 2006.

［7］ Keating C，et al. Systems of Systems Engineering. Engineering Management Journal，2003，15 (2)：32-41.

［8］ Pelz，Elisabeth. Full Axiomatisation of Timed Processes of Interval-Timed Petri Nets. Fundamenta Informaticae，2018，157 (4)：427-442.

［9］ Huang，Yi-Sheng，Y. Weng，et al. Design of Regulatory Traffic Light Control Systems with Synchronized Timed Petri Nets. Asian Journal of Control，2018，20 (5)．

［10］ Guan Ji，Feng Y，Ying M. Decomposition of quantum Markov chains and its applications. Journal of Computer & System Sciences，2018.

［11］ Poznanović，Svetlana，Stasikelis K. Properties of the promotion Markov chain on linear extensions. Journal of Algebraic Combinatorics，2017 (4)：1-24.

第8章

体系服务化功能集成

体系需要跨空间、跨平台、跨军兵种地执行多样化的作战任务。面向不同作战任务和战场态势，要求能够从装备全集中选择出适合的平台、武器和系统，通过集成配置快速构建一个战时的武器装备体系，满足体系对抗条件下的作战需求。体系的功能集成要求实现平台、武器和系统相关功能模块动态调度的"即插即用"，形成能够完成作战任务的功能体集合。由于体系中包含多领域、多专业异构的功能模块和实现方式，基于 SOA 的服务化功能集成模式能够有效地将异构的功能模块有效进行"即插即用"的集成，使体系资源实现快速共享和调用，完成相应的作战任务。发布/订阅机制及 DDS 能够有效实现体系的信息集成。本章论述了基于 DDS 和 SOA 的服务化功能集成框架，为体系分布式成员的功能提供了服务化集成与管理的解决方案。

8.1 引言

体系功能集成的最主要目的是实现体系中各个平台、武器和系统的功能模块灵活配置、动态调度的"即插即用"。由于体系中包含多领域、多专业异构的功能模块和实现方式，服务化的功能集成模式能够有效地将异构的功能模块有效进行"即插即用"的集成，使体系资源实现快速共享和调用，完成相应的作战任务。事实上，分布在各个平台、武器和系统中的功能模块调度，都是通过软件接口或功能的形式实现的。面向服务体系结构（Service-Oriented-Architecture，SOA）是一种组织和利用分布式软件功能的范式，这些功能可能处于不同所有权、实现方式的领域中。

SOA 架构中各个功能模块以构件的方式存在，它要求提供统一方式来发布、发现和使用应用构件的功能，它将应用构件发布的功能定义为"服务"，服务具有自描述性和可见性，更易于被发现、理解和使用。服务之间通过良好的接口和契约连接起来，接口采用中立的、通用的方式描述和实现，使得服务可以在不同硬件平台、操作系统及实现方式下进行交互，实现应用功能互操作性，服务的松耦合也使应用系统拥有更好的灵活性和扩展性。

目前在商业领域，基于请求/应答方式的 Web Services 是最典型的 SOA 实现方案，它拥有相对完善的服务描述、服务注册和服务订阅/发布机制，能够较好地实现外部服务对接、异构中间件通信等需求。然而对于体系成员中的各个功能来说，首先要满足调用的实时性、可信性和可用性等作战实施对体系集成的需求，其次要能够与信息集成的 DDS 相融合，并且为体系的过程集成提供基础支持。本章主要探讨面向体系分布式实时的服务化功能集成框架及其实现机制，首先，根据 DDS 和 SOA 的特点，建立了服务化功能集成框架，阐述了服务的绑定、调用、静态管理和动态管理机制；其次，设计实现了体系服务化功能集成框架原型系统，该系统在满足体系分布式应用功能的 SOA 服务化集成的同时，兼容了体系成员应用构件之间基于发布订阅和 DDS 的实时高效信息交互和按需获取；最后，对服务化功能集成框架原型系统进行了性能测试。

8.2 服务化功能集成框架

面向体系的服务化功能集成要求在统一框架下实现。在服务化功能集成框架下，体系集成过程中不仅需要确保各个成员的服务能够被及时可信地调度，并保障服务之间的互操作，同时还要确保服务之间实时高效可信的信息通信。SOA 服务框架通常包含注册中心，并制定了注册中心、服务提供者、服务消费者之间的交互规范，使得服务提供者能够注册和发布服务，服务消费者能够发现并绑定到服务端，通过请求/应答（Req/Rep）方式实现服务互操作。DDS 信息集成规范屏蔽了操作系统和网络的差异，提供了统一多对多、低时延、高吞吐量的信息通信机制。因此，为了实现体系集成的要求，将 DDS 与 SOA 相结合，形成能够融合信息集成、支持过程集成的服务化功能集成框架模型。

SOA 架构下的服务特性总结归纳起来有以下几点。

（1）软件实体。服务作为软件实体，对特定的业务逻辑进行了封装，提供有意义的功能。该软件实体应该是长期稳定的，可以版本化的。

（2）具有合约。合约规定了服务提供者和服务消费者的职责，其中含有接口描述、绑定信息（如所在节点等）、功能说明、服务策略及相关的约束等。合约通常是自包含的且抽象于对服务的实现。

（3）可互操作的。服务可跨平台、跨系统调用，通常基于消息进行通信。

（4）可组装的。从已有的服务通过组装可以构造新的服务，组装后的服务向用户隐藏内部细节，只对外提供封装了一定业务逻辑的合约。

（5）可复用的。服务可以在多个应用场景中使用，也可以用于组装多个其他服务。

（6）可发布与可发现的。服务提供者可以通过服务注册中心发布服务合约，以供服务消费者动态地发现和使用，从而使二者的关系是松耦合的。

综上所述，服务是具有合约的、对外提供特定功能的软件实体，是自包含的、可复用的、可互操作的、可发布和可发现的，通常基于消息与外部应用或其他服务进行交互。在设计体系服务化功能集成框架时，需要遵循 SOA 参考模型中的服务特性。服务化功能集成框架的整体架构如图 8.1 所示。

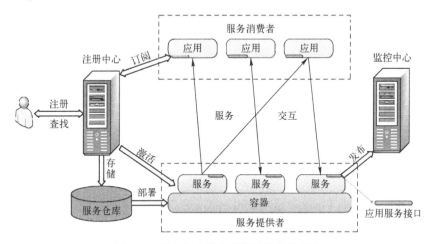

图 8.1　服务化功能集成框架的整体架构

服务化功能集成框架整体架构主要包括注册中心、监控中心、容器、应用服务接口等服务环境设施，同时也提供应用业务功能服务描述、开发和管理服务的方法。服务化功能集成框架支持服务的订阅/发布机制，使得服务消费者能够订阅、发现和调用所需的服务。服务化功能集成框架提供服务仓库存储注册的服务，同时支持服务的自动部署、激活和运行时监控，配合有效的服务管理机制以提升任务系统的运维水平。

服务化功能集成框架的关键部件是应用服务接口、服务注册中心及服务容器。

应用服务接口（Application Service Interface，ASI）提供应用功能服务化所需的各类接口，如服务发布、服务订阅、运行状态管理等，应用和服务通过 ASI 与注册中心和监控中间进行服务信息的交互。

服务注册中心（Service Registry Center，SRC）是服务化功能集成框架的核心，主要提供服务注册、服务查询、服务监控等功能，并且作为服务提供者、服务消费者、服务容器信息交互的媒介，在服务发布和使用过程中至关重要。

服务容器（Service Container，SC）作为服务化功能集成框架分散在各个平台、武器和系统节点的服务代理，承担了各节点部署的服务信息、服务进程的管理任务。

面向体系的服务化功能集成，需要将应用功能以服务的方式向服务注册中心进行注册，然后根据作战任务要求，在进行服务集成过程中，将所需服务的名字发送给服务注册中心，服务注册中心进行服务匹配后，回复服务绑定信息（如 IP+端口号），通过服务绑定信息来绑定服务端并实现服务的调用，完成作战任务流程的构建。服务化功能使用流程如图 8.2 所示。

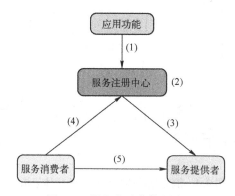

图 8.2　服务化功能使用流程

如图 8.2 所示，服务化功能集成框架中服务发布与使用的流程具体如下。

（1）应用功能通过服务化集成框架发布/订阅方式对外提供信息发布/订阅接口，或者通过服务化集成框架请求/应答方式对外提供 Interface 接口；为应用功能编写服务描述文件，并在服务注册中心注册服务。

（2）服务注册中心管理员审核新注册的服务，包括服务接口、IDL 定义是否规范等。

（3）服务注册中心将服务映射或部署到指定节点容器上。

（4）在构建作战流程过程中，在服务注册中心查找所需的服务，下载服务描述文件，通过服务接口获取服务绑定信息，编写作战流程逻辑。

（5）服务客户端和服务端通过服务调用流程完成服务调用。

在体系集成过程中，要求将完成各项作战功能的服务组装成能够完成特定作战任务的服务集合和作战实施流程。在此过程中需要具备相应的服务引用机制的支持。服务引用机制工作流程如图 8.3 所示。

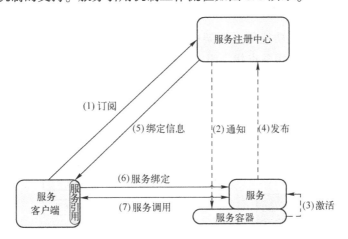

图 8.3　服务引用机制工作流程

服务引用机制工作流程详细说明如下。

（1）服务客户端（体系集成者）向服务注册中心发送服务 ID，即 {命名空间+服务名+版本号}，订阅自己所需的服务。

（2）服务注册中心收到服务客户端的服务订阅信息，在注册信息中查看是否存在该服务，若不存在则返回空的绑定信息，若存在继续后续判断；在监控信息里面查询该服务是否处于运行状态，如果服务正常运行中则直接跳转至第（5）步，否则服务注册中心会发送通知给该服务所在的容器，令其激活服务。

（3）服务容器收到服务注册中心通知后，激活指定的服务，即启动该服务的功能。

（4）服务的相应功能开始运行，并向服务注册中心发布服务信息。

（5）服务注册中心在监控信息中查询并选择相应服务，将该服务的绑定信息返回给服务客户端。

（6）服务客户端获取到服务绑定信息，通过服务绑定信息完成服务绑定过程，获取服务引用对象。

（7）服务客户端通过服务引用对象开始订阅服务数据或发送服务请求，完成服务调用。

服务化功能集成框架的服务引用机制统一了基于 DDS 和 RPC over DDS 通信的服务引用过程，实现了服务提供者和服务消费者之间的硬编码地址解耦，提高了服务引用的可靠性。

8.2.1　服务管理模型

在体系服务化功能集成框架中，服务注册中心 SRC 是核心部分，它提供了服务注册、服务查找、服务监控等管理功能，是服务提供者、服务消费者、服务容器三者信息交互的中枢。它需要一套完整的服务管理模型来支撑。服务管理组成如图 8.4 所示。

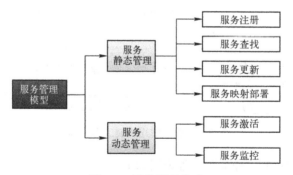

图 8.4　服务管理组成

服务注册中心通过统一配置服务注册信息，可以有效地优化应用服务发布和使用的流程，通过服务运行监控提高系统运行的可靠性。服务化功能集成框架的服务管理由服务静态管理、服务动态管理两部分组成。

1. 服务静态管理

服务化功能集成框架的服务静态管理包括服务注册、服务查找、服务更新、服务映射部署四个部分，通过服务静态信息的合理配置和管理，有利于服务的注册、查找和更新，并且可以优化服务引用的流程，从而提升服务集成的效率，为构建面向特定任务的作战流程提供支持。

1）服务注册

平台、武器和系统可以作为用户向服务注册中心完成服务注册、服务查找等功能。在服务注册过程中首先提交服务信息，服务信息是指服务全名（名字空间、服务名、服务版本）和服务相关路径（服务部署位置或服务地址映射等）。服务注册中心解析并校验服务信息，服务信息校验通过之后，服务注册中心将存储所提交的相关服务信息。服务信息存储成功后，服务注册中心将服务描述信息存储到数据库中，并在其注册目录中增加一条服务注册记录，该记录包含该服务的名称、命名空间、版本号、部署映射地址等属性信息，以提高服务查询的速度。接着，服务注册中心返回服务注册结果给用户，提示注册成功或者注册失败并附原因。

2）服务查找

服务注册中心提供服务查找功能，可在集成过程中查找所需的服务信息。在服务查找过程中，服务注册中心返回服务查找界面，可以浏览服务目录，也可以通过输入服务名或者输入命名空间来查找所需要的服务信息。如果找到所需的服务，可以从服务注册中心获取全部服务信息，然后通过 Pub/Sub 通信、Req/Rep 通信调用相关服务。

3）服务更新

在体系中，一些平台、武器和系统的功能需要进行更新迭代。在功能服务更新过程中，不仅使服务注册中心能够方便更新服务信息，同时需要一种服务更新推送机制，以便使服务使用者（集成和使用人员）能够及时了解和使用更新的服务。在功能集成和使用过程中，服务注册中心会记录不同用户正在使用的服务，当正在使用的服务被更新或者有该服务的新版本注册时，服务注册中心会给该用户推送更新的服务标识，使用户能够看到当前所使用服务的更新情况，从而及时地更新自己的服务客户端。

4）服务映射部署

体系中有些功能固定在特定的平台、武器和系统上，而有些服务可以灵活动态部署在不同平台、武器和系统上。服务注册之后，对于固定的服务，需要建立服务地址的映射信息；对于能够灵活部署的服务，需要将服务部署到服务绑定节点的服务容器上。服务部署过程如下。

（1）服务注册中心对新注册的服务进行审核，审核通过后再进行服务部署。在服务部署之前需要确保服务部署节点的服务容器已启动，服务容器提供传输端口，运行过程中应持续监听此端口。

（2）服务注册中心进行服务部署，先与服务容器的传输端口建立连接，然后开始向服务容器传输服务的相关文件和信息。

（3）服务容器收到服务文件后进行校验，并给服务注册中心回复服务部署结果。

（4）服务注册中心综合端口连接情况和服务容器部署结果，返回部署结果。

服务注册中心允许将同一服务部署到多个节点之上，并实现多副本服务同时运行，在提高服务容错性的同时，还能有效降低服务的请求压力和缩短服务的响应时间。

2. 服务动态管理

体系集成过程中的任务实施中心需要实时监控服务动态管理的相关信息，以确保作战任务的顺利实施。服务动态信息是指服务运行过程中发布的状态信息和实体（服务注册中心、服务容器、服务等）之间的指令交互信息，动态管理包括服务的激活、挂起、恢复、撤销，以及服务生命周期内的监控。在体系中，服务运行的可靠性和实时性十分重要，服务化功能集成框架提供了服务动态管理实现服务激活和服务监控。

1）服务激活

服务激活是指服务在作战流程的调度下完成启动，进入运行状态。在采用 Web 服务或者 REST 实现的服务框架中，通常服务部署在 Web 应用容器中，服务包含在服务容器的进程中，服务对象由 Spring 管理，因此只要服务容器启动运行就能开始提供服务。在服务化功能集成框架中，服务作为独立功能实体运行，容器作为代理运行在各个节点上，通过容器可以实现服务实体的激活和去活。为了更好地提升服务的可用性，同时减少不必要的性能负载，服务化功能集成框架提供管理员激活和服务消费激活两种机制，如图 8.5 所示。

（1）管理员激活。服务注册中心管理员可以在服务注册中心远程激活/关闭服务程序，服务注册中心提供单服务激活和任务模式激活两种人工激活方式。

单服务激活：管理员可以激活/关闭某个服务程序，如果服务是基础或原子服务，如时间同步服务等，可以选择这种方式直接激活该服务并设置为常运行。

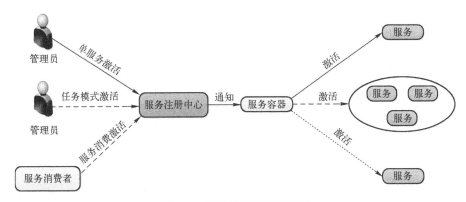

图 8.5 服务激活机制示意图

任务模式激活：借助服务所具有的任务模式属性，管理员可以批量激活/关闭某个任务模式下的服务，从而快速切换系统的任务模式。

（2）服务消费激活。武器装备体系不同平台、武器和系统之间需要协同，才能完成相应的作战任务。因此，从功能服务的角度上看，不同的服务之间会产生依赖关系。依赖条件是指服务可能依赖其他的服务，即一个服务的正确运行需要其他服务的正确运行，如图 8.6（a）和图 8.6（b）所示，如果服务 A 直接服务 B 和服务 C，或者服务 A 直接依赖服务 B 并且间接依赖服务 C，则当服务 B 或者服务 C 未能正确运行时，服务 A 可能会失效或出现异常。通过配置服务的依赖条件，方便激活服务 A 时激活其依赖的服务，有利于提升服务的可用性。

（a）   （b）

图 8.6 服务依赖

在服务注册中心中，当有服务被调用时，如果该服务处于未激活状态，则由服务注册中心通知该服务所在的容器激活该服务；同时，为提高服务可用性，服务注册中心检查该服务的依赖信息，如果该服务依赖其他服务，服务注册中心会一并激活这些服务。

2）服务监控

服务在被服务容器激活后进入运行状态，并开始不断对外发布服务运行状态，服务化功能集成框架制定了服务监控机制，规定了服务运行状态和服务运行控制指令。服务运行过程中有正常运行中（Normal Running）、警告（Warning）、暂停（Paused）、终止中（Shutting Down）四种运行状态信息。服务运行控制指令有启动服务（Start Processing）、暂停服务（Pause Processing）、恢复服务（Resume Processing）、停止服务（Stop Processing）及激活服务指令（Activate Service）。服务运行状态和服务运行控制指令的变迁如图 8.7 所示。

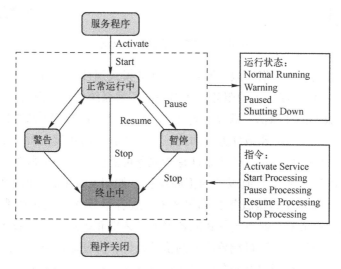

图 8.7　服务运行状态和服务运行控制指令的变迁

服务运行状态和服务运行控制指令的变迁过程如下。

（1）服务注册中心通过服务激活指令通知服务容器激活服务，服务启动并完成准备工作后，接收服务启动指令进入正常运行状态，开始对外发布状态信息（服务标识、IP 地址、运行状态、负载信息、QPS 等）。

（2）通过暂停指令可以使得服务进入暂停状态，从而暂停对外发布数据或者暂停请求应答服务，直到收到恢复指令回到正常运行状态。

（3）当服务收到停止服务的指令后，不再对外接收服务请求，并将未处理的请求处理完，此时处于终止状态，直至服务关闭。在正常情况下，服务注册中心通过发送停止服务指令来关闭服务，在服务未能正常响应指令时才通知服务容器来关闭服务。

（4）在服务运行过程中，服务可以通过发布警告状态并附上原因，告知服务监控中心服务出现异常状况，然后自行恢复到正常运行状态中。如果出现严重错误，服务将直接进入终止过程。

服务化功能集成框架的监控中心负责监听各个服务状态信息，通过服务发布的运行状态、负载情况、QPS 等信息，监控中心能够了解到服务所处的状况，从而做出正确的调整决策，如服务注册中心结合服务监控的 QPS 信息来实现多副本服务的负载均衡。同时，监控中心提供服务监控的信息，使得使用人员能够更好地检查任务执行状态、错误发生原因等。

8.2.2　服务化功能集成的应用接口

服务化功能集成框架的一个重要部分是服务应用接口描述，这是功能作为服务的对外窗口，而服务接口与通信协议息息相关，服务化功能集成框架通常要先确定服务所采用的通信协议。服务化功能集成框架的服务基于 Web 服务或者自建的 RPC 协议实现服务交互接口，采用定制的服务描述方法来描述服务信息。服务是可发布和可发现的，服务提供者（服务端）发布服务信息，服务消费者（服务客户端）通过向服务注册中心发送服务接口全名来匹配服务，获取服务提供者的绑定信息，通过"IP 地址+端口号+服务名"来绑定服务，最后以请求/应答的方式完成服务调用。

在体系中，应用通常需要实现一对多的实时高效可靠信息交互，同时需要支持 RPC 通信来扩展应用功能的使用场景。为满足体系实时高效可靠的信息通信需求，融合 DDS 的服务化功能集成应用接口定义如图 8.8 所示。服务可基于 DDS 进行实时发布/订阅通信，也可基于 RPC over DDS 完成请求/应答通信。DDS 提供了跨平台、跨语言的开发接口，拥有一套完整的接口定义语言（IDL）来定义接口，使得服务具备良好的互操作性。在服务化功能集成框架中，服务是一个对外提供一组信息发布/订阅接口或者暴露某个请求/应答接口的应用功能。当服务对外提供发布/订阅接口时，服务与一个或多个主题的发布者/订阅者绑定，服务之间通过信息域和主题名来进行区分（规定不同的服务不可以提供相同的发布/订阅主题）；当服务对外提供请求/应答接口时，服务与一个 Interface 绑定（规定 Interface 中可以定义多个功能接口），服务之间通过 IP 地址和服务名来进行区分。

服务消费者与服务通信前，首先需要完成服务绑定过程，获取服务引用对象（Service Reference Object），服务引用对象包含了与服务 Interface 和发布/订阅 Topic 相对应的客户端通信实例，通信实例向服务消费者提供了调用具体服务接口的方法。

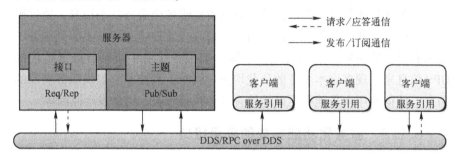

图 8.8　融合 DDS 的服务化功能集成应用接口定义

服务注册中心存在各服务的注册信息，能够分辨服务的通信方式，不同方式的服务绑定信息是不一样的。在服务化功能集成框架的服务引用机制中，规定了采用 Pub/Sub 和 Req/Rep 通信的服务绑定信息：对于 Pub/Sub 的服务，服务注册中心返回的是服务的数据域 ID；对于 Req/Rep 通信的服务，服务注册中心返回的是 IP 地址。通过服务绑定信息，服务客户端能够绑定到对应的服务端，获取服务引用，完成服务调用过程。服务构建在 DDS 中间件之上，服务化功能集成框架的服务接口需要兼顾发布/订阅和请求/应答这两种不同的交互接口。

8.2.3　服务描述语言

服务化功能集成框架需要设计一种合适的服务描述方法，能够形式化地定义和描述服务。DDS 所使用的是接口定义语言（Interface Definition Language，IDL）。SOA 中的 WSDL 本质上是一种定制的 XML 文档。对比 WSDL 和 IDL 可以看出，XML 可扩展性强，但在描述数据类型、服务接口方面较为烦琐，而接口定义语言简洁明了，但通常只能定义数据类型、服务接口。服务化功能集成框架融合了 DDS，并且能够支持上层的过程集成，因此，采用 XML+IDL 作为服务描述语言，利用定制的 XML 文档来描述服务的属性、绑定及主题相关信息，继续利用 IDL 来描述 DDS 的信息类型和接口，这样既保持原有简洁高效的数据、接口定义，又引入兼顾扩展性和易读性的 XML 来描述其他信息。

为更加直观地展示服务描述语言，结合样例进行详细介绍，服务描述语言的 XML Schema 详见附录 B。服务描述文件样例如下所示，<service-Description>为根元素，从第三行的<property>起，到第十一行为止，其间元素皆为对服务属性的描述，从第十二行的<interface>起，到第十五行为止，其间元素是对服务接口相关信息的描述。

```
1)    <?xml version="1.0"?>
2)    <serviceDescription>
3)        <property>
4)            <name>Calculator</name>
5)            <namespace>seu. cse. util</namespace>
6)            <version>1. 0</version>
7)            <remark>It's a Calculator</remark>
8)            <task>ScientificComputing</task>
9)            <dependancy>RandomNumberGenerator</dependancy>
10)           <location>192. 168. 1. 2</location>
11)       </property >
12)       <interface>
13)           <idl>Calculator</idl>
14)           <topic_list>. . .</topic_list>
15)       </interface>
16   </serviceDescription>
```

<property>和<interface>下各子元素的详细说明如表 8.1 所示。其中，<task>元素值描述服务所属的任务模式，可包含多个任务名，各任务名之间利用分号作为分隔符，可设置为空值代表适用于所有任务模式。<dependency>元素描述服务所依赖的其他服务，可包含多个服务名（属于同一命名空间）或服务 ID，各服务名之间利用分号作为分隔符，可设置为空值代表没有依赖服务。

表 8.1　XML 服务描述文档元素释义

元　　素	属性	值	说　　明
property→name	—	服务名	指定服务的名称
property→namespace	—	命名空间	指定服务所属的名字空间
property→version	—	版本号	指定服务的版本信息
property→remark	—	文字描述	描述服务的功能、版本特性
property→task	—	任务名	描述服务所属的任务模式
property→dependency	—	服务名或服务 ID	描述服务所依赖的其他服务
property→location	—	IP 地址	指定服务所部署的节点地址

续表

元　　素	属性	值	说　　明
interface→idl	—	IDL 文件名	指定服务所绑定 IDL 文件
interface→topic_list	—	—	描述发布/订阅主题信息

<topic_list>所包含的内容未显示完全，如下所示，对该元素进行补充说明。一个服务提供一个或多个发布/订阅主题，<topic_list>包含一个<domainID>元素和多个<topic>元素，记录服务发布/订阅接口所属的数据域及主题相关信息。

```
<topic_list>
    <domainID>1</domainID>
    <topic type="pub">
        <topicName>topicPub</topicName>
        <topicStruct>myStruct</topicStruct>
        <qos_list>
            <qos name="Reliability">
                <attribute name="Kind">reliable</attribute>
            </qos>
            <qos name="Deadline">
                <attribute name="Period">50</attribute>
            </qos>
            ...
        </qos_list>
    </topic>
    ...
</topic_list>
```

<topic>所包含的各子元素的具体说明如表 8.2 所示。

表 8.2　XML 服务描述文档 Topic 元素释义

元　　素	属性	值	说　　明
topic	type	pub sub	描述发布/订阅主题信息，pub 代表发布主题，sub 代表订阅主题
topic→topicName	—	主题名称	该主题的名称
topic→topicStruct	—	结构体名	该主题所绑定的主题类型，对应 IDL 文件定义的某一结构体名

元　　素	属性	值	说　　明
topic→qos_list	—	—	该主题所绑定的 QoS 策略集
topic→qos_list→qos	name	Reliability Durability Deadline 等	QoS 策略名，总共有 22 种，常用的有 Reliability、Durability、Deadline、Liveliness 等
topic→qos_list→qos→attribute	name	Kind、Period 等	QoS 策略下属性类别及其属性值

服务描述语言另一个组成模块就是 IDL 文件。根据接口定义语言规范所定义的规则，IDL 文件的大致框架如下 IDL 实例所示。其中，关键字 interface 定义了请求/应答通信的 Interface 接口（如 Calculator），Interface 接口可包含多种方法定义（如 addition、subtraction）。关键字 struct 定义了结构体作为复杂数据类型（如 myStruct），可作为 Interface 方法中的参数，或者发布/订阅接口所用到的数据结构。DDS 中规定发布/订阅主题必须绑定 IDL 所定义的某个结构体作为主题类型。

```
1)    //Calculator. idl
2)    interface Calculator
3)    {
4)        long addition( in long adder1, in long adder2);
5)        long subtraction( in long subber1, in long subber2);
6)    };
7)    struct myStruct
8)    {
9)        int a;
10)       string str;
11) };
```

以上按照服务模型的服务属性、服务接口两大元素，以及 XML 和 IDL 两大组成模块详细说明了服务描述语言的描述方式，利用 XML 和 IDL 对服务进行形式化描述，使服务的定义、注册、更新变得容易。当服务需求发生变更时，通过修改服务描述文件（XML+IDL）并在注册端进行更新，方便用户获取服务更新推送并及时更新服务客户端接口。

8.3 服务化功能集成框架原型系统设计

8.3.1 功能集成原型系统结构

基于服务化功能集成框架模型，设计并实现了该框架模型的原型系统，它的部署视图如图 8.9 所示，原型系统包括资源管理中心、服务容器及应用服务接口三部分，三者通过信息集成中间件进行信息交互。资源管理中心采用 CS 架构，管理中心服务器运行在独立节点之上，允许其客户端远程登录、注册和查找服务，同时作为原型系统的核心组件，管理中心服务器还提供了服务部署、服务激活、服务监控等功能以实现服务引用机制和服务管理模型，同时能够存储和管理用户身份信息。服务容器运行在各个服务部署节点之上，作为各节点的服务代理，负责所在节点服务的管理，包括实际执行服务部署、服务激活等任务。应用服务接口为应用提供了查找和绑定应用资源、发布应用资源、指令交互接口，同时提供状态管理接口，服务接收状态控制指令，通过状态管理接口调整服务行为。

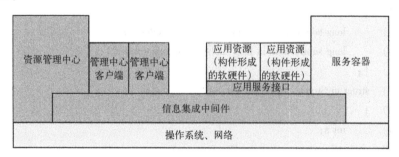

图 8.9 功能集成原型系统部署视图

8.3.2 资源管理中心

资源管理中心（图 8.10）主要包括管理中心服务端、文件目录/数据库、客户端三部分。

资源管理中心功能模块如图 8.11 所示，主要包括用户登录模块、用户信息管理模块、服务注册模块、服务文件解析模块、服务数据存取模块、服务部署模块、服务查找模块、服务监控模块及服务激活模块九大模块。

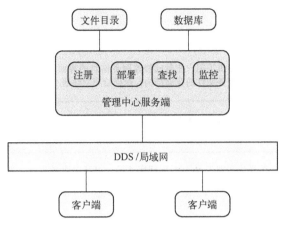

图 8.10　资源管理中心架构

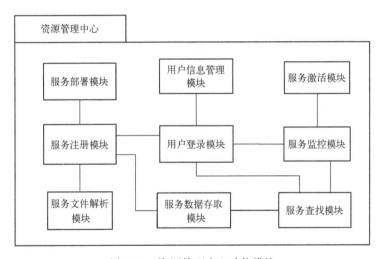

图 8.11　资源管理中心功能模块

各功能模块的详细说明如表 8.3 所示。

表 8.3　资源管理中心功能模块说明

模块名称	功 能 释 义
用户登录模块	该模块提供了用户登录的界面和用户身份信息的验证，用户登录成功后界面会根据用户身份提供不同的界面，管理员可以进入注册/查找/监控/用户信息管理等界面，普通用户只能访问服务查找界面
用户信息 管理模块	该模块提供了用户信息管理界面，用于管理员对用户信息的增删改等操作

模块名称	功 能 释 义
服务注册模块	该模块提供了用户注册或修改服务信息的界面，负责校验注册信息的合法性，维护服务文件的存储结构，返回给用户注册/修改服务的结果
服务文件解析模块	该模块提供了对 XML 服务描述文件的解析，提取服务描述中的服务属性、服务绑定信息，供服务注册模块服务校验时调用
服务数据存取模块	该模块实现了 MySQL 数据库连接，以及对服务属性、服务绑定等服务相关信息的数据库读/写操作，为服务注册和服务查找模块提供服务信息存取接口
服务部署模块	该模块提供了文件的压缩（如果服务程序及其配置文件和依赖库等文件未压缩到一个压缩包中）、与指定容器传输端口的连接以及服务程序压缩包传输等功能，从而实现了将服务部署到服务绑定信息中指定的节点
服务查找模块	该模块提供了服务查找界面，用户可以按照服务的命名空间或者直接用服务名查找服务，界面返回结果列表（服务名、命名空间、版本号及服务说明等信息），可以从服务详情（服务属性、绑定、主题等信息）中下载服务 IDL 文件、生成用户辅助代码，可以添加服务关注，以获得服务更新时的提醒推送
服务监控模块	该模块提供了服务监控界面，能够监控服务系统中服务运行情况（运行状态、CPU 负载、内存负载），同时将服务运行时 CPU 负载，内存负载等信息持久化存储到数据库中，对已激活服务提供服务关闭按钮，同时提供已部署但未激活服务的服务激活按钮
服务激活模块	该模块提供了服务激活的接口，能够监听服务客户端的服务订阅消息，如果订阅的服务已处于运行状态，则直接返回服务绑定信息；如果服务未被激活，则通知指定容器激活服务，获取服务发布信息，向服务客户端返回服务绑定信息

8.3.3　服务容器

服务容器将资源管理中心对服务的管理能力延伸到各个部署节点上，主要负责接收资源管理中心的通知，执行相应的操作，并返回操作执行结果。服务容器功能模块如图 8.12 所示，包括了信息交互模块、文件传输模块、服务部署模块及服务激活模块四大模块。

各功能模块的详细说明如表 8.4 所示。

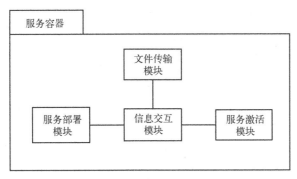

图 8.12　服务容器功能模块

表 8.4　服务容器功能模块说明

模块名称	功　能　释　义
信息交互模块	该模块提供了服务容器与资源管理中心的各类交互接口，包括服务激活、服务部署、文件传输等指令的监听以及相关操作结果信息的回复
文件传输模块	该模块提供了文件传输端口的监听以及服务文件的传输和完整性校验等功能
服务部署模块	该模块具体负责服务程序的部署，包括从资源管理中心获取服务程序压缩包、对压缩包进行解压缩；负责服务文件目录的维护，为服务创建对应的服务文件夹，将解压后的服务程序及其配置文件、依赖文件存储到对应文件夹下
服务激活模块	该模块负责激活/关闭资源管理中心指定的服务，根据服务全名找到服务部署目录下对应的服务程序并启动/关闭程序

8.3.4　应用服务接口

　　应用服务接口提供了应用服务化或者构建新的服务所需的各类接口，应用服务接口功能模块如图 8.13 所示，主要包括了服务发布模块、服务订阅模块、指令交互模块及状态管理模块四大模块。

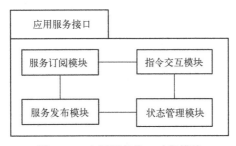

图 8.13　应用服务接口功能模块

各功能模块的详细说明如表 8.5 所示。

表 8.5　应用服务接口功能模块说明

模块名称	功能释义
服务订阅模块	该模块提供了服务订阅接口，服务客户端可以通过该接口设置所要订阅服务的名称、命名空间、版本号等信息，该接口会阻塞直到获取订阅结果（不存在/不可用/服务绑定信息），通过服务绑定信息（DDS 通信返回的是域 ID，RPC over DDS 通信返回的是服务端实例名）将主题订阅者/发布者或 RPC 客户端绑定到指定服务端，向客户端返回服务引用对象
服务发布模块	该模块提供了服务信息发布接口，服务端可以通过该接口设置所发布服务的名称、命名空间、版本号等服务信息，然后启动服务，使服务进入正常运行中的状态，同时该模块会定时收集并发布服务的运行状态、负载信息（CPU/内存）以及 QPS 信息等状态信息
指令交互模块	该模块提供了服务与资源管理中心进行指令交互的接口，利用指令监听器监听资源管理中心状态控制指令或其他服务的指令，利用指令发布器发送指令给注册中心或其他服务，常见的指令类型如状态控制类、通知类等
状态管理模块	该模块提供了服务运行状态管理的接口，服务运行状态发生改变时相应状态回调函数会被调用，开发人员可以通过实现不同状态的回调函数来改变服务行为（如暂停服务），同时也提供了改变状态、查询状态、发布警告等接口

通过应用服务接口，服务可以实现状态信息和指令信息的交互，服务运行阶段应用服务接口各模块的工作流程如图 8.14 所示。服务程序被激

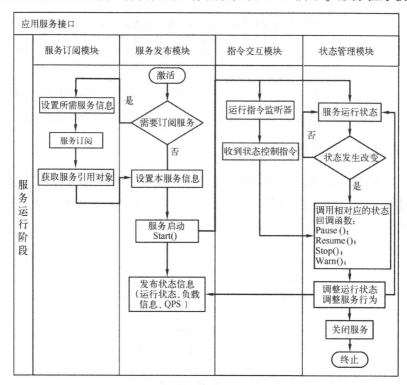

图 8.14　服务运行阶段应用服务接口各模块工作流程

活后，首先检查服务是否需要订阅其他服务（存在服务依赖），通过服务订阅模块订阅所需的服务，获取服务引用对象。接着，通过服务发布模块设置所发布的服务的名称、命名空间、版本号等服务信息，启动服务使服务进入运行状态，同时该模块定时发布状态信息（运行状态、负载信息及QPS）。指令交互模块的指令监听器在服务启动后开始运行，当收到资源管理中心的状态控制指令时会调用状态管理模块中相对应的状态回调函数（由服务开发者实现），从而调整服务运行状态和服务行为。当 Stop() 被调用的时候，服务将进入终止运行状态，随后服务进程关闭。

8.3.5　服务调用实现流程

服务消费者和服务提供者通过应用服务接口与资源管理中心进行交互，实现服务的订阅、发布和监控功能，完成服务调用过程。应用服务接口与资源管理中心、服务容器之间的交互流程如图 8.15 所示，其过程说明如下。

（1）客户端通过应用服务接口服务订阅模块向资源管理中心订阅服务。

（2）资源管理中心服务激活模块收到订阅通知，进行服务匹配后，向指定服务容器发出激活通知。

（3）服务容器信息交互模块收到激活通知，激活指定的服务。

（4）服务端开始启动并正常运行，通过服务发布模块对外发布状态

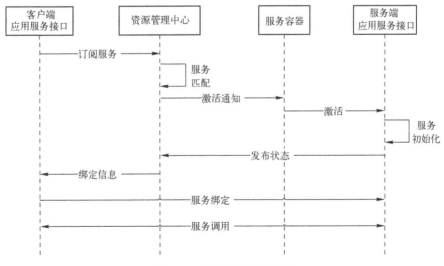

图 8.15　服务调用实现流程

信息。

（5）资源管理中心服务监控模块收到服务状态信息后，给服务客户端回复服务绑定信息。

（6）客户端应用服务接口通过服务绑定信息，绑定到指定节点上的服务端，向客户端返回服务引用对象。

（7）客户端通过服务调用对象对服务端进行服务调用。

8.4　功能集成原型系统的性能测试与分析

功能集成原型系统的性能测试从资源服务化功能集成和服务通信两个方面来进行测试。资源服务化功能集成通过资源的部署耗时、服务绑定耗时两个指标来衡量其性能，资源的部署、服务绑定时间越短，说明性能越好；服务通信性能从通信时延和吞吐量两个指标来体现，时延越小、吞吐量越高，说明服务通信的性能越好。各指标及其说明如表 8.6 所示。

表 8.6　性能指标说明

性能指标	度量单位	描　　述
资源部署耗时	s	资源管理中心从发起部署操作（对服务容器文件传输端口的发起连接、服务程序文件传输等过程），到收到服务容器正确部署服务的回复之间所耗费的时间
服务绑定耗时	s	客户端向资源管理中心发起服务绑定请求，到资源管理中心回复服务绑定信息之间所耗费的时间
通信时延	ms	发布/订阅：数据从发布者到订阅者的传输时间 请求/应答：客户端从发起请求到收到回复所用的时间
通信吞吐量	MB/s	发布/订阅：发布者无间断发送数据，订阅者每秒能够收到的数据量 请求/应答：客户端无间断发送请求，服务端每秒能够处理的数据量

1. 资源部署耗时

测试说明：对新注册资源审核通过后，会将资源部署到服务描述文件中所指定的节点 IP，资源管理中心对指定的节点容器发起连接并发送服务程序压缩包，服务容器对服务程序压缩包进行校验、解压并存储到指定目录下，再回复资源管理中心部署通过。资源部署时间反映了资源管理中心派发服务程序的能力，其可能的影响因素主要是服务程序压缩包的大小，以服务程序压缩包大小为分组进行实验，每组实验测试多次取平均值作为该组耗时结果，结果如图 8.16 所示。

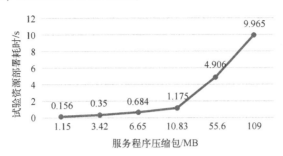

图 8.16 资源部署耗时测试结果

由测试结果可知，资源部署耗时随着服务程序压缩包大小的增加而增加，服务程序压缩包在 10MB 之内，服务传输时间可以控制在 1s 之内。通常情况下，绝大部分的服务程序压缩包的大小在 1MB 到 10MB 之间，例如某设备的控制台界面服务程序压缩包在 1MB 左右，而带图形用户界面的资源管理中心和服务容器的程序压缩包也在 7MB 左右。在此情况下，资源部署时间通常在 1s 之内，属于可接受的范围。

2. 服务绑定耗时

测试说明：服务绑定是指客户端发起绑定服务的请求到收到资源管理中心回复的绑定信息这一过程，对绑定时间最大的影响因素是服务是否处于运行状态，如果服务已处于正常运行的状态，资源管理中心匹配服务后将直接返回服务绑定信息，否则其绑定过程中将增加服务消费激活的开销。将服务绑定耗时分成服务已激活和未激活两种情况，分成 6 个测试组进行实验，实验结果如图 8.17 所示。

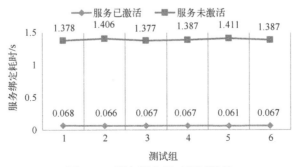

图 8.17 服务绑定耗时测试结果

由测试结果可知，在服务已激活的情况下，服务绑定耗时在 0.067s 左右，处于毫秒级别。客户端利用应用服务接口与资源管理中心基于 DDS 进行通信，完成服务绑定过程，该耗时主要由应用服务接口与资源管理中心发现阶段耗时、客户端发布服务订阅信息以及获取绑定信息的通信时延所组成，符合预期水平。在服务未激活的情况下的服务绑定耗时平均比服务已激活情况下多了 1.3s 左右，多出的时间开销来源于资源管理中心激活服务、监听服务发布状态信息的过程，该过程增加了服务绑定的成功率，但使得服务订阅耗时上升到秒级别。

由上述测试结果分析可知，对于基础服务或访问量持续不断的服务来说，管理员将其激活并设置为常运行，能够有效地减少服务的绑定时间，提高服务绑定效率。对于不常用或者访问量集中于某一时段的服务来说，利用服务消费激活策略在服务被绑定时再将其激活，从而能够节省系统负载，提高资源利用率。

3. 通信时延

测试说明：通信时延反映了信息集成中间件信息处理的速度和传输的速度，为减小由于各节点时间不同步所产生的误差，所以对通信时延测试采用数据往返多次，再计算平均值的方法。报告按数据包大小分成 1~100KB 共 8 组实验，对服务通信进行时延测试，同时增加了 Web 服务通信时延测试结果的对比。测试结果如图 8.18 所示。

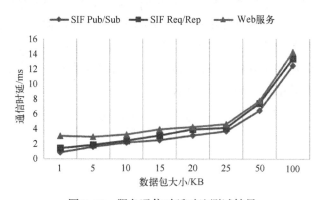

图 8.18　服务通信时延对比测试结果

由图 8.18 的测试结果可知，Web 服务的通信时延整体比 SIF Pub/Sub 和 SIF Req/Rep 要高，在数据包较小的情况下差距更明显。SIF Req/Rep 比 SIF Pub/Sub 高一些，SIF Pub/Sub 的通信时延性能最佳。Web 服务采用 SOAP 作为消息封装协议并绑定 HTTP 协议进行通信，SOAP 消息实质上是基于 XML 的文本序列化方式，消息冗余度高，而 HTTP 基于 TCP 协议，每次 HTTP 请求前都要建立 TCP 连接，在获得 HTTP 响应后释放连接。基于 DDS 和 RPC over DDS 实现的 SIF Pub/Sub 和 SIF Req/Rep 通信，采用 Typecode 二进制序列化方式，底层利用 UDP 进行通信，因此，不论在序列化方式上还是通信协议上，DDS 的传输耗时会控制得比较好，特别是在数据包较小的情况下，Web 服务的 HTTP 连接开销，对于时延性能的影响更为明显。随着数据包的增大，数据传输时间增加，HTTP 连接开销占比减小，三者的时延差距减小。

4. 通信吞吐量

测试说明：吞吐量反映了在极限情况下信息集成中间件的处理能力。按数据包大小分成 1~100KB 共 8 组实验，对中间件信息集成服务进行一对一及一对多的吞吐量测试，同时增加了 Web 服务通信吞吐量测试结果的对比。

一对一通信的吞吐量性能对比测试结果如图 8.19 所示。

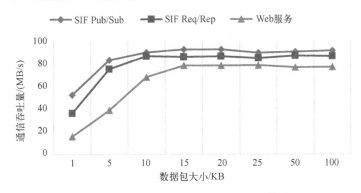

图 8.19　一对一通信吞吐量对比测试结果

由测试结果可知，SIF Pub/Sub 的吞吐量整体比 SIF Req/Rep 和 Web 服务高，Web 服务比前两者都差一些，在数据包较小的情况下差距更大。究其原因，仍与前面时延所分析的一致，即 Web 服务的文本序列化方式的消息冗余度高、序列化效率低，HTTP 的实时通信性能不及 UDP 好，在吞吐量这种极限通信性能测试指标下，基于 RPC over DDS 的 SIF Req/Rep 的吞吐量会比 Web 服务更好，而基于 DDS 的 SIF Pub/Sub 的高吞吐量优势更加凸显。考虑到 DDS 支持一对多的单播/多播通信能力，在采用多播模式和存在多个客户端的情况下，SIF Pub/Sub 的吞吐量优势将进一步扩大。

为进一步验证原型系统的吞吐量优势，进行了多个订阅端（客户端）情况下吞吐量性能对比实验，设置通信数据包大小为 20KB，通信方式分成单播 SIF Pub/Sub、多播 SIF Pub/Sub、SIF Req/Rep 和 Web 服务，测试方法同前面一组测试。其测试结果如图 8.20 所示。

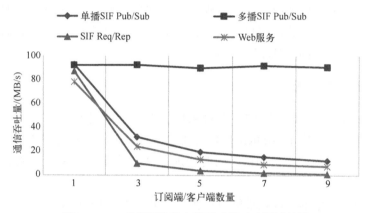

图 8.20　一对多通信客户端吞吐量对比测试结果

由测试结果可知，采用多播通信的 SIF Pub/Sub 随着客户端的增加吞吐量基本维持不变，而采用单播通信的 SIF Pub/Sub 与 SIF Req/Rep、Web 服务一样，订阅端/客户端的吞吐量会随着其数量的增加而下降，其中 SIF Req/Rep 下滑显著。分析原因：对于 SIF Req/Rep，服务端提供同一个服务，其请求与应答主题是确定的唯一的，当 N 个客户端发起请求时，服务器对这 N 个客户端的请求都要回复一条应答，因此需要发布 N 次应答消息，但每个客户端都会收到这 N 次消息，其中只有一次是自身所需的应答，因此存在较多的冗余报文。相比之下，采用单播通信的 SIF Pub/Sub 与 Web 服务一样，需要发布 N 次消息，而采用多播通信时只需要发布 1 次消息。因此，采用多播通信的 SIF Pub/Sub 能够维持其吞吐量水平，采用单播的 SIF Pub/Sub 与 Web 服务保持一致的下降趋势和差距，而 SIF Req/Rep 由于产生了较多冗余消息，吞吐量性能急剧下滑。

8.5　本章小结

基于 SOA 的服务化功能集成模式能够有效地将异构的功能模块进行

"即插即用"的集成。发布/订阅机制及 DDS 能够有效实现体系的信息集成。基于发布订阅的 DDS 和 SOA，为支持体系功能集成，设计了服务化功能集成框架，该框架由注册中心、监控中心、容器和应用服务接口等部分组成，详细论述了功能服务发布与使用的具体流程；在此基础上，开展了服务化功能集成框架原型系统设计，重点介绍了原型系统中资源管理中心、服务容器和应用服务接口的实现过程；然后基于原型系统实现，对其性能进行初步的测试与分析，从而为体系分布式成员的功能集成提供了较为成熟的解决方案。

参考文献

［1］OMG. Data Distribution Service for Real-time Systems. Technical Report OMG Available Specification formal/07-01-01，OMG，2006.

［2］MacKenzie C M，Laskey K，McCabe F，et al. Reference model for service oriented architecture 1.0. OASIS standard，2006，12：18.

［3］刘士军，孟祥旭，向辉.基于 XML 的文物数字博物馆数据集成研究.系统仿真学报，2002，14（12）：1624-1627.

［4］邓睿，王维平，朱一凡.一体化信息驱动仿真方法研究.系统仿真学报，2007，19（15）：3376-3379.

［5］张新宇，韩超，邱晓刚，等.从 HLA 对象到关系数据—HLA 仿真中的通用数据库交互.系统仿真学报，2007，19（12）：2740-2745.

［6］岳昆，王晓玲，周傲英.Web 服务核心支撑技术：研究综述.软件学报，2004，15（3）：428-442.

［7］Erl T. Soa：principles of service design. Upper Saddle River，United States，Prentice Hall，2007.

［8］Pasley J. How BPEL and SOA Are Changing Web Services Development. IEEE Internet Computing，2005，9（3）：60-67.

［9］邢少敏，周伯生.SOA 研究进展.计算机科学，2008，35（9）：13-20.

［10］Ouyang C，Dumas M，Hofstede A H M T，et al. From BPMN Process Models to BPEL Web Services// International Conference on Web Services. 2006.

［11］王刚.支持 BPEL 引擎的业务运行协同平台的设计与实现.北京：北京邮电大学，2014.

［12］ OMG. Remote Procedure Call over DDS. https：//www. omg. org/spec/ DDS-RPC/1. 0/, Version 1. 0 April 2017.

［13］ Natis Y, Schulte R. Introduction to service – oriented architecture. Gartner Group, 2003, 14.

［14］ Xiaodong L. A review of SOA. Computer applications and software, 2007, 24（10）：122-124.

［15］ Alonso G, Casati F, Kuno H, et al. Web services//Web Services. Springer, Berlin, Heidelberg, 2004：123-149.

［16］ Christensen E, Curbera F, Meredith G, et al. Web services description language（WSDL）1. 1. 2001.

［17］ van Steenderen M. Universal Description, Discovery and Integration. SA Journal of Information Management, 2000, 2（4）.

［18］ Box D, Ehnebuske D, Kakivaya G, et al. Simple object access protocol（SOAP）1. 1. 2000.

［19］ 李林锋. 分布式服务框架原理与实践. 北京：电子工业出版社, 2016.

［20］ Liang Y, Tang X, Bing L, et al. Study on Service Oriented Real-Time Message Middleware//Semantics, Knowledge and Grids（SKG）, 2015 11th International Conference. IEEE, 2015：207-211.

［21］ Albano M, Ferreira L L, Sousa J. Extending publish/subscribe mechanisms to SOA applications//Factory Communication Systems（WFCS）, 2016 IEEE World Conference. IEEE, 2016：1-4.

［22］ P. Caban, et al. Dedicated WS-DDS Interface for Sharing Information Between Civil and Military Domains. In proceedings of MCC 2011, Amsterdam, Netherlands, October 2011.

［23］ OMG. Interface Definition Language. https：//www. omg. org/spec/ IDL/4. 1/, Version 4. 1 July 2017.

［24］ Erl T, Bennett S G, Carlyle B, et al. SOA governance：governing shared services on-premise and in the cloud. Pearson Education, 2011.

［25］ Rongna G. Research and Implementation of Isomerous Data Integration Technology Based on the Adapter//International Conference on Computer, mechatronics, Control and Electronic Engineering. 2010：354-357.

［26］ Wu K, Wei C, Cheng J. Data Adapter Technology Based on Multi-Agent Applied to Secure Access Platform//Fifth International Conference on Computational and Information Sciences. IEEE, 2013: 64-67.

［27］ Lyashov M V, Bereza A N, Babaev A M, et al. The technique of creating distributed computing systems based on service-oriented architecture// Application of Information and Communication Technologies（AICT）, 2016 IEEE 10th International Conference. IEEE, 2016: 1-5.

第 9 章

体系功能集成效应分析

由于体系中包含多领域多专业异构的功能模块和实现方式，体系组成元素之间的关系相互独立，它的结构在复杂网络中具有动态变化性，在使用环境中各个组成单元独立运行，组成单元之间的耦合很松散，体系的边界也是随着外部环境和内部结构的变化而激烈变化，在各个组成单元的自主行为、动态连接和交互协同中完成体系的整体目标，服务化的功能集成模式能够有效地将异构的功能模块进行"即插即用"的集成，使得体系资源实现快速共享和调用，完成相应的作战任务。本章从功能重组灵活度、功能结构合理性、功能的柔性、功能的耦合性、功能实体的互操作性、功能的集成度等方面对体系服务化功能集成的效应进行分析与评价。

9.1 体系功能集成效应指标

功能集成是体系集成的关键部分，是在体系整体功能目标的统一框架下，将各平台、系统的探测搜索、机动占位、指挥决策、武器攻击等功能及其实体按特定的开放协议、标准或规范集合在一起，成为能够完成特定作战任务的功能体，并使得完成作战任务的效果达到最优。

体系功能集成要求如下。

（1）提供各平台、系统功能实体间互操作性，在对等层次上进行有效信息交换以满足功能请求，不同平台、系统间实现功能的互操作；

（2）在体系分布式环境中提供功能实体的可重用性和移植性，在集成过程中尽量做到对原有功能实体的重用，实现应用程序在不同平台、系统动态迁移，且不破坏原有系统所提供的或正在使用的服务；

（3）提供各功能实体的分布透明性，分布透明性屏蔽了由体系平台、系统的分布所带来的复杂性，减少了功能实体之间的耦合性；

（4）提供集成过程的控制能力，通过体系安全服务及用户权限判定，实现集成过程控制；

（5）提供功能编排重组的能力，面对不同作战任务能够动态编排重新组合各个功能实体。

因此，功能集成效应主要体现在功能重组灵活度、功能结构合理性、功能的柔性、功能的耦合性、功能实体的互操作性与功能的集成度等方面。

综上所述，功能集成效应指标如图 9.1 所示。

9.2　功能重组灵活度

功能重组灵活度主要体现在体系能否在不同作战任务和作战态势下，具有动态灵活的功能编排重组能力，主要包括工作模式重构能力、故障功能重组能力及降级功能重组能力。工作模式重构是在体系构成不变的情况下，当作战任务发生变化时，通过对各个平台、系统的功能实体进行重新编排与组合，形成能够完成该任务的功能实体集和作战实施流程。故障功能重组是在体系中部分平台、系统或其功能实体发生了故障或失效，在不损失体系性能和效能的情况下，通过功能容错、替换等方式，实施功能重组，继续完成相应的作战任务。降级功能重组，是指通过停止低优先级的功能，以释放出足够资源，来支撑高优先级功能的重组过程。随着新技术的发展，体系功能集成以灵活的接口访问和功能封装方式作为支撑。例如，通过借助 SOA、COM/DCOM、EJB、CORBA 这些具有平台无关性、松散耦合性、完好封装性、协议标准性等技术手段，使得功能实体间集成更易实现。

9.3　功能结构合理性

功能结构合理性是体系集成过程中平台、系统配置是否合理的度量，是否满足特定作战任务的需求，它为作战资源的分配和部署提供依据。功能结构合理性指标主要包括功能完整度、功能冗余度、功能复杂度、功能依赖度、功能可用度等。

（1）功能完整度：集成后具有所有功能满足作战任务需求的程度，描述了被评价功能集 C_e 中包含的对作战任务有用的功能在整个体系功能中

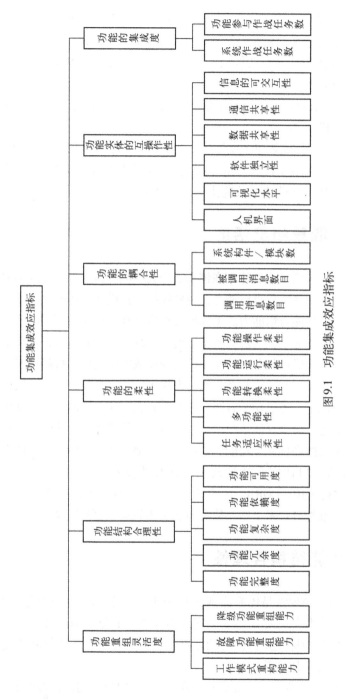

图 9.1 功能集成效应指标

的比例，即

$$f_1 = \left| \sum_{i=1}^{m} A(C_{ei}) \cap A(\text{CIM}) \right| \big/ \left| A(\text{CIM}) \right|$$

式中，$A(C_{ei})$ 为第 i 个实体包含的功能集；$A(\text{CIM})$ 为体系包含的功能集。

（2）功能冗余度：描述被评价功能集 C_e 中对体系任务完成无用的功能的比例，即

$$f_2 = \left(\sum_{i=1}^{m} \left| \text{PA}(C_{ei}) \right| - \left| A(\text{CIM}) \right| \right) \Big/ \left| \sum_{i=1}^{m} \text{PA}(C_{ei}) \cap A(\text{CIM}) \right|$$

式中，$\text{PA}(C_{ei})$ 为第 i 个实体对外提供功能集。

（3）功能复杂度：描述了被评价功能集 C_e 中实体之间交互连接的复杂程度，即

$$f_3 = \sum_{i=1}^{m} \left(\left| \text{RA}(C_{ei}) \cap A(\text{CIM}) \right| + \left| \text{PA}(C_{ei}) \cap A(\text{CIM}) \right| \right)$$

式中，$\text{RA}(C_{ei})$ 表示第 i 个实体对外所需功能集合。

（4）功能依赖度：描述了被评价功能集 C_e 中所有实体需要从其他实体获取功能的依赖程度，即

$$f_4 = \sum_{i=1}^{m} \left| \text{RA}(C_{ei}) \right|$$

（5）功能可用度：是在保证被评价功能集 C_e 包含完成任务所需功能的前提下，还需保证每个功能是否可以被立即有效地使用，即

$$f_5 = \frac{\sum_{i=1}^{m} f_{2i}}{m}$$

式中，f_{2i} 表示第 i 个实体的功能可用度，可用则取为 1，不可用则取为 0；m 为被评价功能集 C_e 中的功能数量。

9.4　功能的柔性

针对体系中特定的作战任务，把需求抽象成一个功能需求和非功能需求的集合，称为问题域。当问题域发生变化时，这些变化的需求最终反映在体系功能和构成的变化上。当新任务和需求出现时，通过对体系结构或运行实体进行适当的调整，从而使其功能发生一定的改变，满足不同作战任务的要求。因此，体系功能的柔性可以定义为：在保持基本特征不变的情况下，针对不同作战任务、战场环境下，其功能能够进行平稳、协调变

化的性质。它是体系集成潜在能力的外在表现，利用功能的柔性，体系能在一定范围内解决不同作战任务动态多变的需求问题。

多样化作战任务要求体系具备强大的功能重配置（或功能柔性重组）能力，以支撑面向多种任务并能快速编排形成能够完成不同任务的有机功能体。功能柔性包括体系的适应性和功能多样性。功能多样性是体系中的功能的包容性或通用性，适应性是体系灵活适应环境变化的一种描述。

（1）任务适应柔性，指平台、系统对于作战任务的功能适应性。衡量指标是作战任务变化时所需的准备时间、调整和更换时间、使用过程准备时间等。

（2）多功能性，指一个（套）平台、系统可实现功能的多样性。

（3）功能转换柔性，指在不同的作战任务之间的转换适应性。衡量指标是从一个作战任务转向另一个作战任务时所需要的转换时间。

（4）功能运行柔性，指处理内部局部故障、维持原状的适应性。衡量指标是发生故障时故障处理所需的时间或效能的降低程度。

（5）功能操作柔性，指操作人员能快速有效地处理多种作战任务的能力。高的功能操作柔性能快速适应作战任务的变化。

9.5 功能的耦合性

功能在体系架构层次的耦合性度量是对体系中各个平台、系统间功能交互进行度量：功能间耦合度量（CBC）是一个功能实体与其他功能实体有耦合关系的交互次数，包括调用及被调用次数，形式定义为

$$\mathrm{CBC}_i = \sum_{j=1}^{|\mathrm{Coms}|} \mathrm{Msg}_{ij} + \sum_{j=1}^{|\mathrm{Coms}|} \mathrm{Msg}_{ji}$$

式中，$|\mathrm{Coms}|$ 是体系中功能实体的总数；Msg 是功能实体之间的交互矩阵；矩阵元素 Msg_{ij} 表示为

$$\mathrm{Msg}_{ij} = \begin{cases} 1, & \text{构件 } c_i \text{ 与 } c_j \text{ 间有消息传递,且 } i \neq j \\ 0, & \text{否则} \end{cases}$$

功能之间耦合度越高，说明该功能实体与其他功能实体间使用关系越复杂，过多的功能间耦合对模块化设计有害且不利于复用。耦合程度越高，对体系结构其他部分变化越敏感，可维护性越差；耦合性越低，说明平台、系统中功能实体独立性越强，对其他功能实体或外部环境的依赖性越小，如容易更换体系中的功能实体而不影响整个体系。

9.6 功能实体的互操作性

互操作性是在对等层次上进行有效信息交换以满足功能请求，提供不同平台、系统间信息的互联、互通以及功能间的互操作，是体系中平台、系统之间提供/接收服务并一起高效合作的能力。

功能实体的互操作性指标主要包括规程类指标、应用类指标与数据类指标。规程类指标主要体现的是体系采用了哪些建设指导文件、遵循了哪些标准规范文件、有哪些安全策略文件等，包括标准架构、管理规定、安全策略三大类标准文件，这些文件是规程方面的能力指标。互操作性的规程属性由多种提供指导和操作控制的文件构成，而这些文件影响平台、系统开发、集成和操作功能等各个方面。该属性由操作性和功能性的程序开发指南、技术体系结构和系统架构的规范组成，其内容包括标准、管理、安全和运行四个方面。应用类指标体现的是平台、系统采用了哪些共性应用软件、通用应用接口或组件、共性应用服务等，包括应用系统、应用服务、应用接口三大类应用功能软件，这些软件所体现的功能可作为互操作性评估应用方面的能力指标。

互操作性的应用属性由体系的作战任务确定，主要包括使用应用软件和共性应用软件。在软件体系结构层面上，主要表现为从独立应用程序、基于客户/服务器模式的应用程序到跨领域、跨组织的应用程序。数据类指标是体现互操作能力的关键性指标，互操作的目的就是实现数据的交互与理解。影响数据互操作的关键性指标有三类：数据模型、数据格式和数据字典。数据模型决定了数据的表示方式和存储方式，数据格式决定了数据的显示方式，数据字典保证了数据的语义理解。互操作性的数据属性主要对信息进行描述，涉及数据格式（语法）和数据内容或含义（语义）两个方面。

互操作性描述功能实体可使用程度、与外界的可交互性和人机交互的程度，互操作性包括人机界面、可视化水平、软件独立性、数据共享性、通信共享性、信息的可交互性。

9.7 功能的集成度

功能集成度是体系集成度量的重要内容，是体系集成的综合水平体现，是功能集成合理性的描述，适用于对完成多种作战任务的体系集成合理性分析；若体系中增加某一作战任务，而该作战任务所需的大多数功能均为其他作战任务所需要的，则该作战任务的功能应集成到体系中；集成到体系中的功能至少被一种作战任务所需要。如果被越多的作战任务所需要，则该功能越值得独立存在。定义功能-任务矩阵为：其列为作战任务种类，其行是功能的种类，矩阵元素为各子功能对于各作战任务的可共用性度量，用一特定规则运算此矩阵各元素之值，则可定量计算出功能集成度，计算规则为：

（1）假定为 n_0 种不同的作战任务，m_0 个子功能参与集成，该功能-任务矩阵为 $m_0 \times n_0$ 阶矩阵。

（2）如果某一子功能仅对 $n_i (1 \leqslant n_i \leqslant n_0)$ 种作战任务存在可共用性，则相应的元素值均为 n_i，其余元素值或为 0（不需要此子功能）或为 1（需要此子功能，但无可共用性）。

（3）每一行（对应某一子功能）各元素之和除以 n_0^2，即该子功能的可共用性的度量值：

$$I_1 = \frac{\sum_{i=1}^{n_0} n_i}{n_0^2}$$

（4）通过 I_1 的值得出体系的功能的集成度为

$$I = \frac{\sum_{j=1}^{m_0} (I_1)_j}{m_0} = \frac{\sum_{j=1}^{m_0} \left(\sum_{i=1}^{n_0} n_i \right)_j}{n_0^2 m_0}$$

9.8 本章小结

基于 DDS 和 SOA 的服务化功能集成有效地将异构的功能模块进行"即插即用"，将独立运行、松散耦合的各个平台、系统和武器的各个单元集成为一个能够完成特定任务的体系，实现体系对抗条件下的作战需求和整体目标。体系功能集成效应分析通过构建功能集成效应评价指标体系，将功能集成效应评价指标分解为功能重组灵活度、功能结构合理性、功能的柔性、功能实体的互操作性和功能的集成度 5 个方面共 24 项指标，分析了每项指标的度量方法，为有效量化度量体系功能集成效应提供了技术支持。

参考文献

[1] 刘中锋, 吴子燕, 杨建国, 等. 基于模糊 QFD 的设计——建造信息集成度评价. 山东建筑工程学院学报, 2006 (3): 24-31.

[2] 何云, 李彤, 王炜, 等. 一种面向软件特征定位问题的语义相似度集成方法. 计算机研究与发展, 2019, 56 (2): 170-185.

[3] 饶文碧, 张丽, 柯慧燕, 等. 服务发现协议互操作性的研究//2005 年全国开放式分布与并行计算学术会议. 2005: 96-97.

[4] 刘建晓, 何克清, 王健, 等. 一种面向语义互操作性的服务聚合方法. 软件学报, 2011.

[5] 李昭, 赵一, 梁鹏, 等. 基于 MFI 的企业业务模型互操作能力度量方法研究. 计算机科学, 2015, 42 (S2): 488-494.

[6] Keating C, et al. Systems of Systems Engineering. Engineering Management Journal, 2003, 15 (2): 32-41.

[7] Pelz, Elisabeth. Full Axiomatisation of Timed Processes of Interval-Timed Petri Nets. Fundamenta Informaticae, 2018, 157 (4): 427-442.

[8] Huang Yi sheng, Weng Y, et al. Design of Regulatory Traffic Light Control Systems with Synchronized Timed Petri Nets. Asian Journal of Control, 2018, 20 (5).

[9] Guan Ji, Feng Y, Ying M. Decomposition of quantum Markov chains and its applications. Journal of Computer & System Sciences, 2018.

第 10 章

体系过程集成

　　武器装备体系由功能上相互支持、性能上相互协调的多种类型的武器装备系统、平台通过网络连接集成为有机整体。体系过程集成将体系的功能、行为、活动等采用统一的组织方式快速构建成为适用不同任务需求的流程模式，提供一个灵活在线定制和运行的工作流程，并支持体系流程的在线重构，以便完成各种各样的任务。在体系中，各个成员节点具有高度自治性、连接的动态性与开放性等特征，同时运行环境也是多元化、动态和开放，在这种情况下，体系过程集成要求将分布式的武器、平台、系统和设备等以服务的形式，通过编制和编排技术依据业务需求将体系中分散在各个节点的功能、操作和活动等集成整合形成有机的流程模式，在流程执行引擎的支撑下实现面向多种任务的各类应用集成。

10.1　过程集成概述

　　体系的过程集成建立在资源集成、数据信息集成、功能集成基础上，目前武器装备体系的功能集成主要基于 SOA 的思想建立相应的集成框架和机制来实现，因此过程集成也应该在 SOA 的基础上，构建武器装备体系内部成员之间的动态组合与协同，实现快速构建或重构能够完成对抗任务的作战流程模型，以便实施体系对抗作战。

　　目前在工业领域，由于 Web 服务是当前体现 SOA 理念的一组重要支撑技术，因此主要采用 Business Process Execution Language for Web Services（BPEL4WS）、WS-Coordination、WS-Transaction 等相关技术进行业务流程建模，并由相应的 BPEL 引擎进行服务组合，以达到过程集成的目的。武器装备体系过程集成要求将体系中的系统、平台和武器成员根据不同的作战任务组合形成一个有机的流程，完成既定的作战行动，同时要求能够根据战场态势的变化实现体系流程的动态变化。编制和编排是实现体系成员组合的两种不同的方式。

在体系作战流程的编制中，由一个中央控制节点控制相关的成员（对应功能集成的服务形式）并协调不同成员、不同操作的执行。相关的成员并不"知道"（也无须知道）它们参与了体系整体流程并在参与更高级别的作战行动中，只有编制的中央控制节点知道此目标，因此编制显式定义体系成员（功能服务）的调用顺序。体系作战流程编制过程如图 10.1 所示。

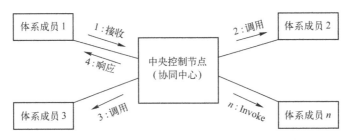

图 10.1　体系作战流程编制过程

而在体系作战流程的编排中，流程中不存在也不依赖于某个中央控制节点，编排所涉及的成员完全知道执行其操作的时间及交互对象。编排是一种强调在体系整体作战流程中交换消息的协作方式。流程编排的所有参与者都需要知道具体的作战流程、要执行的活动与操作、要交换的信息、消息及交换时间。体系作战流程编排过程如图 10.2 所示。

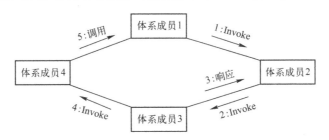

图 10.2　体系作战流程编排过程

无论是采用编制方式还是采用编排方式来组合体系成员形成作战流程，都需要支持几种基本结构，并在这几种基本结构基础上，构建完整的作战实施流程，主要包括：

- 顺序（<sequence>），允许定义一组将按顺序调用的活动；
- 流（<flow>），用于定义一组将并行调用的活动；
- Case-switch 构造（<switch>），用于实现分支；
- While（<while>），用于定义循环；
- 使用<pick> 能够选择多个替换路径之一。

在体系内部成员之间组合形成能够完成特定作战任务的流程模型时，需要采用以下的操作来实现：

- 调用其他成员（功能服务）操作：<invoke>；
- 等待发送消息调用业务流程（接收请求）操作：<receive>；
- 同步操作的响应操作：<reply>；
- 分配数据变量操作：<assign>；
- 故障和异常指示：<throw>；
- 等待操作（等待一段时间）：<wait>；
- 终止整个流程操作：<terminate>。

在通过编制或编排来实现体系成员之间的组合以形成能够完成特定任务的作战流程如图 10.3 所示，其包括服务组合与流程建模、流程编排与仿真分析、流程执行与动态演化三个主要步骤。

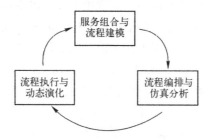

图 10.3　体系过程集成的主要步骤

（1）服务组合与流程建模。在将体系各个成员服务组合起来并构成能够完成特定任务的体系流程时，首先要做的工作是从作战任务的需求和整体运行环境出发，设计出一个能够完成该作战任务的服务组合与整体流程过程模型。可以借鉴工业界工作流领域的一些技术手段来实施服务组合与整体流程建模，使用图元拖曳的服务组合与流程建模方法，具体过程是从可用的成员服务清单中选择可用的功能服务，通过选择、配置和组合多个功能活动，定义整体流程的 WSDL（Web Services Description Language，是为描述 Web 服务发布的 XML 格式），然后创建由流程结构、活动步骤、执行决策和资源配置等组成的体系执行任务流程方案，完成体系流程的建模工作。

（2）流程编排与仿真分析。当获得体系服务组合与流程过程模型后，定义参与流程的成员之间的协作规则，制定多个流程之间协调交互关系，规定不同流程之间信息交换顺序、活动时序等相关约束。同时需要编写一些体系流程执行的脚步代码（可自动生成），并利用一些仿真技术或形式化分析技术对该服务组合与流程模型进行分析，以验证该过程模型是否完成相应的作战任务，并可对过程模型的一些特性（如整体性能或效能）进行定性或定量的评估。常用的仿真分析手段借助一些形式化模型（如自动机、Petri 网、进程代数等）和工具（如模型检验工具）来完成，这些形式化的工具均具有严格的数学基础和分析能力，通过相应的形式化验证技术，可以有效发现过程模型中的一些逻辑错误（死锁、活锁等），从而可以有针对性地对服务组合与流程模型进行修正。

（3）流程执行与动态演化。在完成过程模型建模与分析，将相应的功能服务或实体部署到相应的节点上，并进行必要的测试后，在管理引擎的调度下各个体系成员参与执行该流程模型，为保证体系服务组合与流程过程模型的执行符合预期，需监控该过程模型的执行，当监控到变动或异常时（如战场环境变化），可采取服务组合动态演化或自适应机制予以应对。这需要根据战场环境和作战任务的变化，重新优化服务组合与流程模型，进行在线的功能重组与流程重构，支持体系的动态演化。

10.2　基于流模型的流程编排

从集成的角度，流程编排是要清晰地定义和协商参与协作的规则，有利于规范包含多个成员及其相关活动的流程具体执行时的交互。因此流程编排要求在流程编制方案的基础上，设计编排出流程具体实施时的信息交互顺序、活动实施时序和分流程协作关系等。为了实现体系的流程编排，精确定义体系成员及其服务之间活动交互序列、数据信息交互顺序和流程约束限制等，以流模型为基础对体系流程进行编排。体系集成的流程编排过程如图 10.4 所示。

流模型（Flow Model）可以有效进行活动组合，指定活动执行步骤的顺序，规定决策点以及指定所涉及活动之间数据信息的传递，表示为三元组：Flow Model $:= (N, E_{CF}, E_{DF})$，其中 N 是活动（Activity）集合，E_{CF} 表

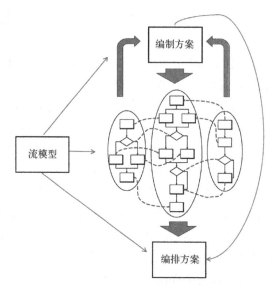

图 10.4　基于流模型的流程编排

示控制流（Control Flow），控制流描述了这些活动的顺序，E_{DF} 表示数据流（Data Flow），数据流描述了数据信息在活动间的传递。详细规定如下。

（1）流模型的活动集合 N 由一系列活动组成，这些活动按一定顺序执行。可将活动视为流程中的一个步骤，完成一个具体的功能，其中可以做出决策的活动称为决策点（Decision Point）。

（2）流模型的控制流部分 $E_{CF} := (E_C, C_T)$ 规定了活动如何通过控制链（Control Linking）进行互连。E_C 是控制链集合，是 $N \times N$ 的子集。控制链 (a, b) 是一条连接两个活动 a 和 b 的有向边，从它的初始活动 a 指向它的目标活动 b，规定了将要执行的活动顺序。C_T 是形如 $<(a,b),e>$ 的变迁条件集合，其中 $(a,b) \in E_C$ 是一条控制链，e 是一个逻辑断言表达式，表达式的形式参数可以引用活动 a 及其之前活动所产生的消息。以某一顺序执行两个活动必须遵循这两个活动之间的逻辑条件。所有控制链和逻辑条件一起表示了所有活动间可能的控制流。

（3）流模型的数据流部分 $E_{DF} := (E_D, C_D)$ 规定了一个特定活动的后继活动如何使用这个特定活动所生成的数据。E_D 是数据链（Data Linking）集合，是控制链的集合 E_C 的子集。因此仅当能够从初始活动通过控制链抵达目标活动时，才可以指定一个数据，即数据流建立在控制流之上。C_D 是形如 $<(a,b),d>$ 的传递数据项集合，规定了初始活动 a 向它的目标活动 b 的传递数据项 d。

（4）流模型描述的关键部分是活动。针对体系任务执行过程的动态特征，将各个服务的行为与操作作为流模型中活动的实现。活动可以引用服务接口类型的操作来指定在运行时需要哪一类活动来完成这个业务功能。接口类型定义了流模型的外部接口。图 10.5 显示一个流程的活动 A 对应的服务接口类型的操作 2。在任务执行过程中，当需要完成活动 A 时，需要使用一个相应的服务实体来实现这个活动。

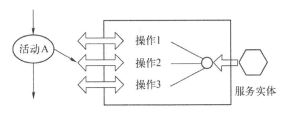

图 10.5　服务接口类型

控制流规范描述了这些活动和决策点的顺序；相关数据流规范描述了数据信息在活动间的传递。活动通过控制链进行协作。控制链是一条有向边，它规定了将要执行的活动的顺序。这表示活动间可能的控制流，这些活动组成了业务流程。以某时序执行两个活动必须遵循这两个活动之间的逻辑依赖性。控制链从它的初始活动指向它的目标活动，可确定实际的控制流变迁条件。变迁条件是与控制链相关的一个断言表达式，表达式的形式参数可以引用控制链前面的活动所产生的消息。流模型的数据流部分规定了一个特定活动的后继活动如何使用这个特定活动所生成的数据和信息。数据链规定了初始活动向它的目标活动传递数据项。仅当通过一个数据链路径，能够从控制链初始抵达数据链的目标时，才指定一个数据链。

流模型控制结构可描述为一个带权重的有向无环图（Weighted Directed Acyclic Graph，WDAG）$G=(W,N,E_c)$，其中活动可表示为图中的节点，控制链可表示为图中的有向边，W 是权重集合，表示任务从初始活动执行到目标活动的过程中需要付出的代价。G 是有向无环图，意味着在流模型的控制结构中不允许出现环。同时还可以在该图中标记各个活动间传递的数据项，这些数据项包含在图的边上。

构建流模型的一般步骤：

（1）确定流模型中的活动集合 N，包括参与集成的所有专业应用功能及其服务实体的活动。

（2）确定流模型中的数据链和数据信息项等。

（3）基于交互活动分析发现流模型中的不同业务活动关联，建立控制链和相应变迁条件。业务活动关联的形式主要包括顺序、选择、并行、迭代和调用等。

（4）将约束限制条件转化为对应的变迁条件添加到控制链上，包括数据约束、过程约束、逻辑约束、资源约束、时间约束和依赖关系约束等。

（5）检查控制链路和数据链路是否符合相关要求，是否满足有向无环图条件等，利用图算法对流模型进行优化。

流模型描述如何组合编排相关业务活动，指定活动执行步骤，规定决策点以及步骤之间数据传递关系等，采用流模型对体系多专业活动进行编排的过程实例如图 10.6 所示。

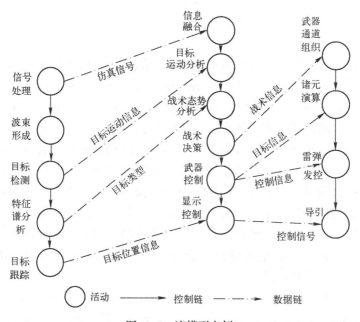

图 10.6　流模型实例

流模型清晰地描述了多个流程中活动、执行步骤以及它们之间的控制、数据依赖关系，据此可完成对应业务过程集成的编排方案设计。具体业务流程运行可以根据编排方案实施，符合编排方案就可以确保各流程之间的协调性和互操作性。基于全局观点的编排方案分离了业务流程之间的数据信息交换序列与内部业务流程时序逻辑。只要可见的数据信息交换序列和业务流程时序逻辑不变，各功能实体及服务的内部规则和逻辑可以根据需要改变而不会相互影响。因此基于流模型可以在不影响整体流程的情况下通过合理设计业务流程编排方案极大地优化体系任务的执行效率。

流模型的实际执行方式有四种。

（1）顺序执行。两个任务按顺序执行，当前一个任务执行结束后，再执行下一个任务。

（2）并行执行。两个任务可以同时执行或者按任意顺序执行。

（3）选择执行。当前任务结束后，根据条件，选择后续任务中的一个执行。

（4）循环执行。一个任务或多个任务执行多次。

10.3　流程编排的优化

流程编制和流程编排是为了能够将分布在体系各个成员功能服务实体的活动有效组织起来，形成能够完成多样化任务的过程模型。在进行流程编制和编排过程中，由于体系资源、任务完成时间要求、任务实施策略和作战活动顺序要求等条件限制，需要对流程进行优化，以便达到作战效能的最大化。流程编排的优化分为静态优化和动态优化，其中，静态优化在流程编制和编排形成方案阶段进行，动态优化在体系流程执行阶段根据体系资源、活动和状态的变化在线进行。

10.3.1　静态优化

静态优化是在流程过程中，要求根据体系资源限制、任务执行时间、活动流程时序和完成效果等复杂条件限制下，制订优化流程编排方案。流程编排静态优化的目的是能够在有限的资源内，尽可能快速高效地完成复杂的作战任务，体系流程的优化策略主要包括：

（1）资源合理分配：要充分合理利用体系中各种资源，并且要考虑任务实施过程中资源的加入/退出情况。

（2）尽可能并行执行：在任务的流程之间不存在冲突，同时资源足够的情况下，尽可能通过流程并行执行提高任务完成效率。

（3）适当优化时序：通过适当调整活动的时序（通过活动流程合并和结构变换）提高效率。

（4）结构优化：尽可能全面考虑流程执行过程中顺序、选择、并行和循环结构的原则性和整体性，以及结构调整的灵活性，同时控制流程结构复杂性和易变性。

流程编排优化的约束条件主要包括：

（1）资源约束：任意时刻资源（平台、系统和武器等）的支配和使用不可超过当时该资源的最大可用数量。

（2）时间约束：将特定资源分配给某个任务流程的时间长度不可超过规定的分配与可使用的时间窗口。

（3）策略约束：防止任务之间因为资源数量和使用时间的分配不确定性和意外产生冲突。

（4）有效性约束：总的资源和时间耗费应在要求的范围内，不安排无用或者不能实施的任务。

（5）充分性约束：必须合理地安排任务，不能遗漏或错误编排流程，以保证关键任务得到充分保障。

（6）复杂性约束：流程编排后的实施应便于组织，作战实施过程的复杂性可控。

流程编排优化方案包含多个优化目标，是一个复杂高维的多目标多约束优化问题。从体系特征和执行任务需求出发确定优化的决策变量、目标函数和约束方程，考虑执行流程、可用资源及任务之间交互关联，其优化过程的主要步骤包括：

首先确定流程编排方案的优化目标和约束条件。多目标优化问题可以用如下的数学模型表示：

（1）决策变量：一个 m 维向量 $\boldsymbol{x}$。

（2）目标函数：

$$\max/\min f_1(\boldsymbol{x})$$
$$\max/\min f_2(\boldsymbol{x})$$
$$\vdots$$
$$\max/\min f_k(\boldsymbol{x})$$

（3）约束方程：

$$\boldsymbol{x} \in S$$
$$g_j(\boldsymbol{x}) = 0, \ j = 1, 2, \cdots, p$$
$$h_j(\boldsymbol{x}) \geqslant 0, \ j = 1, 2, \cdots, q$$

式中，$m>0$ 是决策变量数目；$k>1$ 是优化的目标函数的个数；S 是系统决策变量 $\boldsymbol{x}$ 的可行域；p 和 q 分别代表关于 $\boldsymbol{x}$ 的两类约束条件的个数。max/

min 代表目标函数优化的方向。

在流程编排的多目标优化模型中，决策变量 $x = (x_1, x_2, \cdots, x_m)$ 包括可用资源配置、流程活动时序、活动之间的交互方式、数据信息交互效率等。目标函数 $f_1, f_2, \cdots, f_k$ 主要有作战效能、任务完成效率、资源消耗率、功能运用均衡性、流程执行时间等。这些目标之间并不完全独立，它们两两之间相互有一定的关联关系。例如，任务完成效率对资源消耗率有负相关，同时又和作战效能有正相关。不同目标的优化方向不尽相同，如作战效能和任务完成效率的优化方向是最大化，而流程执行时间和资源消耗率是最小化。

流程编排优化的高维多目标多约束优化问题，可以采用多种优化算法进行求解，关于具体的求解方法，在本套丛书的《复杂高维多目标优化方法》分册中有详细的论述。

10.3.2 动态优化

动态优化是在任务执行过程中对流程进行的动态优化，目的是根据体系任务改变、当前体系状态和可用资源情况等，动态调整业务流程，以便更好地应对战场的变化，获得更好的任务执行效果。动态优化主要包括相同资源调用分流、循环结构分流和并行结构合并三个方面。

1. 相同资源调用分流

当体系任务流程中的不同并行分支需要调用同一类资源或功能服务时，由于在体系中存在多个（多种）相同的硬件资源（如平台或武器），或者该功能服务（软件资源）可以复制多个副本同时运行，故需要进行多次调用过程分流，使得任务执行过程中的并行流程可以并发调用同一资源或功能服务，以此缩短流程执行时间，提高任务完成效率。

图 10.7 显示了一个任务流程调用过程中，相同功能服务（软件资源）调用分流的情况。在体系中，对于一个功能服务的调用是在服务方创建一个服务引用并绑定到对应功能服务副本之后执行的，即每一个服务引用对象都对应调用一个功能服务副本。在图 10.7 所示的任务执行流程中，两个分支流程需同时调用服务 2，根据相同服务调用分流的原则，将这两次调用分配给两个功能服务引用对象执行。

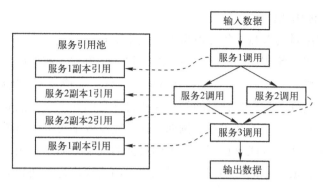

图 10.7　相同资源调用分流

2. 循环结构分流

在体系的任务流程中可能存在许多循环结构，这些循环结构可分为两种：依赖循环和非依赖循环。依赖循环指的是前次循环结果对于下次循环结果存在一定影响的循环体结构；非依赖循环指的是每次循环过程可独立执行的循环体结构。循环结构分流主要针对非依赖循环，即将非依赖循环拆分成多个循环结构交由并行分流程来处理，使得循环过程可并发执行，以此缩短功能服务调用时延，提高任务执行效率。

图 10.8 显示了任务执行过程中循环结构的分流情况。在优化前的任务执行过程中存在一个非依赖循环，如果在体系中存在可以并发执行的流程软硬件资源可以使用，根据循环结构分流的原则，将该循环拆分成三个

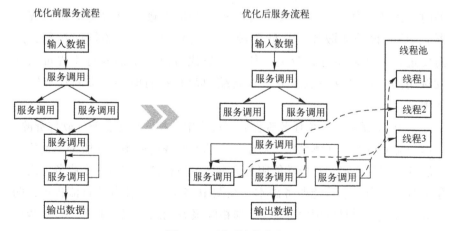

图 10.8　循环结构分流

部分，分别交由这三个可并发执行分流程（线程）来处理。

3. 并行结构合并

在体系的任务执行过程中，由于各并行流程分支的运行时延不尽相同，可将执行时间较短的流程分支进行合并，保证各流程分支之间的执行时间均等，减少流程切换的开销。在体系中，由于在循环结构分流的过程中可能改变并行分支流程的数量和执行时长，因此需要体系运行过程中完成优化。

图 10.9 显示了任务执行过程中并行结构的合并情况。在优化前的体系任务执行过程中存在三个并行的分支流程，第一个分支流程的执行时间要大于第二个分支流程和第三个分支流程的时间总和，根据并行结构合并的原则，将第二个分支流程与第三个分支流程合并起来顺序执行。

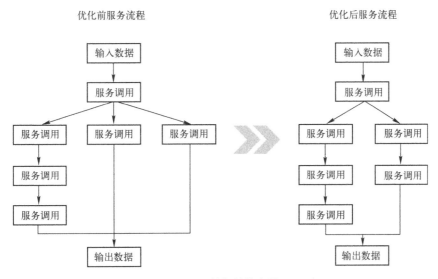

图 10.9　并行结构合并

10.4　过程集成实施方案设计

体系的过程集成是建立在信息集成和功能集成的基础上，在第 8 章中，设计了服务化功能集成框架和原型系统方案。因此，需要服务化功能集成框架基础上，进行体系过程集成实施方案的设计，如图10.10所示。在服务化功能集成框架的服务容器上增加了业务流程执行引擎和动态优化模块，同时在原有服务监控机制上增加了业务流程监控模块，分别部署在服务容器和服务注册中心。业务流程执行引擎不仅要根据流程编制及编排方案，调度和驱动体系任务的执行，同时要负责调度业务流程监控模块和动态优化模块，通过与服务注册中心业务流程监控模块通信，实现从全局上监控体系流程的运行情况，并根据体系流程的运行情况和体系任务执行情况调用动态优化模块，实施对体系流程的优化。业务流程执行引擎运行过程如图10.11所示。

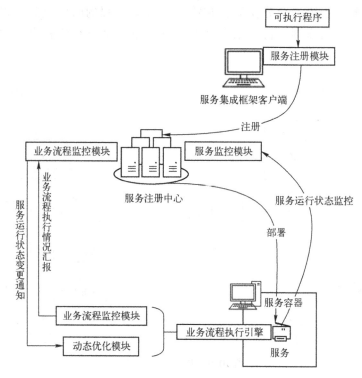

图 10.10 体系过程集成实施流程

业务流程执行引擎运行可分为三个阶段。

（1）初始化：建立与服务注册中心的连接，进行初次动态优化。

（2）服务运行：在执行业务流程的过程中监控相关服务执行状态。

（3）业务流程动态调整：当调用服务失败时进行业务流程调整，切换

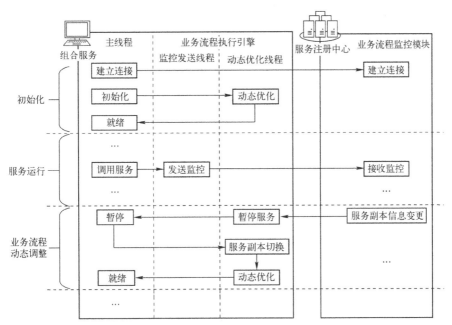

图 10.11　业务流程执行引擎运行过程

服务副本并再次执行动态优化。

业务流程监控需要对流程执行状态进行全局监控。流程运行状态监控主要包括两个部分。

（1）服务存活情况监控：该部分主要表明当前服务实体的存活情况，运行中的服务实体以心跳报文的形式维持与服务注册中心的连接，当服务注册中心在规定的时限内未接收到心跳报文即认为该服务已不能提供正常服务。

（2）服务负载情况监控：该部分主要包括当前服务所在硬件上的 CPU 使用率、内存使用率、网络连通和 I/O 情况等，以及单位时间内的服务被调用的次数。这些信息主要用于监测服务是否正常运行以及作为硬件负载均衡的依据。

在体系流程运行的过程中，根据服务编排方案，服务实体之间需求相互调用，并且进行信息交互，因而服务调用之间的运行情况直接影响到服务 QoS。为了能实时监控流程的运行情况，及时了解发生异常的流程环节并给予应急处理措施，引入如下监控机制。

（1）业务流程监控通过流程运行状态监控来判断当前的服务是否可用。

（2）流程执行过程中，在调用相关服务实体前后需分别向服务注册中心反馈调用时间、服务标识及调用标签信息，服务注册中心接收到这些信息后进行汇总。

（3）当流程调用某个服务的失败次数超过上限时，服务注册中心根据系统中服务实体的运行状态向流程推送其他可用的服务副本。

具体的业务流程监控过程例子如图 10.12 所示。

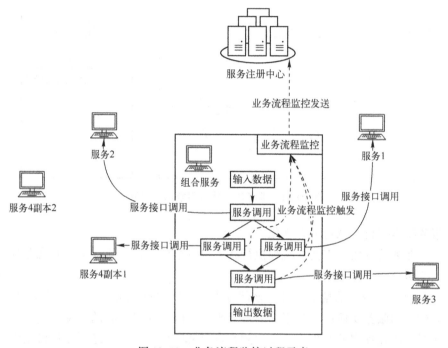

图 10.12　业务流程监控过程示意

图 10.12 显示了一个服务集成框架运行时的流程状态监控案例，其中服务 1、服务 2、服务 3、服务 4 副本 1 与服务 4 副本 2 为当前系统中正在运行的服务实体，服务实体在运行过程中与服务注册中心通过心跳报文保持连接，服务定时向服务注册中心发送该服务副本当前的负载情况。

10.5　本章小结

体系过程集成将体系的功能、行为、活动等采用统一的组织方式快速构建成为适用不同任务需求的流程模式，提供一个灵活在线定制和运行的工作流程,并支持体系流程的在线重构与优化,以便完成各种各样的任务。基于在体系中各个成员节点的高度自治性、连接的动态性与开放性等特征,将分布式的武器、平台、系统和设备等以服务形式,通过编制和编排技术依据业务需求将体系中分散在各个节点功能、操作和活动等集成整合形成有机的流程模式,在流程执行引擎的支撑下实现面向多种任务的各类应用集成。本章首先论述了体系过程集成的基本情况,建立了一种基于流模型的流程编排过程;其次针对过程集成过程中需要对流程进行重构与优化的要求,阐述了流程编排的静态优化策略,分析了动态优化的相同资源调用分流、循环结构分流和并行结构合并三个方面;最后基于体系功能服务化功能集成框架,设计了一种过程集成实施方案,从而为体系过程集成提供了技术支持。

参考文献

[1] 柴晓路 . Web 服务架构与开放互操作技术 . 北京:清华大学出版社,2002:5-270.

[2] 姚世军 . 基于 Agent 的面向服务选择的 Web Service 架构研究 . 计算机技术与发展,2006,16(9):59-61.

[3] Org U . Universal Description, Discovery and Integration, UDDI Technical White Paper. pro php xml & web services, 2006(June):751-780.

[4] Chinnici R , Microsystems S. Web Services Description Language (WSDL) Version 1. 2//Encyclopedia of Social Network Analysis and Mining. New York:Springer, 2003.

[5] Peltz C . Web services orchestration and choreography. Computer, 2003, 36(10):46-52.

[6] Zhang W , Chang C K , Feng T , et al. QoS-Based Dynamic Web Service Composition with Ant Colony Optimization//Proceedings of the 34th Annual IEEE International Computer Software and Applications Conference, COMPSAC 2010, Seoul, Korea, 19－23 July 2010. IEEE, 2010.

[7] WSDL 规范 . http://www. w3. org/TR/wsdl/.

[8] SOAP 规范 . http://www. w3. org/TR/soap/.

[9] UDDI 规范 . http://www. uddl. org/.

［10］ Foster I, Kesselman C. The Grid：Blueprint for a new computing infra-structure. San Francisco：Morgan Kaufmann Publisher, 1999.

［11］ Alves A, Arkin A, Askary S, et al. Web services business process execution language, version 2.0, 2007. http://docs. oasis − open. org/wsbpel/2. 0/OS/wsbpel−v2. 0−OS. html.

［12］ Web services choreography description language, version 1.0, 2005. http：//www. w3. org/TR/ws−cdl−10/.

第 11 章

体系过程集成效应分析

　　过程集成将独立的平台、系统的各个功能、活动和行为过程集成起来，通过活动之间的协调，消除体系执行任务过程中的各种冗余和非增值的活动，以及由人为因素或资源问题等造成的影响任务实施过程效率的一切障碍，使体系运行流程达到最优、体系整体性能/效能达到最大。过程集成使各个平台、系统应用逻辑与体系任务实施过程逻辑能够有机融合，只需修改任务实施流程模型和方案就可以使体系适应不同的作战任务，从而提高体系的柔性和敏捷性。为了能够对体系集成效应进行分析，建立了过程集成效应指标体系，阐述了各个指标的度量方法。

11.1　过程集成效应评价指标

　　过程集成是在资源集成、数据信息集成和功能集成的基础上，将独立的平台、系统的各个功能、活动和行为过程集成起来，使体系运行流程达到最优、体系整体性能/效能达到最大。评价体系过程集成效果的核心指标是流程反应时间，同时也体现在平台、系统实时调度能力、流程重构时间、流程反应时间、过程冗余度、过程资源冲突率、体系协同性等方面，体系过程集成效应评价指标体系如图 11.1 所示。

11.2　体系流程反应时间

　　体系集成要求根据具体的任务，选择相关的分系统组成有机整体，动态构建体系流程。因此动态构建的体系流程的反应时间性能，成为影响体系任务完成的一个重要因素。首先，本章提出了基于时间 Petri 网的体系

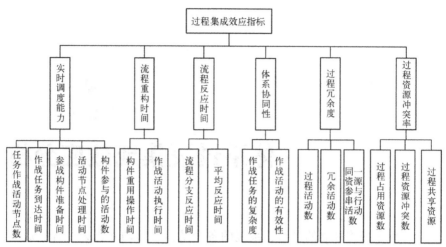

图 11.1　过程集成效应指标

流程反应时间计算模型，在时间 Petri 网（Time Petri Net，TPN）的基础上，建立体系流程模型，提出计算流程分支路径的最短反应时间和最长反应时间的方法，再将体系流程模型转换为同构的马尔可夫链，通过流程分支的转移概率来计算体系流程的平均反应时间。通过上述工作，能够从反应时间方面对体系流程的性能进行精确计算，为体系整体性能和效能分析与评估提供支持。

体系流程是指在不同任务实施过程中各种活动执行的时序、逻辑关系，以及形成的各个资源（包括软硬件分系统和人员）调用流程（数据流程和控制流程）。体系流程建模的目的是能够使相应任务以最高的效率完成，体系流程性能很大程度决定了任务实施效率，需要度量体系流程的性能。衡量体系流程性能的一个重要指标是流程反应时间，反应时间越短说明体系任务执行得越顺利。

11.2.1　基于时间 Petri 网的流程分支反应时间

体系流程的反应时间需要采用最长反应时间、最短反应时间及其平均反应时间来度量。由于在体系任务实施过程中，针对不同状态、不同时段可能会执行不同的流程。最长反应时间是指体系流程从开始实施到结束可能经历的最长时间。平均反应时间是体系执行全部流程的平均时间。

对于不同任务，体系流程不仅定义了哪些活动需要被执行，还要决定一系列活动执行次序、活动持续时间或活动开始/结束时间等严格条件。

Petri 网具有强大的系统静态模型描述和动态行为分析能力。在 Petri 网中，有一个过程"起点"和"终点"。用库所表示条件，用变迁表示活动。活动执行关系可以用 4 种基本结构来表示，即顺序、选择、并行、循环，这种关系通过在两个活动之间添加一个库所进行连接。时间 Petri 网在经典 Petri 网的基础上，为每个变迁关联一个实施的时间间隔，能够有效描述异步并发的流程，非常适合分析体系各个分系统之间活动流程及其时间约束。基于时间 Petri 网构建体系流程模型（SoS Flow Model，SFM），面向体系中分系统形式上松散耦合、活动执行紧密协同等特性，能够高效分析计算流程所消耗的最大时间和最小时间。

在体系任务实施过程中，信息扮演非常重要的角色，如外部目标指示信息，只有该信息得到满足，流程才能继续执行。因此在建模过程中需要引入数据概念，解决 Petri 网无数据问题，同时能够支持数据流和控制流分离。由此可以定义体系流程模型（SFM），其泛化片段如图 11.2 所示。

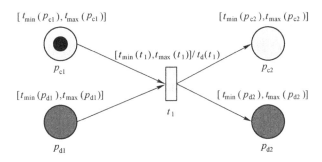

图 11.2　SFM 泛化片段

体系流程模型是一个八元组 $SFM = (P_c, P_d, T, F_c, F_d, C, D, M)$，其中：

$P_c = \{p_{c1}, p_{c2}, \cdots, p_{cm}\}$ 为非空有限控制库所集；

$P_d = \{p_{d1}, p_{d2}, \cdots, p_{dm}\}$ 为非空有限数据库所集；

$F_c \subseteq P_c \times T \cup T \times P_c$ 是有限控制弧集；

$F_d \subseteq P_d \times T \cup T \times P_d$ 是有限数据弧集；

C 为关联库所和变迁的实数对 $[t_{min}, t_{max}]$ 的集合；

D 为变迁的执行延迟 $t_d(t)$ 的集合；

M 为用来描述系统状态的 m 维向量集合（标识），其中分量 $M(p)$ 表示库所 p 中的托肯（token）数，一般用 M_0 表示初始标识。

在 SFM 中控制流始终控制体系流程的运行，而数据流为控制流的运行提供必要的数据支持，因此假设 SFM 模型只存在控制托肯。在 SFM 中，从控制流的角度上看，$[t_{\min}(p_{c1}),t_{\max}(p_{c1})]$ 和 $[t_{\min}(p_{c2}),t_{\max}(p_{c2})]$ 分别是库所 p_{c1} 和 p_{c2} 上的局部时间约束，表示控制库所支持后续变迁发生的使能区间。例如，库所 p_{c1} 在 T_0 时刻获得一个托肯则在区间 $[T_0+t_{\min}(p_{c1}),T_0+t_{\max}(p_{c1})]$ 内，t_1 在控制流上是使能的。

体系的分系统之间的连接是松散的，数据的使用并不一定能够及时获得，因此，在数据的使用过程中，数据到达和离开数据库所的时间需要明确限定，要求在 SFM 中显式地体现。$[t_{\min}(p_{d1}),t_{\max}(p_{d1})]$ 和 $[t_{\min}(p_{d2}),t_{\max}(p_{d2})]$ 分别是数据库所 p_{d1} 和 p_{d2} 上的局部时间约束，表示数据库所支持后续变迁发生的使能区间（控制库所支持变迁使能的基础上）。

变迁执行活动的主体，活动要求具有执行时间段和执行延迟的要求。$[t_{\min}(t_1),t_{\max}(t_1)]/t_d(t_1)$ 是变迁 t_1 上的局部时间约束，其中，前者表示变迁 t_1 的可触发区间；后者表示变迁 t_1 的执行延迟时间。假设变迁 t_1 在 T_1 时刻使能，由于变迁的局部时间约束，使得变迁 t_1 只能在区间 $[T_1+t_{\min}(t_1),T_1+t_{\max}(t_1)]$ 内触发。

用 $I_p(t)/O_p(t)$ 表示变迁 t 的输入/输出库所集合；$I_t(p)/O_t(p)$ 表示库所 p 的输入/输出变迁集合；$\delta=(M_0t_1M_1\cdots t_iM_i\cdots t_nM_n)$ 表示体系流程从状态 M_0 到达状态 M_n；$\delta_k(M_n)$ 表示从 M_0 到 M_n 的第 k 条路径上的除第 1 个变迁之外的所有库所和变迁的序列，n 为这个序列中最后一个变迁的序号；$t_{EE}(t)/t_{LE}(t)$ 表示变迁 t 的最早/最迟使能时间；$t_{EF}(t)/t_{LF}(t)$ 表示变迁 t 的最早/最迟可触发时间；$t_{EB}(t)/t_{FE}(t)$ 表示变迁 t 的触发的开始/结束时间；则有

$$[t_{EB}(t),t_{FE}(t)]\subseteq[t_{EF}(t),t_{LF}(t)]\subseteq[t_{EE}(t),t_{LE}(t)]$$
$$t_{FE}(t)-t_{EB}(t)=t_d(t)$$

在建立 SFM 后，可以计算体系流程反应时间，首先分别计算每条路径的反应时间，然后综合计算整个流程的平均反应时间。如某体系 SFM 如图 11.3 所示。

每一个状态 M_j 代表体系流程所处的状态，每一个变迁 t_j 代表流程活动。由于体系 SFM 中，库所和变迁都有时间约束，因此可以计算该路径的最短和最长反应时间，具体如下。

$$\mathrm{Min}(T_f)=\sum_{i=0}^{n-1}\{\max(t_{\min}(p_{ci}),t_{\min}(p_{di})+[t_{\min}(t_i)+t_d(t_i)]\}+T_0$$
$$\mathrm{Max}(T_f)=\sum_{i=0}^{n-1}\{\min(t_{\max}(p_{ci}),t_{\max}(p_{di})+[t_{\max}(t_i)+t_d(t_i)]\}+T_0$$

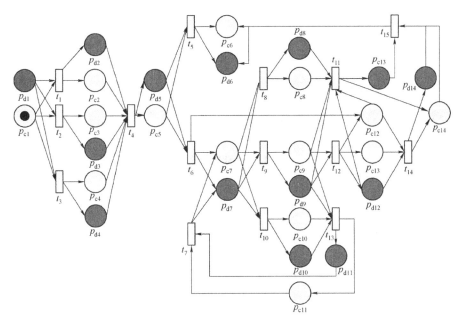

图 11.3　某体系 SFM

由于在体系任务实施过程中，根据状态变化会在不同时间段内执行不同任务，导致流程的路径发生切换。需要综合流程中分支路径转移概率情况来计算体系流程的平均反应时间。

11.2.2　基于马尔可夫链的流程平均反应时间

由于在流程执行过程中，随时可能因为状态的变化导致流程的切换，因此可以将 SFM 转换为同构的马尔可夫链，通过流程的转移概率来分析体系流程的平均反应时间。如图 11.4 所示的 SFM，其同构马尔可夫链如图 11.5 所示。

根据同构的马尔可夫链，构建状态转移矩阵 Q，当状态从 M_i 到状态 M_j 有一条弧相连时，表示从状态 M_i 可以转移到状态 M_j，则 Q 上元素 $\lambda_{i,j}$ 表示从状态 M_i 转移到 M_j 的概率。当从状态 M_i 到状态 M_j 没有一条弧相连时，Q 中相应元素 $\lambda_{i,j}$ 等于 0。状态转移矩阵 Q 对角线上元素等于 1，表示状态内部转移概率总是为 1。则 SFM 同构马尔可夫链状态转移矩阵如下。

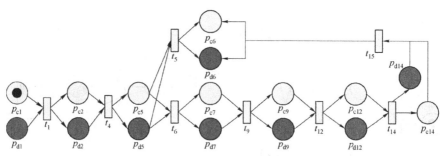

图 11.4　SFM 示例

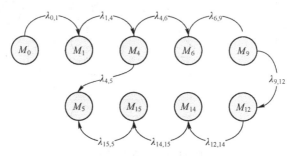

图 11.5　SFM 示例的同构马尔可夫链

$$Q = \begin{bmatrix} 1 & \lambda_{0,1} & \lambda_{0,2} & \cdots & \lambda_{0,n-1} \\ \lambda_{1,0} & 1 & \lambda_{1,2} & \cdots & \lambda_{1,n-1} \\ \vdots & \vdots & \ddots & \vdots & \vdots \\ \lambda_{n-2,0} & \lambda_{n-2,1} & \cdots & 1 & \lambda_{n-2,n-1} \\ \lambda_{n-1,0} & \lambda_{n-1,1} & \cdots & \cdots & 1 \end{bmatrix}$$

　　体系流程的平均反应时间就是从 M_0 出发，通过所有可能分支并到达最终状态 M_e 的平均时间。在此过程中从上一个状态转移到当前状态 M_i 平均最短反应时间和平均最长反应时间为

$$\mathrm{AveMin}(M_i) = (\max(t_{\min}(p_{ci}), t_{\min}(p_{di}) + [t_{\min}(t_i) + t_d(t_i)]) \times \lambda_{i-1,i}$$

$$\mathrm{AveMax}(M_i) = (\min(t_{\max}(p_{ci}), t_{\max}(p_{di}) + [t_{\max}(t_i) + t_d(t_i)]) \times \lambda_{i-1,i}$$

则体系流程的平均最短反应时间和平均最长反应时间分别为

$$\mathrm{AveMin}(T_f) = \frac{\sum_{i=1}^{n} \mathrm{AveMin}(M_i)}{n}$$

$$\text{AveMax}(T_{\mathrm{f}}) = \frac{\sum\limits_{i=1}^{n} \text{AveMax}(M_i)}{n}$$

11.3　体系过程集成能力效应分析

1. 平台/系统的实时调度能力

平台/系统的实时调度能力指的是新建成或重组后的体系开始运行后达到规划或设计规定状态的过渡时间。由于武器装备体系因为作战任务的变化需要重组，平台/系统的实时调度能力是衡量体系的一个重要性能指标。对于具体的作战任务场景，平台/系统的实时调度能力主要包括：平台/系统进入体系的调度时间，即何时进入体系；作战任务流程的选择，即根据作战任务需求，各种平台/系统所应参与作战任务的次序；参与各个作战活动操作的次序。影响平台/系统实时调度能力的主要因素包括作战任务下达时间、各参与平台/系统准备时间、各活动节点处理时间、信息传输时间、平台/系统参与的活动数、参与调度的平台/系统数、作战任务的参与活动节点数等。

2. 体系流程重构时间

重用时间 t_1：平台/系统需经过不同重用方式（完全重用、重配置和修改重用）才能用于满足作战任务的需要，重用时间即指 C_e 中所有平台/系统进行重用操作所需的时间，即

$$t_1 = \sum_{i=1}^{m} t_{1i}$$

作战流程重构执行时间 t_2：C_e 中所有平台/系统从开始使用到投入使用到体系作战流程运行需进行的平台/系统配置和部署等时间，即

$$t_2 = \sum_{i=1}^{m} t_{2i}$$

3. 体系协同性

体系协同性是指不同平台/系统之间协调合作实现作战任务的实时性、有效性，完成一个目标所需的协同度，取决于作战任务本身的复杂程度和

完成作战任务所需的活动本身的相互关系。而体系协同度的大小决定了体系效能。

4. 业务过程冗余度

记 $P=\{P_T,R\}$ 为作战任务中业务过程，其中 $P_T=\{p_1,p_2,\cdots,p_n\}$ 表示过程中所有子业务过程的集合，$R=\{<p_i,p_j>\}$，$i=1,2,\cdots,n-1$；$j=i+1,i+2,\cdots,n$ 表示子业务过程之间的各种关系，用 $P_r=\{p_{r1},p_{r2},\cdots,p_{rm}\}$ 表示活动过程集合，若 $P_i\cap P_j\neq\varnothing$，则称业务过程具有冗余。在整个体系业务过程中，过程冗余的比例称为过程冗余度。

5. 过程资源冲突率

武器装备体系作战任务中，不同的作战任务共同占用的资源是共享的，这类资源一般不产生冲突，而有些资源是不能共享的，这类资源在使用过程中可能产生冲突，影响作战过程的顺利运行，甚至在作战过程实施中产生死锁。

用 $P_{ri}(t_{0i},t_{1i})$ 表示第 i 个过程 P_i 占用的资源，t_{0i},t_{1i} 表示占用资源的起止时间。如果

$$P_{ri}(t_{0i},t_{1i})\cap P_{rj}(t_{0j},t_{1j})\neq\varnothing,\ i=1,2,\cdots,n;\ j=i+1,\cdots,n$$

则作战实施过程中存在资源冲突。整个过程中具有资源冲突的过程比例称为过程资源冲突率。

11.4 本章小结

体系过程集成将体系的功能、行为、活动等采用统一的组织方式快速构建成为适用不同任务需求的流程模式，使体系运行流程达到最优，体系整体性能/效能达到最大，以便完成各种各样的任务。因此过程集成效应直接影响到体系任务的完成效率，进而确定体系的作战效能。本章首先根据体系过程集成的特点，建立了由流程反应时间、平台/系统的实时调度能力、体系流程重构时间、体系协同性、业务过程冗余度和过程资源冲突率等指标组成的过程集成评价指标体系，重点分析了流程反应时间的度量计算方法，并对其他指标的组成和度量方法进行了论述。

参考文献

［1］ Keating C，et al. Systems of Systems Engineering. Engineering Management Journal，2003，15（2）：32-41.

［2］ Pelz，Elisabeth. Full Axiomatisation of Timed Processes of Interval-Timed Petri Nets. Fundamenta Informaticae，2018，157（4）：427-442.

［3］ Huang Yi sheng，Weng Y，et al. Design of Regulatory Traffic Light Control Systems with Synchronized Timed Petri Nets. Asian Journal of Control，2018，20（5）.

［4］ Guan Ji，Feng Y，Ying M. Decomposition of quantum Markov chains and its applications. Journal of Computer & System Sciences，2018.

［5］ Poznanović，Svetlana，Stasikelis K. Properties of the promotion Markov chain on linear extensions. Journal of Algebraic Combinatorics，2017（4）：1-24.

第 12 章

智能装备体系集成的挑战

当前人工智能正加速在军事领域应用，这必将对信息化战争形态产生冲击甚至形成颠覆性的影响，人工智能的快速发展使得新的战争形态——"智能化战争"指日可待。人工智能是世界上当前发展最为迅猛的技术，先进国家都纷纷将人工智能技术上升为国家战略。2017 年 7 月，国务院印发《新一代人工智能发展规划》，这是中国首个面向 2030 的人工智能发展规划。人工智能加速应用于武器装备，催生了新的武器装备类型的诞生，其概念内涵、本质特征、内在规律和作战使用等也出现了全新特征。从目前技术发展情况上看，在今后一段时间内智能化武器装备主要有两类，分别为无人智能武器装备和智能增强武器装备。智能化武器装备的集成，主要分为两种形式，一种形式是将智能化武器装备集成到当前的武器装备体系中，形成有人和无人相融合的装备体系（简称有人无人智能装备体系）；另一种形式是将智能化武器装备集成为准无人或全无人武器装备体系（称为无人自主智能装备体系），在战场上实施自主作战。由于智能武器装备的全新特性，在进行体系集成过程中，还面临诸多的挑战。

12.1 人工智能及智能化武器装备

12.1.1 人工智能

1956 年，在美国举办的达特茅斯会议上，数十位专家花费两个月，共同深入讨论研究了与人工智能相关的问题，人工智能的概念也正是起源于这次会议。在这次会议上，麻省理工学院的约翰·麦卡锡提出：人工智能就是要让机器的行为看起来就像是人所表现出的智能行为一样。目前人工智能的定义大概可以划分为四类，即机器"像人一样思考""像人一样行动""理性地思考"和"理性地行动"。这里"行动"应广义地理解为采取行动，或制定行动的决策，而不是肢体动作。从广义上说，按照智能程度，人工智能可以分为三类。

（1）弱人工智能（Weak AI），也称为狭隘人工智能（Narrow AI）或应用人工智能（Applied AI），指的是只能完成某一项特定任务或解决某一特定问题的人工智能。苹果公司的 Siri 就是一个典型的弱人工智能，它只能执行有限的预设功能，不具备智力或自我意识，它只是一个相对复杂的弱人工智能体。

（2）强人工智能（Strong AI），属于人类级别的人工智能，又称为通用人工智能（Artificial General Intelligence）或全人工智能（Full AI），指的是可以像人一样胜任任何智力性任务的智能机器，在各个方面都能比肩人类。强人工智能观点认为有可能制造出真正能推理和解决问题的智能机器，并且，这样的机器被认为是有知觉、有自我意识的。强人工智能可以有两种：类人的人工智能，即机器的思考和推理就像人的思维一样。非类人的人工智能，即机器产生了和人完全不一样的知觉和意识，使用和人完全不一样的推理方式。

（3）超人工智能（Artificial Super Intelligence，ASI），牛津哲学家、知名人工智能思想家 Nick Bostrom 把超级智能定义为"在几乎所有领域都比最聪明的人类大脑聪明得很多，包括科学创新、通识和社交技能"。超人工智能计算和思维能力已经远远超过人脑。此时人工智能已经不是人类可以理解和想象。人工智能将打破人脑受到的维度限制，其所观察和思考的内容，人脑已经无法理解，人工智能将带来一个新的社会。

从 1956 年至今，人工智能技术发展呈现出螺旋式上升的状态，但是从人工智能的定义及应用上看，目前人工技术仍处于弱人工智能水平。至今人工智能发展经历了三个较为明显的阶段。

1. 以推理系统为代表的第一发展阶段

第一发展阶段是 1956 年至 1976 年。在这一阶段，人们认为如果机器能像人一样推理，那就是智能的。这一阶段的标志性事件是出现了能够自动证明数学定理的推理系统，如果给这个推理系统输入知识（一些数学公理），就可以自动输出结果（推导出的数学定理）。这种推理系统的知识非常有限，能解决的问题也非常有限，在面对更加复杂的实际问题时，局限性暴露无遗。

2. 以专家系统为代表的第二发展阶段

第二发展阶段是 1977 年至 2006 年。在这一阶段，人们致力于向计算机中输入更多知识，使其能够解决更复杂的实际问题。人工智能系统开始走向专业化。这一阶段的标志性事件是出现了不同领域的专家系统。专家系统被输入了某个领域的大量专业知识，能够真正解决一些实际问题，因此在这一阶段人工智能发展迎来一次高潮，各行业的专家系统不断出现。但是，随着知识量的飞速增加，将海量数据总结为知识并输入专家系统的难度越来越大。同时专家系统中的知识库出现冲突和矛盾的概率也大幅度提升，可用性下降。总体来看，海量知识的获取是第二发展阶段后期人工智能技术的最大瓶颈。

3. 以深度学习为代表的第三发展阶段

第三发展阶段是 2007 年至今。在这一阶段，得益于硬件和算法的进步，人工智能系统自己获取和学习知识的能力大幅提升。这一阶段的标志性事件是出现了基于互联网大数据的深度学习算法。利用深度学习算法，计算机视觉、语音识别、自然语言处理等技术得到了突破性进展，进而出现了能够自动发现知识、利用知识进行自我训练学习并建立自身决策流程的人工智能系统，并且在很多领域已经有了典型应用，使得人工智能发展迎来新浪潮。目前，我们仍处于这次发展浪潮的早期，未来很长一段时间，人工智能技术将实现更大范围的应用。

从历史上看，人工智能大概分为三大门派：一是以模仿大脑皮层神经网络及神经网络间连接机制与学习方法的联结主义（Connectionism），突出表现为深度学习方法，即用多隐层的结构处理各种大数据；二是以模仿人或生物个体、群体控制行为功能及感知–动作型控制系统的行为主义（Actionism），典型表现为具有奖惩控制机制的强化学习方法，即通过行为增强或减弱的反馈来实现输出规划的表征；三是符号主义（Symbolism），是一种基于逻辑推理的智能模拟方法，又称为逻辑主义（Logicism）、心理学派（Psychlogism）或计算机学派（Computerism），其原理主要为物理符号系统假设和有限合理性原理，主要表现为知识图谱应用体系，即用模拟大脑的逻辑结构来加工处理各种信息和知识。正是由于这三种人工智能派别的取长补短，再结合蒙特卡罗算法或拉斯维加斯算法（两种随机算法中的一种。如果问题要求在有限采样内，必须给出一个解，但不要求最优解，就用蒙特卡罗算法；反之，如果问题要求必须给出最优解，但对采样没有限制，就要用拉斯维加斯算法）使得特定领域的人工智能系统超过人类的智能成为可能，如 IBM 的 Waston 问答系统和 Google Deepmind 的 AlphaGo 围棋系统等。

从人工智能的发展历程和人工智能的学术门派来看，人工智能的核心是智能算法。这也决定了智能化战争的核心是智能算法，也就是现在说的算法战争。目前智能算法包含的种类很多，归结起来可以分为三方面：第一方面是支持个体形成集群的编队或队形控制算法，以及应对复杂场景的优化算法；第二方面是复杂战场环境下实时作战自主决策或辅助决策的智能决策算法；第三方面是支持目标智能检测与识别的智能算法。如图 12.1 所示，这些算法与硬件相结合形成可实战化应用的智能装备。

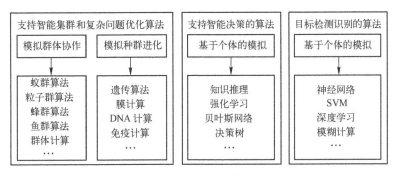

图 12.1　主要的智能算法类型

模拟生物群体的算法主要有蚁群算法（Ant Colony Optimization，ACO）、蜂群算法（Artifical Bee Colony，ABC）、粒子群算法（Particle Swarm Optimazation，PSO），以及鱼群算法和狼群算法等。群体正是通过简单智能个体的合作，表现出复杂有机行为的特性，实现群体可以超越最优秀个体能力的突破。

在生物群体中，许多个体层面上行为模式简单的生物个体，在形成群体之后却体现出复杂而有序的种群自发行为。例如，鸟群在空中飞行时自动地调整队形；蚁群能够分享信息、协同工作，优化得到实物源的最短路径；鱼群聚集最密集的地方通常是水中食物集中的地方。在仿生学的基础上，学者们对此类现象概述为：不存在中央控制机制的条件下，群体中所有个体都遵循某种特定的行为模式，通过个体之间的相互影响和相互作用，在群体整体层面涌现出来的复杂系统行为。集群行为鲁棒性强，并行性好，实现相对简单，无需中央控制机制。在生物群体协作的有机模拟形成的群体智能中，个体必须能够在环境中表现出自主性、反应性、学习性和自适应性等特征。生物群体协作的核心是由众多简单个体组成的群体能够通过相互之间的简单合作来实现某一功能，或者完成某一任务。

模拟种群进化类中最具代表性的是遗传算法。生物群体的生存过程普遍遵循达尔文的物竞天择、适者生存的进化准则。种群中的个体根据对环境的适应能力而被大自然选择或淘汰。遗传算法是模仿生物遗传学和自然选择机理，通过人工方式构造的一类优化搜索算法。遗传算法与传统数学模型截然不同，它为那些难以找到传统数学模型的难题找到一种解决方法。遗传算法是一类以达尔文自然进化论和 Mendel 遗传变异理论为基础的求解复杂全局最优化问题的仿生型算法。遗传算法的具体流程可简述如下：模拟自然界优胜劣汰的进化现象，把搜索空间映射为遗传空间，把可能的解编码成一个向量——染色体，向量的每个元素称为基因。通过不断计算各染色体的适应值，选择最好的染色体，获得最优解。

生物个体具有有目的的行为和合理的思维，以及有效的适应环境的综合性能力。生物个体在给定任务或目的下，能根据环境条件制定正确的策略和决策，并能有效地实现其目的的过程或能力。自然界中智能水平最高的生物就是人类，人类不但具有很强的生存能力，而且具有感受复杂环境、识别物体、表达和获取知识以及进行复杂的思维推理和判断的能力，因此对生物个体的模拟大多数是对人类个体的模拟。

基于个体的模拟大致有以下几个分支算法：模糊计算——模拟人对客观世界认识的不确定性；神经网络——模拟人脑神经元；支持向量机——基本思想是通过非线性变换将输入空间变换到一个高维空间，然后在这个新的空间中求取最优分类超平面；免疫计算——借鉴和利用生物免疫系统的信息处理机制发展的各类信息处理技术；人工生命——通过人工方法建造具有自然生命特征的人造系统以及 DNA 计算。

12.1.2　智能化武器装备

自从 2016 年 AlphaGo 战胜围棋世界冠军李世石之后，人工智能技术得到了爆炸式的发展，世界各国都在发展智能化武器，并且加速其在战争上的应用，以实施智能化作战。美国 DARPA 积极布局人工智能在军事的应用发展，2018—2020 财年，通过新设项目和延续项目，DARPA 致力于人工智能基础研究，旨在通过机器学习和推理、自然语言理解、仿真建模、人机融合等方面的研究，突破人工智能基础理论及核心技术。相关项目包括"机器常识""可解释的人工智能""终身学习""可靠自主性""不同来源主动诠释""确保 AI 抗欺骗可靠性""加速人工智能""基础人工智能科学""机器通用感知""利用更少数据学习""以知识为导向的人工智能推理模式""复杂混合系统""人机交流""人机共生"等。除此之外，DARPA 近期发布的人工智能基础研究项目还包括"开放世界奇异性的人工智能与学习科学""人机协作社会智能团队""实时机器学习"等。同时美国海、陆、空军等连续布局和发展各种各样的新型智能装备，并应用于阿富汗、叙利亚等战争中。俄罗斯也在大力发展各种新型的智能装备，部分已经投入战场应用。从形态上，智能化武器装备可以分为两种，即无人智能武器装备和智能增强武器装备。

1. 无人智能武器装备

无人智能是人工智能的一个重点方向，在武器装备层面上，各式各样的空中无人智能机（群）、陆上无人智能机（群）、水面水下无人智能机（群）等纷纷被推出，未来在陆、海、空、天各个领域不仅可以实施察打一体无人机、无人车、无人艇等侦察探测和综合打击，也可以形成类似于"狼群""鱼群""蜂群"等各类无人装备群，实施全域的协同侦察探测与综合攻防。

无人智能武器装备可以分为无人单机武器装备和无人集群武器装备。无人单机武器装备典型代表有察打一体无人机（如美军的"全球鹰""捕食者"等）、无人车和无人舰艇（如美军"虎鲸"）等。无人集群武器装备主要有无人机组成的"蜂群"、无人潜器组成的"鱼群"、无人战车或坦克组成的"狼群"等。它们的共同的特点是模拟生物群体的行为特征，将生物群体原理应用于无人武器装备群，称为无人集群武器装备（简称为无人集群），为成千上万的小型机器人的群体行动建立模型和算法，使它们能够一起执行任务。每个机器人只具有相当简单的功能，但组成集群之后便成为一个具有生物集群的特征、能够完成复杂任务的超级有机体。无人集群旨在基于群聚生物的协作行为与交互方式，通过多分布式集群传感器的全方位侦察探测实现战场感知优势，通过智能自主决策与自动任务分配缩短 OODA 环周期获得战场速度优势，通过多平台自适应自优化的拦截、打击、压制、防护等有机性行动，获得群体高度一致的协同优势。

生物集群行为（Swarm behavior）或者群行（Swarming）是一种生物

的集体行为，最典型例子是外观上看起来像一群实体聚集在一起兜圈或朝特定方向行动的蜂群、鱼群和鸟群等。生物界中的昆虫、鸟类、鱼类、水生动物、人与细菌都会出现集群行为。群体行为是大量自驱动粒子系统的集体运动。从数学模型的角度来看，它是一种突现（Emergence）行为，即个体遵循简单的运动和逻辑规则，不需要任何有中心的中央协调，而又能自然而然地呈现群体特征。

生物集群具有四个明显特点：

（1）控制是分布式的，不存在中心控制，因而它具有较强的鲁棒性，即不会由于某一个或几个个体出现问题或故障而影响群体执行任务的效果；

（2）群体中的每个个体都能够改变环境（共识主动性，Stigmergy），这是个体之间间接通信的一种方式，集群个体通过非直接通信进行合作，因而随着个体数目的变化，通信开销的增幅较小，使集群具有较好的可扩充性；

（3）群体中每个个体的能力或遵循的行为规则非常简单，因而实现起来比较方便；

（4）群体表现出来的复杂行为是通过简单个体的交互过程凸显出来的智能（Emergent Intelligence），因此，群体具有自组织性。

基于生物集群特征的无人集群在陆、海、空、天各个领域将形成类似于"狼群""鱼群""蜂群"等各类无人装备群体或体系，实施全域无人攻击与防御作战。美军认为无人集群作战将改变未来的作战模式，将无人集群作为一种"Game-Changing"的颠覆性技术。有模拟试验表明，在同等条件下，装有传感器和武器的100架无人机集群摧毁了63个目标并探测到91%的敌军部队，而现有的常规可部署火力单位只消灭了11个目标，探测到33%的敌军部队。2016年4月，美军发布了《小型无人机系统路线图2016—2036》，该路线图凸显了小型无人蜂群系统的重要意义。DAR-PA、美国战略能力办公室（SCO），以及美国空军、陆军和海军等都已经开展了大量的研究和论证工作，启动了多个项目，其中最具影响力的项目包括：DARPA负责的自治编队混合主动控制项目（MICA）、拒止环境下协同作战计划（CODE）、"小精灵"项目、进攻性蜂群使能战术项目（OFFSET）；ONR负责的低成本无人机蜂群技术（LO-CIST）；战略能力办公室负责的"灰山鹑"微型无人机项目，以及海军的"虎鲸"大型无人潜航器及其集群等。美国海军正在研制将无人巡逻艇联成"群"的系统，这就是 CARACaS（机器人代理指挥和感知控制架构）技术。另外还有由 1024 个机器人组成的 Kilobot、奥地利 CoCoRo 自主水下航行器集群等。

无人集群的主要目的是使用由简单个体组成群体所具有独特的涌现性来高效完成各种复杂的任务。无人集群因所执行任务特征、所处环境情景，以及期望达到的效果不同，其形状构成、行为动作和适应演化也有所差异。例如，鸟群面向迁徙、觅食和避敌等不同情况下的集群形状和过程变化有很大的不同，但却能够实现无缝衔接。同样无人机群在进行航行、侦察、攻击和防御等行动的群体队形、行为模式差距也是很大的。在生物集群中，个体能力弱、抗风险能力有限，通过多个个体组成群体来具备强大的抗拒外界破坏的能力（鱼群躲避对抗天敌的攻击，蜂群攻击入侵者等）。目前在无人集群中，无人机群是研究最为深入，用途最广泛，也是成果最多的。在无人机群，要求将造价低的多架无人机实现对敌的目标的高效侦察和攻击。然而目前无人集群的理论基础也很薄弱，研究最多的无人机群作用机理的研究仅限于 4 种形式，即近战（Melee）、聚合（Massing）、机动（Maneuver）和群集（Swarming）。

无人集群智能作战具有去中心化、自主化、集群复原等新特征。目前无人智能武器（群）的技术研究主要集中在智能技术上，例如单机智能、多机编队智能协同控制、任务自主智能筹划、路径规划、通信组网、动态自愈合等方面，以及面向集群的持续学习、对抗学习和鲁棒决策等方法研究。对于无人集群在作战使用过程中出现的复杂战场环境自适应性、自主决策饱和打击的适用性和危害性、集群内部隐秩序以及外在表现行为的有机性等方面，是未来一段时间内无人智能武器装备研究的一个重点方向。

2. 智能增强武器装备

无人智能武器装备是在无人或极少有人干预（如决策是否攻击可能需要人的干预）的情况下，无人武器（如察打一体无人机）或无人集群具有全自主或绝大多数情况下自主行为。智能增强武器装备则是无人与有人作战装备协同一体，以及基于人机智能共生的武器装备构成的有机整体，实现人机功能互补、优势互补增强作战能力。无人与有人作战装备协同一体主要用于情报侦察探测与协同攻防，例如有人机与无人机协同、有人舰艇与无人舰艇协同等。2016 年 10 月，美国海军三架"超级大黄蜂"战斗机总共投放 103 架"山鹑"小型无人机，进行组网通信和智能协同，自行完成编队集结、搜索定位和攻击任务等演示验证。人机智能共生的武器装备是人智慧和机器智能相结合，很大程度是通过机器超强的计算推理能力来增强人对战争的应对能力，主要应用于战场认知与辅助决策上。在战场认知上，主要通过人工智能对海量数据强大的自动分析与识别能力，极大提升信息处理速度和质量，最大程度拨开了"战争迷雾"，极大增强作为主导战争的人对战场的认知能力。在辅助决策上，主要通过机器的快速推理能力和对战效果高效评估反馈能力，形成高质量的辅助决策信息，加上人的"指挥艺术"的创造性和独特性，增强复杂战场环境下的决策指挥能力。因此，无人与有人协同装备、基于人机智能共生的装备将是未来一段时间内的重点发展方向。

智能增强武器装备的典型项目是美国的"深绿"系统。1997 年，"深蓝"赢得了国际象棋的人机大战后，DARPA 以此为模板开始研发的下一代作战指挥和决策支持系统"深绿"（DeepGreen，DG），其把"观察—判断—决策—行动"环路中的"观察—判断"环节通过计算机多次模拟仿真，演示出采用不同作战方案可能产生的效果。它对敌方的行动进行预判，让指挥官做出正确的决策，缩短制定和分析作战计划的时间，主动对付敌人而不是在遭受敌人攻击后被动应付，从而使得美军指挥官无论在思想上还是在行动上都能领先对手一步。"深绿"系统主要由名为"指挥员助手"的人机交互模块（包括"计划草图""决策草图""自动方案生成"三个子模块）、"闪电战"的模拟模块、"水晶球"的决策模块组成。在"深绿"系统后，近期 DARPA 推出了多个关于智能增强武器装备的项目。

12.2 人工智能的局限

虽然人工智能技术发展和应用已经有了很大突破，但是总体仍处于"弱人工智能"阶段，只是能在确定规则下解决特定的问题，并不具备真正意义上的"智能"，也不存在"自我意识"，离"强人工智能"还差很远。这也恰恰说明目前人工智能尚有很多的基础难题未突破。2017 年，丘成桐教授在 CNCC 大会上也指出，人工智能的理论基础非常薄弱，需要一个可以被证明的理论作为基础。2018 年 8 月，2011 年诺贝尔经济学奖获得者 Thomas J. Sargent 在世界科技创新论坛上表示："人工智能就是统计学，只不过用了一个很华丽的辞藻。"李国杰教授指出目前人工智能存在莫拉维克悖论、新知识悖论和启发式悖论。由于人工智能基础理论和应用技术仍有不少缺陷和不足之处，因此将其应用在武器装备和作战使用上时，极有可能产生很大的隐患和危险。

首先，分析一下让人工智能在当下火热烫手的联结主义。此轮的人工智能之所以能够形成爆发之势，其主要的根源是 2006 年 Hinton 提出的深度学习算法大大提高了图形图像识别、语音识别等方面的效率，并在无人驾驶、"智慧+" 某些产业中切实体现出较强助力作用。该算法最好是使用在具有可微分（函数连续）、强监督（样本数据标定好、样本类别/属性/评价目标恒定）学习、封闭静态系统（干扰少、鲁棒性好、不复杂）任务下，而对于不可微分、弱监督学习（样本少且分布偏移大、新类别多、属性退化严重、目标多样）、开放动态环境下，该算法效果较差，计算收敛性不好。另外，相对于其他机器学习算法，使用深度学习生成的模型非常难以解释。这些模型可能有上百、上千层和上千、上万个节点；单独解释每一个节点是不可能的。数据科学家通过度量它们的预测结果来评估深度学习模型，但模型架构本身是个 "黑盒"。它有可能会让你在不知不觉间，失去 "发现错误" 的机会。再者，深度学习还有另一个问题，它需要大量数据进行训练，而训练所得的结果却难以应用到其他问题上。要在各种现实情境任务中恰如其分地解决这些问题，就需要结合其他的方法取长补短，协调配合。

其次，对于行为主义的增强学习，它的优点是能够根据交互作用中的得失进行学习绩效的积累，与人类真实的学习机制相似。该方法最主要缺点是把人的行为过程看得太过简单，往往只是考虑度量简单的奖惩反馈过程，有些结论不能迁移到现实生活中，所以往往效率不高。还有，行为主义刻意研究可以观察的行为，不研究心理的内部结构和过程，否定了意识的重要性，进入将意识和行为对立起来的困局，从而限制了人工智能的纵深发展。

最后是符号主义及其知识图谱，符号主义属于现代人工智能范畴，基于逻辑推理的模拟方法模拟人的智能行为。该方法的实质是模拟人的大脑抽象逻辑思维，通过研究人类认知系统的功能机理，用某种符号来描述人类的认知过程，并把这种符号输入到能处理符号的计算机中，就可以模拟人类的认知过程，从而实现人工智能。符号主义的思想可以简单地归结为 "认知即计算"。从符号主义的观点来看，知识是信息的一种形式，是构成智能的基础。知识表示、知识推理、知识运用是人工智能的核心。知识可用符号表示，认识就是符号的处理过程，推理就是采用启发式知识及启发式搜索对问题求解的过程，而推理过程又可以用某种形式化的语言描述，因而有可能建立起基于知识的人类智能和机器智能的同一理论体系。目前知识图谱领域面临的主要挑战问题包括：知识的自动获取；多源知识的自动融合；面向知识的表示学习；知识推理与应用。符号主义主张用逻辑方法来建立人工智能的统一理论体系，但却遇到了"常识"问题的障碍，以及不确定性的知识表示和问题求解等难题，因此，受到其他学派的批评和否定。

从上述人工智能三大流派的特点和缺点分析，不难看出：人的思维很难在人工智能现有的理论框架中得到解释。目前，人工智能尚存在迈不过去的三道坎，分别是：

1. 可解释性：人工智能过不去的第一道坎

人工智能应用以输出决策判断为目标。可解释性是指人类能够理解决策原因的程度。人工智能模型的可解释性越高，人们就越容易理解为什么做出某些决定或预测。模型可解释性指对模型内部机制的理解以及对模型结果的理解。其重要性体现在：建模阶段，辅助开发人员理解模型，进行模型的对比选择，必要时优化调整模型；在投入运行阶段，向应用方解释模型的内部机制，对模型结果进行解释。

2. 学习：人工智能过不去的第二道坎

人的学习学的不仅仅是知识，更重要的是获取数据、信息、知识经验的方法；而机器的学习学的只是数据、信息和知识。目前，人工智能只是通过学习方法对专家知识库或数据进行集合和收敛，代表已有的先验知识。而无法对新产生的数据、信息和知识进行处理，既无法将后验知识升级为先验知识，也无法发现隐含的信息和知识。所以，它的作用在于集成，而没有学习的核心——创新能力。

3. 常识：人工智能过不去的第三道坎

所有的知识都是有范围和前提的，失去了这些，知识的副作用就会涌现出来。知识只是常识的素材和源材料，目前人工智能只有"知"而没有"识"，对于隐含的指向对象、因果关系和价值关系等方面，不具备感知、甄别并在决策判断和未来预测的输出中有所体现，不能知行合一。

目前，人工智能应用于军事领域，其核心要素是在有限任务和特定场景下的数据、算法、算力和知识这四个方面。要将人工智能技术应用在战场上需要满足确定性信息、完全信息、相对静态的、单任务和有限领域这5 个条件。然而，在将智能装备集成为有人无人智能装备体系或者无人自主智能装备体系时，由于战场的复杂性和战争进行的不确定性，在集成过程中将面临以下方面的挑战：

（1）不可解释性带来的挑战。

（2）小样本、零样本和脏数据带来的挑战。

（3）人机融合智能带来的挑战。

（4）反人工智能带来的挑战。

（5）体系集成的试验与测试带来的挑战。

12.3　不可解释性带来的挑战

12.3.1　可解释性研究现状

以深度学习的出现为标志的此轮人工智能发展浪潮中，一直面临着不可解释性的问题。深度学习源于多层神经网络，又称为深度神经网络（指层数超过 3 层的神经网络），实质是一种将特征表示和学习合二为一的方式。典型的深度学习算法包括深度置信网络、卷积神经网络、受限玻耳兹曼机和循环神经网络等。它们实际上是借助计算机的"暴力"计算能力，用大规模的含有高达千、万个以上的可调参数的非线性人工神经元通过连接组成网络，使用特定的"学习/训练"方法，对大量样本数据进行统计处理，调整这些参数，进行非线性拟合（变换），从而实现对输入数据中包含固定模式和独有特征的识别提取，并为后续的分类提供支持。

深度学习一直以来是作为一个黑盒被直接使用，大多数情况下，深度学习的结果比传统机器学习的结果更精准。但是，关于如何获得这些结果的原因以及如何确定使结果更好的结构和参数，深度学习方法并未给出解释。同时，当结果出现误差的时候，也无法解释为什么会产生误差、怎么去解决这个误差。从这个意义上说，深度学习具有不可解释性。

随着深度学习方法的不断改进，人工智能系统在复杂任务上的性能已经达到甚至超过了人类的水平。目前，基于深度学习算法的系统已经广泛应用于图像分类、语音理解等领域。然而，尽管人工智能系统在大部分的任务中发挥着卓越的表现，但由于产生的结果难以解释，有些情况下甚至不可控，因此在实际应用过程中因为无法展现更多可靠的信息而受到限制。从用户的角度而言，深度学习系统不仅需要向用户展现结果，还需要向用户解释得出结果的原因，但是由于深度学习的不可解释性，在实际应用中可能会使得用户更偏向于使用传统可被解释的方法。

人工智能应用以输出决策判断为目标。可解释性是指人类能够理解决策原因的程度。人工智能模型的可解释性越高，人们就越容易理解为什么做出某些决定或预测。模型可解释性指对模型内部机制的理解以及对模型结果的理解。可解释性的关键在于合适的透明性所产生的信任性，信任性的关键在于理解后的赞同，理解是对意义的把握，即把各种（事实、价值和责任等）可能相关事物有机整合在一起的能力。因此将深度学习应用于军事领域，由于可能关系到战争胜负的重大问题，因此，深度学习的不可解释性问题是必须要解决的一个挑战。

为了实现将人工智能和深度学习在军事的应用推广，2016 年，DARPA 发起 XAI 项目（图 12.2 和图 12.3），核心思想是从可解释的机器学习系统、人机交互技术以及可解释的心理学理论三个方面，全面开展可解释性 AI 系统的研究。其目标是建立一套新的或改进的机器学习技术，生成可解释的模型，结合有效的解释技术，使得最终用户能够理解、一定程度的信任并有效地管理未来的人工智能系统。通过该项目，新的机器学习系统将能解释自身逻辑原理、描述自身的优缺点，并解释未来的行为表现。

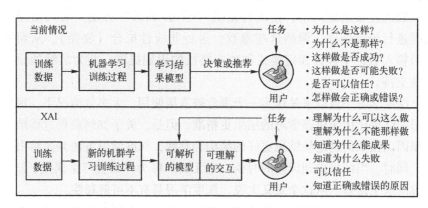

图 12.2　DARPA 设想的可解释人工智能

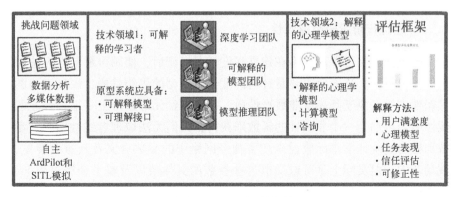

图 12.3　XAI 项目的架构

　　这一项目提出了三个挑战：如何生成可解释模型、如何设计解释接口、如何理解用户心理需求以进行有效的解释。对此，该项目将开发一系列新的或改进的机器学习技术，生成更多的可解释模型；希望将最新的人机交互技术（如可视化、语言理解、语言生成和会话管理）与新的原则、策略和技术相结合，获得有效的解释；总结、拓展和应用当前的关于解释的心理学理论来支持模型解释。该项目分为两个技术领域：可解释的学习者（Explainable Learners）和解释的心理学模型（Psychological Models of Explanation）。

　　2017 年 3 月，DARPA 从学术和工业界中挑选出了 13 家研究机构进行资助，包括加州大学伯克利分校、加州大学洛杉矶分校、卡耐基梅隆大学、SRI、Rutgers、PARC、Raytheon 等。目前，华盛顿大学的研究团队已经取得了一些研究成果：研究团队开发了一种方法，可以让人工智能系统阐述其输出结果的基本原理，人工智能系统（计算机）将会从数据集中自动找到一些样本，然后给出简短的解释；研究团队还针对图形识别系统设计了一些方法，通过标注图片上最重要的部分来揭示图形识别系统的判断逻辑。

　　在学术上，可解释性主要从两方面开展研究：

　　（1）从深度学习模型本身进行入手，即在模型运行阶段研究解释性。主要是通过调整模型内部参数，对系统得到的结果进行分析，判断参数对于结果的影响；或是通过对输入变量添加扰动，探测模型的表征向量来评估系统中不同变量的重要性，来推测系统作出决策的依据。

　　（2）直接构建本身就具有可解释性的模型，即从在建模阶段研究模型解释性，旨在如何建立更具结构化和可解释的学习算法模型。

1. 在运行阶段研究解释性

这方面研究可以理解为在建立深度学习模型后,使用可解释性方法对模型作出解释。这方面主要是针对深度学习模型的黑箱性质,深度学习的黑箱性主要来源于其高度非线性性质,每个神经元都是由上一层神经元的线性组合再加上一个非线性的函数来获得,人们无法像理解线性回归的参数那样通过统计学基础假设来理解神经网络中的参数含义及其重要程度、波动范围。但实际上是可以知道这些参数的具体值以及整个训练过程的,所以神经网络模型本身其实并不是一个黑箱,其黑箱性在于没办法用人类可以理解的方式来理解模型的具体含义和行为,而神经网络一个非常好的性质在于神经元的分层组合形式,这让我们可以用结构组成的视角来理解神经网络的运作方式。这方面主要分为以下三类研究工作。

1) 基于可视化的可解释性研究

该类研究通过运用一些可视化方法来将隐层转化成人类可以理解的有实际含义的图像,以展示神经网络中每层都学到的概念。典型的 CNN 模型的一个完整卷积过程是由卷积—激活—池化(pooling)三个步骤组成的,也可以通过反池化—反激活—反卷积这样的一个逆过程,并借助特征可视化来理解 CNN 的每一层究竟学到怎样的特征。

2) 基于鲁棒性扰动测试的可解释性研究

基于鲁棒性扰动的方法主要是通过对输入数据添加扰动元素。有些模型不能直接解释其实现过程,但是可以对其他属性作出评估。例如,通过对输入数据添加扰动元素,测试添加的特征是否为主要特征,是否会影响最后得出的结果。所以,解释这些黑盒模型的工作普遍集中在理解固定模型如何导致特定预测。例如,通过在测试点周围局部拟合更简单的模型或通过扰乱测试点来了解模型预测的变化。

3) 基于敏感性分析的可解释性研究

敏感性分析是用于定量描述模型输入变量对输出变量的重要性程度的方法,令每个属性在可能的范围变动,研究和预测这些属性的变化对模型输出值的影响程度。将影响程度的大小称为该属性的敏感性系数,敏感性系数越大,就说明该属性对模型输出的影响越大。一般来讲,对于神经网络的敏感性分析方法可以分为变量敏感性分析、样本敏感性分析两种。变量敏感性分析用来检验输入属性变量对模型的影响程度,样本敏感性分析用来研究具体样本对模型的重要程度,也是敏感性分析研究的一个新方向。典型的敏感性分析方法有基于连接权分析、基于统计分析和基于扰动分析三类。

2. 在建模阶段研究解释性

这方面研究是在建立深度学习模型过程中，试图直接创建具有可解释性的深度学习模型，使其对数据处理的过程、表示或其他方面更易于人们理解。可解释性深度学习模型的构建可以从可信任性、因果关联性、迁移学习性、信息提供性四个方面对其进行分析。可信任性是具有可解释性深度学习模型的基础，其可以为人们提供额外的信息和信心，使人们可以明智而果断地行动，使得智能系统的所有者清楚地知道系统的行为和边界，人们可以清晰地看到每一个决策背后的逻辑推理，提供一种安全感，使得深度学习模型更好地服务于实际应用。因果关联性主要从逻辑推理和特征关联两方面体现。迁移学习性主要通过将结构化信息转移到神经网络的权值中，使神经网络具有可解释性。信息提供性主要是使模型向人们提供可以被理解的知识，主要包括与传统机器学习相结合的深度学习模型或是深度学习模型的可视化等方法。这方面主要分为以下三类研究工作：基于模型代理的可解释性建模、基于逻辑推理的可解释性建模和基于网络节点关联分析的可解释性建模。

1）基于模型代理的可解释性建模

常用的深度网络通常使用大量的基本操作来推导它们的决策。因此，解释这种处理所面临的基本问题是找到降低所有这些操作复杂性的方法，或是将已有的深度学习系统学习另外的可解释的系统，以此提高可解释性，代理模型法就是这样一类方法。LIME 局部可理解的、与模型无关的解释技术是一种代理模型方法。该方法首先通过探测输入扰动获得深度模型的响应反馈数据，然后凭此数据构建局部线性模型，并将该模型用作特定输入值的深度模型的简化代理。另一种代理方法是反复蒸馏方法，该方法通过将逻辑规则的结构化信息转移到神经网络的权值中，体现了可解释方法中的迁移性。

2）基于逻辑推理的可解释性建模

由于逻辑推理能够很好地展现系统的可解释性，并且逻辑推理体现了可解释方法中的因果关联性。有研究者提出了一种面向连接性论证的网络框架，它允许推理和学习论证。在该网络框架中，使用神经符号学习系统将论证网络转换成标准的神经网络，实现了基于权重的论证。在论证过程中，将论点分为正面论点和反面论点，两种论点都被设置在了论证网络中，通过学习进行累积论证。随着时间的推移，某些论证将会加强，某些论证将会削弱，论证结果可能会发生变化，展现出了该网络的学习过程。另有研究者提出了另一种新颖的推理模型，该模型通过深度强化学习来激活逻辑规则。该模型采用记忆网络的形式，存储关系元组，模仿人类认知活动中的"图像模式"。该方法将推理定义为修改或从内存中恢复的顺序决策，其中逻辑规则用作状态转换函数。

3) 基于网络节点关联分析的可解释性建模

2017 年，Hinton 等人提出了一种称为"胶囊"的新型神经单元。胶囊网络极大地体现了可解释方法中的因果关联性特点，它改进了传统的CNN 网络，胶囊网络中神经元节点间的权重路由关系可以检测到特征之间的空间关系。每一组神经元组成一个胶囊，通过每一个胶囊中的神经元的活动向量来表示实体类型的实例化参数。活动向量的长度表示实体出现的概率，方向表示实例化的参数。活跃的低层胶囊预测结果通过转移矩阵发送到相邻活跃度相对较高的胶囊之中。这样可以清晰地知道每一个"胶囊"所做的工作。

12.3.2 学习模型不可解释性存在的挑战

可解释性旨在帮助人们理解机器学习模型是如何学习的，它从数据中学到了什么，针对每一个输入，理解它为什么会做出如此决策，以及它所做的决策是否可靠。因此，具有可解释性的学习模型在军事领域上应用时，可以为指战员提供透明的、可理解的因果关系或关联关系，为其采取明智而果断的决策与行动带来信心；同时使得各级指战员能够清楚地知道智能装备系统的行为和边界，可以清晰看到每一个决策背后的逻辑推理，提供一种安全感。然而，尽管学习模型可解释性研究已取得一系列的成果，但其研究还处于初级阶段，依然面临着许多的挑战且存在许多的关键问题尚待解决。

（1）准确性和解释性的均衡。随着军事领域的学习模型愈加复杂，需提高最后决策和预测的准确性，然后要求其决策和预测的可解释性，这意味着模型的复杂度受到一定程度的制约。模型需要牺牲部分预测和决策准确度来满足可解释性，决策和预测精度的损失是一个令人担忧的问题，因此，这一工作领域的重点是在保持可解释性的同时将精度损失最小化。

（2）解释一致性问题。输入一系列数据，经过模型的学习训练，其解释机制给出一个解释。当下次再次输入相同或者类似的数据，解释机制是否能给出相同或者一致的解释是至关重要的，否则很难取得用户的信任，并将其真正地应用于实际装备和作战过程中。

（3）评估问题。如何评估机器学习的解释质量，形成较为客观全面的评价标准，对于军事智能至关重要。目前的解释技术和方法，只能使人们部分理解解释结果中揭示的显性知识，而无法理解全部，更不用说其隐性知识，同时，由于人类认知的局限性，有时候人们感觉到学习模型给出的解释结果并不总是"合理"的，这使得我们很难判断这种与人类认知相违背的解释结果，到底是由于模型自身的错误行为还是解释方法的局限性，抑或是人类认知的局限性造成的。因此，目前还无法较全面客观地评估并保证学习模型解释的可靠性。

当前，机器学习（尤其是深度学习）应用广泛，但在军事领域，学习模型的不可解释性限制了机器学习模型的推广应用。精确地理解机器学习的工作原理，研究透明的、可解释且可证明机器学习技术，有助于推动机器学习和人工智能相关技术在装备与作战的落地应用。未来军事领域机器学习的可解释性研究可从四个方面着手：

（1）嵌入外部军事知识。目前，大多数机器学习模型使用数据驱动的方法，而较少关注人类军事知识驱动的观点。因此，将人类积累的军事知识，如以知识图谱形式与机器学习技术相结合构建具有解释性的学习模型，同时利用可视化分析直观地验证模型是否正确遵循嵌入的军事知识和作战规则等，以确保学习模型的运行与人类知识的意愿相互吻合。

（2）机器学习的渐进式视觉分析。大多数现有可解释的学习方法主要侧重于在模型训练完成后进行理解和分析，但由于许多学习模型的训练非常耗时，因此迫切需要使用渐进的可视化分析技术，在保证模型准确率的情况下，同步进行可视化分析。这样不仅可以在模型训练过程中渐进式地进行同步分析，而且可以利用交互式可视化来探查输入的中间处理结果并执行多轮次的探索性分析，无须等待整个训练过程完成，保证了模型每一层的可解释性。

（3）提高学习模型的扰动可解释性。机器学习模型通常容易受到对抗性扰动的影响，从而导致输出错误的决策或预测。有时对抗性扰动非常轻微，甚至根本无法注意到，但模型仍然会出错。这些对抗性扰动通常用于攻击深度学习模型。在这方面，保持学习模型的鲁棒性在军事应用中至关重要，当模型具有可解释性时，即使轻微的扰动，也可以知道扰动变量对于模型的影响以及影响程度，并给出合理的解释。因此，可解释机器学习模型的一个研究方向就是如何提高机器学习模型的鲁棒性。

（4）以指战员为中心进行模型解释性升级。理想的机器学习可解释模型，应该能够根据军事领域不同指战员的背景知识与作战意图，给出不同的解释。同时，这种解释应是机器一边解决问题，一边给出答案背后的意图和逻辑推理过程。面对这样的需求，未来军事智能的可解释模型，其输出的整体可解释性将由多元的子可解释性组合而成，这对目前的机器学习从理论到算法都将是一个极大的挑战。

12.4 小样本、零样本和脏数据带来的挑战

机器学习尤其是深度学习已经在诸多领域取得了丰硕的成果，深度学习模型的成功，很大程度上依赖于大量训练样本数据。因此，训练样本数据量成为了制约深度学习的一个重要问题。然而将深度学习等方法应用于军事领域，将会面临小样本数据的问题：一方面，很多数据尤其是敌方目标的大量带标签的数据实际上难以获得，这不仅仅是因为数据采集的难度巨大，也因为数据分离和标注花销巨大，且耗时耗力，甚至在很多时候精确标注不可实现；另一方面，在采集相关数据的过程中，尤其是涉及对方目标的数据时，对方有可能故意释放出虚假的、欺骗性的或干扰迷惑的信息，形成"脏数据"；再者，在实际战场使用中，可能会出现新目标或者多个目标重叠的现象。对于学习模型来说，对此类目标进行智能检测识别并输出决策，是零样本的问题。

12.4.1 小样本学习概述

小样本学习（也称为少样本学习）即如何在有效样本数不足的情况下去学习的一类机器学习问题。机器学习领域的有许多与小样本学习存在交叉领域的学习问题，包括弱监督学习（weakly supervised learning）、迁移学习（transfer learning）及多任务学习（multitask learning）。如何从少量的样本中学习新的概念，是小样本学习所面临的挑战。由于有监督信息的样本数量过少，深度学习模型在训练时容易发生过拟合。具体地说，小样本学习问题是指只给定少量训练样本的条件下，如何训练一个可以有效可用的机器学习模型，并有效解决过拟合的问题。按照训练样本的多少可以将小样本学习分为三类：①只有一个训练样本，这种学习方法称为单样本

学习；②当不存在训练样本的时候，称这类问题为零样本学习；③拥有训练样本与所需训练样本的差距在十个数量级以上的机器学习问题，称为小样本学习。有学者将以上三类均称为小样本学习，前两类作为第三类的特殊情况。

对于小样本学习，目前国内外已经有了一些相关的研究，综合起来可以从数据和模型两个角度进行小样本学习方法研究。从数据角度开展小样本学习方法研究，旨在如何利用辅助数据集或者辅助信息增强数据集中样本的特征或扩充样本数据量，使模型能更好地提取特征，这种方法称为数据增强。根据方法的不同，可以将基于数据增强的小样本学习方法进一步细分为基于无标签数据、基于数据合成和基于特征增强这三类方法。从模型角度开展研究，需要解决模型在训练时面临的过拟合问题，不论是在模型结构上的改进还是对模型参数和算法的优化，甚至是对模型分类方法的设计都可以视为基于模型的方法，按照解决小样本学习问题的技术途径，可以细分为三种：①基于模型微调的方法。该方法通常在大规模数据上预训练模型，在小样本数据集上对神经网络模型的全连接层或者顶端几层进行参数微调，得到微调后的模型。②基于度量学习的方法。度量学习也称为相似度学习，目前已有许多性能较好的小样本学习模型，例如比较著名的原型网络（Prototypical Network）和匹配网络（Matching Network）等。核心是使得不同类别的样本相似度小而相同类别的样本相似度大，给定一个目标域的样本，就可以找到和它最相似的带标签样本实例。③基于元学习的方法。不仅在目标任务上训练模型，并且从许多不同的任务中学习元知识，当一个新的任务到来时，利用元知识调整模型参数，使模型能够快速收敛。

1. 从数据角度研究小样本学习的发展情况

小样本学习所面临的最主要难题是有监督样本数量过少，而深度学习模型需要足够的数据支撑才能进行更好的训练，然而在许多应用场景中，直接获取大量的有标记数据很困难。因此，对小样本学习的数据集进行数据增强是一种比较直接且简单的解决方法。数据增强也称数据扩充，数据增强指借助辅助数据或辅助信息，对原有的小样本数据集进行数据扩充或特征增强。数据扩充是向原有数据集添加新的数据，可以是无标签数据或者合成的带标签数据；特征增强是在原样本的特征空间中添加便于分类的特征，增加特征多样性。基于上述概念，将基于数据增强的方法分为基于无标签数据、基于数据合成和基于特征增强的方法三种。

基于无标签数据的方法是指利用无标签数据对小样本数据集进行扩充，常见的方法有半监督学习和直推式学习等。半监督学习是机器学习领域研究的重点问题，将半监督方法应用到小样本学习现在已经有了许多尝试。有研究者利用一个附加的无监督元训练阶段，让多个顶层单元接触真实世界中大量的无标注数据，通过鼓励这些单元学习无标注数据中低密度分离器的 diverse sets，捕获一个更通用的、更丰富的数据描述，将这些单元从与特定的类别集的联系中解耦出来（也就是不仅仅能表示特定的数据集），形成一个无监督的 margin 最大化函数来联合估计高密度区域的影响并推测低密度分离器。低密度分离器（LDS）模块可以插入任何标准的 CNN 架构的顶层。有研究人员提出转导传播网络（Transductive Propagation Network）来解决小样本问题。转导传播网络分为四个阶段：特征嵌入、图构建、标签传播和损失计算。该模型在特征嵌入阶段，将所有的标注数据和无标注数据通过嵌入函数 f 映射到向量空间中；在图构建阶段，使用构建函数 g 将嵌入向量构建为无向图中的节点，连边权重由两个节点计算高斯相似度得到；随后，进行标签传播，让标签从标注数据传播到无标注数据；最后，通过交叉熵函数计算损失，用反向传播更新嵌入函数和构建函数的参数。也有研究人员基于直推式学习的思想提出交叉注意力网络（Cross Attention Network），首先利用注意力机制和交叉注意映射对特征进行采样，突出目标对象区域，使提取的特征更具鉴别性；其次提出一种转换推理算法，该算法为了缓解数据量过少的问题，迭代地利用未标记的查询集以增加支持集，从而使类别特性更具代表性。

基于数据合成的方法是指为小样本类别合成新的带标签数据来扩充训练数据，常用的算法有生成对抗网络（Generative Adversarial Net，GAN）。GAN 框架包含两个不同的网络，一个称为生成器（Generator，$G(\cdot|\theta_G)$），另一个称为判别器（Discriminator，$D(\cdot|\theta_D)$）。生成器 G 根据输入的随机噪声 z 产生随机的模拟样本 $G(z|\theta_G)$。判别器 D 的任务则是判断输入样本是否真实，并输出为真实样本的概率 $D(\cdot|\theta_D)$。G 的目标是尽可能生成真实的样本去欺骗 D，而 D 则要正确区分出真实样本 x 与模拟样本 $G(z|\theta_G)$。两者构成一种动态的博弈过程，并在对抗的过程中不断改进自己的技术，最后达到一个平衡点，此时生成的模拟样本能够达到以假乱真的效果。利用生成对抗网络来学习源域的特征分布，从而在目标域的特征空间生成新数据，达到数据增强的目的。

基于特征增强的方法是通过增强样本特征空间来提高样本的多样性，

因为小样本学习的一个关键是如何得到一个泛化性好的特征提取器。有研究者提出 AGA（Attributed Guided Augmentation）模型来学习合成数据的映射，使样本的属性处于期望的值或强度。然而，将基于合成数据的网络应用到真实图像中具有迁移学习的问题，但之前的方法都不适用于具有姿态物体的迁移，AGA 是一个解决方法，但是它的轨迹是离散的，不能连续。因此有人提出了特征迁移网络（FATTEN），用于描述物体姿态变化引起的运动轨迹变化。与其他特征提取不同的是，该方法对物品的外观和姿态分别有一个预测器。网络包括一个编码器和一个解码器，编码器将 CNN 对目标图像的特征 x 映射为一对外观 $A(x)$ 和姿态 $P(x)$ 参数，然后，解码器需要这些参数产生相应的特征向量 x，从而实现特征增强。

2. 从模型角度研究小样本学习的发展情况

从模型角度开展小样本学习研究，重点是要解决模型的过拟合问题，主要技术方向体现在几个方面：改进模型结构、优化模型参数、设计模型分类方法等。目前常有的方法主要有几种：基于模型微调的方法、基于度量学习的方法和基于元学习的方法。

基于模型微调的方法是小样本学习较为传统的方法，该方法通常在大规模数据上预训练模型，在目标小样本数据集上对神经网络模型的全连接层或者顶端几层进行参数微调，得到微调后的模型。若目标域数据集和源域数据集分布较类似，可采用模型微调的方法。该类方法用"学习如何微调"来解决小样本学习问题。在基于模型微调的方法中，基于微调的迁移学习方法取得了较好的效果。

在数学概念中，度量指衡量两个元素之间距离的函数，也叫作距离函数。度量学习也称为相似度学习，是指通过给定的距离函数计算两个样本之间的距离，从而度量它们的相似度，用"如何度量数据的相似程度"来解决小样本学习问题。在深度学习中，通常采用欧氏距离、马氏距离和余弦相似度等作为距离函数。将度量学习的框架应用到小样本学习上，顾名思义，就是通过计算待分类样本和已知分类样本之间的距离，找到邻近类别来确定待分类样本的分类结果。基于度量学习方法的通用流程如图 12.4 所示，该框架具有两个模块：嵌入模块和度量模块，将样本通过嵌入模块嵌入向量空间，再根据度量模块给出相似度得分。基于度量学习的方法通常采用 episodic training，是指将数据集分为多个任务进行训练，每个任务从训练集中随机采集 C-way K-shot 的样本，即选出 C 个类别。每个类别含有 K 个样本, 通过多次采样构建多个任务。当进行训练时, 将多个任务依次输入到模型中, 这就是 episodic training。在测试时, 一般从剩余的样本中选取一个 batch 来进行测试。采用度量学习策略的小样本学习方法主要有两种: 一是采用固定距离的度量, 主要有原型网络和匹配网络; 二是采用跨域可学习的度量, 如关系网络等。

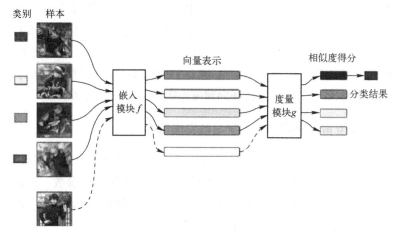

图 12.4　基于度量学习方法的通用流程

元学习 (meta-learning) 也叫作学会学习 (learning to learn), 是机器学习领域的一种前沿技术, 针对于解决模型如何学习的问题。元学习的目的是让模型获得一种学习能力, 这种学习能力可以让模型自动学习到一些元知识。元知识指在模型训练过程之外可以学习到的知识, 比如模型的超参数、神经网络的初始参数、神经网络的结构和优化器等。在小样本学习中, 元学习具体指从大量的先验知识中学习到元知识, 利用以往的先验知识来指导模型在新任务 (即小样本任务) 中更快地学习。元学习中的数据集通常分为元训练集和元测试集, 二者均包含了原始模型所需的训练集和测试集。元学习的训练思想如图 12.5 所示, 将被优化的对象称为基础学习器 (base learner), 即深度神经网络模型, 将元学习的过程 (即训练策略) 称为元学习器 (meta learner)。基础学习器 (模型) 的目标是快速利用少量数据学习新任务。因此, 基础学习器也称为快速学习器。元学习器的目标是通过在大量不同学习任务上训练基础学习器, 使得训练后的基础学习器可以仅使用少量的训练样本来解决新的学习任务, 即小样本学习任务。

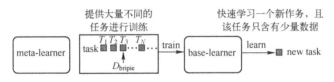

图 12.5　元学习的训练思想

12.4.2　小样本学习存在的挑战

尽管近年来小样本学习已经得到深入研究，并且取得了一定进展，但仍面临着一些挑战。其根源在于两个方面：一方面是深度学习模型的构造过程与特征，深度学习模型是用大规模可调参数的非线性人工神经元通过连接组成网络，使用大量样本数据进行"学习/训练"来调整这些参数，并实现非线性拟合（变换），从而能够对输入数据中包含固定模式和独有特征进行识别提取，为后续的分类功能提供支持；另一方面是深度学习的黑盒特性，目前对于深度学习还缺乏系统完整的解释理论，对于其提取的深层特征的含义仍然难以解释。因此无论是从数据的角度还是从模型的角度来研究解决小样本学习的问题，在学术层面及其在军事领域应用层面上都还面临不小的挑战。

1. 小样本学习在学术层面的挑战

（1）强制的预训练模型。在已有的小样本学习方法中，不管是基于模型微调的方法还是基于度量学习的方法，都需要在大量的数据集上对模型进行预训练，致使"小样本学习"一定程度上变成个伪命题。因为模型的预训练依旧需要大量标注数据，从本质上来看，与小样本学习的定义背道而驰。从根本上解决小样本问题，就要做到不依赖预训练模型，尝试利用其他先验知识、无标注数据或者任务无关的数据，来替代模型预训练，这是一个技术挑战。

（2）深度学习的可解释性。由于深度学习模型本身是一个黑盒模型，在基于迁移学习的小样本学习模型中，人们很难了解到特征迁移和参数迁移时保留了哪些特征，这使得调整参数更加困难。提高深度学习的可解释性，能帮助理解特征迁移，在源领域和目标领域之间发现合适的迁移特征，但是深度学习的可解释性本身就是一个未能解决的难题。

（3）不同任务之间复杂的梯度迁移。在基于元学习的小样本学习方法中，从不同任务中学习元知识的过程中梯度下降较慢。将模型迁移到新任务中时，由于样本数量较少，所以期望模型能在目标数据集上快速收敛，在此过程中，梯度下降较快。这就形成了矛盾，因此，针对基于元学习的方法设计合理的梯度迁移算法，也是目前需要研究并亟待解决的问题。

2. 小样本学习在军事应用的挑战

将深度学习应用于军事领域，主要的目的是进行战场感知，即要求在复杂动态的战场环境中实现目标检测和识别。基于小样本的深度学习在军事应用中面临两个方面的挑战：

（1）小样本目标识别面临的挑战。在小样本条件下对复杂战场的目标进行分类识别，由于只存在少量样本，即使经过数据增强和特征增强，在训练学习模型时，战场环境复杂多变，十分容易导致模型出现过拟合。利用源域的数据作为先验知识，来辅助目标域训练，一定程度上可以防止过拟合现象。由于源域和目标域往往存在领域漂移问题，模型在向目标域迁移的时候还会出现负迁移，因此，极有可能造成学习模型在实际战场上应用时，目标识别性能差，极为不稳定。

（2）小样本目标检测面临的挑战。小样本目标检测相比于小样本目标识别，具有更大的挑战性：第一，目标检测问题相比于目标识别任务，不仅需要识别出目标具体的类别，同时还需要确定目标的精确位置；第二，目标识别更加关注高层特征信息的抽取工作，目标检测除了需要完成高层特征的提取，还需要低层次的特征信息来帮助实现目标定位；第三，在目标检测中，为了区分背景噪声特征和目标特征，需要同时分析提取背景噪声特征，而在小样本目标检测场景中，由于训练数据量不足，背景噪声特征与目标特征极易产生混淆；第四，比起小样本目标识别，小样本目标检测更加难以利用先验知识来完成任务。

12.5 人机融合智能带来的挑战

12.5.1 人机融合智能

人机融合智能理论上主要描述一种人、机、环系统相互作用而产生的新型智能形式，它既不同于人的智能也不同于人工智能，它是一种物理性和生物性相结合的新一代智能科学体系。它侧重于研究人的大脑和机的"电脑"相结合的智能问题。人机融合智能在以下三个方面不同于人的智能和人工智能：首先在智能输入端，人机融合智能的思想不单单依赖硬件传感器采集的客观数据或是人五官感知到的主观信息，而是把两者有效地结合起来，并且联系人、机的先验知识，形成一种新的输入方式；其次是信息的处理阶段，也是智能产生的重要阶段，将人的认知方式与计算机优势的计算能力融合起来，构建一种新的理解途径；最后是在智能的输出端，将人在决策中体现的价值效应加入到计算机逐步迭代的算法中实现相互匹配，形成有机化和概率化相互协调的优势判断。在人机融合的不断适应中，人将对惯性常识行为进行有意识的思考，而机器也将根据人在不同条件下的决策实现价值权重的区别。人与机器之间的理解将从单向性转变为双向性，人的主动性和机器的被动性混合起来。人机融合智能，简单地说就是充分利用人和机器的长处形成一种新的智能形式。

人机融合智能机制、机理的破解将成为未来战争致胜的关键。任何分工都会受规模和范围限制，人机融合智能中的功能分配是分工的一部分，另外一部分是能力分配。在复杂、异质、非结构、非线性数据/信息/知识中，人的或者是类人的方向性预处理很重要，当问题域被初步缩小范围后，机器的有界、快速、准确优势便可以发挥出来。另外，当获得大量数据/信息/知识后，机器可以把它们初步映射到几个领域，然后人再进一步处理分析。这两个过程的同化顺应、交叉平衡大致就是人机有机融合的过程。人机融合不仅仅是拓展了人类的视觉、听觉、触觉、嗅觉、味觉等感觉，还增强了理解、学习、判断、决策、顺应、同化等认知行为，更重要的是产生出了新的智能形式———一种新的看待世界的方式：认知+计算。

人机融合智能从根本上说，就是人类智慧与机器智能根据外部任务环境的变化有效联动的过程，这个过程既包括事实性交互系列，也包括价值性交互系列，既包括事实性因果系列，也包括价值性因果系列。

12.5.2　人机融合智能面临的挑战

近年来，AI 的杰出代表 Alpha 系列在围棋等博弈中取得了耀眼的成绩，但其根本仍是封闭条件下的相关性机器学习和推理，而军事智能博弈的根本依然是在开放环境下因果性和相关性混合的人之学习和理解。这种学习在一定程度上能够产生范围不确定的隐性知识和秩序规则，这可以把表面上无关的事物相关起来。种种迹象表明，未来的战争可能是人、机、环融合的战争。然而，人机融合智能目前研究处于起步阶段。文献［12］在系统分析人机融合智能的研究情况基础上，阐述了目前人机融合智能面临的一些问题和挑战：首先指出了人工智能目前存在过不去的三道坎；其次，指出人机融合智能在智能化战争中的挑战；最后，对现今人机融合智能的瓶颈问题进行了论述，并且对人机融合智能未来的关键问题和面临的困难进行了分析。

1. 人机融合智能在智能化战争中的挑战

1）人机融合问题

人机融合智能的优势在于能够将人机两者的优势充分融合。在这过程中，"人"侧重于主观价值把控计算，"机"偏向于客观事实过程计算，人机融合是一种"双螺旋"结构，如何实现这种"双螺旋"结构之间（时空、显著性、期望、努力、价值性等）的恰当匹配，是各国都没有解决的难题。人类习惯于场景化、灵活性的知识表达和多因素权衡、反思性的推理决策，这与机器长于通过数据输入、公理化推理和逻辑决策的机制有很大不同。目前不仅缺少能够将传感器数据与指挥员知识相融合的知识表征方法，而且缺少人机沟通的个性化智能决策机制。

2）战场中不确定性问题

克劳塞维茨认为："战争是一团迷雾，存在大量的不确定，是不可知的。"可以预见未来战争中人机融合仍存在很多隐患未解决。首先，在复杂博弈环境中，人类和机器要在特定的时空内吸收、消耗和运用有限的信息，对人而言，人的压力越大，误解的信息就越多，就越容易导致困惑、迷茫和意外；对机器而言，对跨域非结构化数据的学习、理解、预测依然非常困难。其次，战争中决策所需信息在时空、情感上的广泛分布，决定了在特定情境中，一些关键信息仍然很难获取，而且机器采集到的重要客观物理数据与人类获取的主观加工后的信息、知识很难协调融合。最后，未来战争中存在的大量非线性特征和出乎意料的多变性，常常会导致作战过程及结果存在诸多不可预见性，基于公理的形式化逻辑推理已远远不能满足复杂多变的战场决策需求。

3）人的问题

人工智能的迅猛发展，已经成为推进武器装备创新、军事革命进程和战争形态变化的核心力量。但不可否认的是，正如美军防务专家彼得·希克曼所认为的：追求尖端科学技术并没有问题，但在未来战争中，制胜的关键因素依然是人。科学技术的缺点在于否认了个性化不受控、不可重复的真实。然而，人，尤其是每个人都是天然的个性化不受控、不可重复的主体。这种人和科学两者之间的本质性鸿沟是人机融合面临的一个挑战。

2. 当前人机融合智能的瓶颈问题

当前人机融合智能的瓶颈之一是没有物理上的定理或定律出现，即什么是人机融合智能。从根本上说，机器智能、人工智能是人类智能的概念化、系统化和程序化了的反映，是通过碎片化的数据+碎片化的知识+碎片化的逻辑模拟人类智能。而碎片化的知识+碎片化的逻辑+隐/显性的伦理道德/法律规定/价值常识等构成了人类智能或人类智慧。这两者之间的差距，使得当前人机融合智能遇到了很多难题，主要如下：

（1）数据与信息、知识的弹性输入——灵活的表征；

（2）公理和非公理推理的有机融合——有效的处理；

（3）责任性判断与无风险性决策的无缝衔接——虚实互补的输出；

（4）人类反思与机器反馈之间的相互协同——更好的调整；

（5）机器感知与人类认知的平衡；

（6）人机之间的信任产生机制；

（7）机器知识和人类常识的差异与融合；

（8）人机之间可解释性的阈值；

（9）机器终身学习的范围/内容与人类学习的不同。

3. 未来人机融合智能的关键问题和面临的困难

客观地说，人工智能只是人类智能可描述化、可程序化的一部分，而人类智能是人、机（物）和环境系统相互作用的产物。目前人机融合智能的发展还处于初级阶段，未来人机融合智能的关键问题主要包括：

1）如何将机器的计算能力和人的认知能力结合起来

目前处在应用阶段的人机融合中人与机器分工明确，没有产生有效的结合作用。人类在后天的学习中不断拓展认知能力，能够在复杂的环境中更精确理解到事情的发展和趋势，通过联想能力，人能够产生跨域结合的能力。而这种扩展认识和跨域联想的能力恰恰是机器所缺失的，如何使得机器有这种能力或者适应这种能力才是实现真正智能的突破口。

2）如何实现公理和非公理的混合推理，直觉和理性的融合决策

公理是数学发展史中的理论基础，而在科学与技术的应用过程中逻辑推理是最核心的方法，而机器的运行过程依旧是按照严密的算法语言运行的。但是人类的决策不同于这个过程，人类的联想能力还依赖于类比推理和跳跃思维，这是非公理的重要部分。实现公理和非公理的混合推理，直觉和理性的融合是人机平滑融合的关键。

3）人机融合的时机和人的介入时机问题

这个问题在人与机器出现对感知信息的不对称、人与机器在决策方向上出现矛盾、人和机器在行动过程中出现不一致时，尤为重要。从技术角度上讲，人机融合智能绝不仅仅是一个数学建模问题，同样是一个心理学工效问题，还应是一个实验统计和体验拟合的问题。

人类智能的最底层基础是人的多元意向（非逻辑）。人类智能是艺术，人工智能主要是技术。在人机融合智能中，人机环之间的关系既有有向闭环也有无向开环，或者既有有向开环也有无向闭环。目前的人工智能系统大多是有向闭环。未来的人机融合智能在技术上面临的困难主要有：

（1）人机认知不一致性问题。人机智能难以融合的主要原因就在于时空和认知的不一致性。人处理的信息与知识能够变异，其表征的一个事物、事实既是本身，同时可能又是其他事物、事实，一直具有相对性，而机器处理的数据标识缺乏这种相对变化性。更重要的是人对时间、空间的认知是具有意向性的，是具有主观期望的，而机器对时间、空间的认知是偏向形式化的，是客观存在的。二者不在同一维度上，所以具有很强的不一致性。

（2）意向性与形式化问题。英国的计算机科学家、人工智能哲学家玛格丽特博登，很早就提出了人工智能的核心和瓶颈在于意向性与形式化的有机结合，时至今日仍未有突破，实际上这也是人机融合智能的困难之处。意向性是对内在感知的描述（心理过程、目的、期望），形式化是对外在行为表现的描述（物理机理、反馈），行为可以客观形式化，而意向性是主观隐性化的。人机融合智能就是意向性与形式化的综合，它面临的困难是人的意向性与行为形式化的差异程度。因此，要形成一个对内在外在、主观客观、认知与行为上的整体描述，建立一个可以描述人的心理过程、目的、期望以及机器的物理机理、反馈的模型，对于人机融合智能的基础理论和应用技术的发展来说都是一个重要的挑战。

（3）伦理问题。人机融合智能的一个关键问题是伦理问题。人类价值观的起源是伦理学。人类本身拥有很多伦理道德困境，人工智能的出现也带给了人类对待人工智能伦理问题的思考。与此同时，人机融合智能伦理问题的关键之一是人机融合智能的范畴归属，它不仅包括人工智能的伦理，也包括人机融合后的责任归属，这也是人机融合智能在今后发展中的重要问题。

12.6 反人工智能带来的挑战

人工智能是研究、开发用于模拟、延伸和扩展人的智能的理论、方法和技术以及应用系统的一门新的技术科学。反人工智能则是从数据、算法、硬件等角度可以反制对手人工智能算法与装备的理论、方法和技术。反人工智能包括让其人工智能失效、误导对方人工智能、获取对方人工智能真实意图，甚至进行反击等。

反人工智能处于初级阶段。到目前为止，反人工智能技术的发展经历了两个阶段。最初，大多数反人工智能技术是通过误导或混淆机器学习模型或训练数据，这是一种简单粗暴的方法。但是，由于机器学习模型通常是在封闭环境进行训练，因此很难从外部进行干扰。随着神经网络的发展，对抗神经网络开启了反人工智能技术的第二条技术路线。研究人员可以将基于对抗数据周围的神经网络用于生成反馈数据，使得机器学习模型在识别和行动期间做出错误的判断，该方法与机器学习技术相似，可以达到初级反人工智能的效果。

博弈一直是反人工智能领域的重要研究课题。根据是否可以完全了解博弈信息，可以细分为完全信息和不完全信息博弈。完全信息博弈意味着所有参与者都能够获得博弈过程所有信息，例如在围棋或象棋游戏中，双方都可以了解所有的碎片信息和对手的行动。不完全信息则是参与者无法获得完整的信息，只有部分信息是可见的。例如在麻将或扑克游戏中，玩家无法控制其他玩家的分布或手牌，只能根据当前情况做出最优决策。

由于人工智能加速向军事领域转移并在战场上得到了实际应用，在叙利亚战争、纳卡冲突等取得了较好的作战效果，反智能化作战的基础研究和应用被提上了日程，逐渐受到关注。智能化武器和智能化作战近几年才得以迅猛发展，尚属于起步阶段，反智能化武器和智能化作战更是属于萌芽阶段。

12.6.1 反智能化作战的方式

反智能化作战首先需要弄清楚两个问题，就是"反什么"和"什么反"。从智能化装备的形态和作战方式，以及智能化作战的核心——智能算法。从这两个方面的发展上看，反智能作战的形式上可以分为两种，分别为"硬方式反智能作战"（硬反）和"软方式反智能作战"（软反）。

1. 硬方式反智能作战（硬反）

硬反——硬方式反智能作战，顾名思义就是通过硬杀伤、捕获、摧毁或电磁破坏等方式，实现对敌方无人机（群）、无人坦克战车（群）、无人艇（群）等武器装备在物理（包括电磁和通信）上的破坏，使其丧失继续作战的功能和能力。这种方式一部分是传统作战方式在智能战争或对智能武器作战上的延伸使用（包括传统的电子战或水声对抗等）；另一部分是需要建立专门智能化武器和智能算法来实施对敌方智能武器的物理破坏。例如，专门研制用于围捕敌方无人机的有人或无人的装备，研制更加先进、性能更好的无人机来对抗敌方无人机等。这种方式主要针对敌方的智能装备硬件实体，也可以称为反智能装备（反装备）。

2. 软方式反智能作战（软反）

软反——软方式反智能作战，是在作战过程通过实施故意的欺骗、无规则的动作行为或刻意制造针对性的战场态势、释放迷惑性数据等方式，使得敌方的智能核心算法效率降低甚至失效，达到战而胜之的目的。这是对抗战争智能算法的一种全新的思路和手段。例如，为了降低敌方侦察无人机群的侦察效果，通过对敌方无人机群侦察行为的观测。如果知道敌方无人机群采用蚁群觅食算法进行侦察搜索，由于蚁群算法中信息素是决定算法效果的核心部分，那么可以有针对性地制造战场态势，使得敌方无人机群中蚁群算法的信息素不起作用或降低作用，从而降低侦察搜索效率的目的。又如，在双方性能相当的无人战斗机（或无人战斗机群）实施对抗过程中，如果通过观察知道对方决定飞行动作的自主决策是主要基于强化学习的决策机制，那么可以通过我方飞机的无规则或反常的飞行动作，使对方智能算法中奖励机制（强化学习的关键部分）发挥不出它应有的作用，从而达到获胜的目的。

软反的基本前提条件是智能武器在硬件实体性能上相当，在作战对抗过程中，想方设法来使支持对方作战的智能算法效率降低或失效，达到反智能作战的目的。

12.6.2 反智能化作战面临的挑战

以硬方式、软方式进行对抗智能作战，诞生了对抗智能化战争的一种全新样式和需求——反智能智能，其核心思想就是在战场上利用智能的方法来对抗智能。根据"天下没有免费午餐"的定理，任何智能算法都不可能解决所有的智能问题，它只能在某类智能问题上具有良好的效果。例如，战胜围棋世界冠军李世石的 AlphaGo，如果没有大量数据支持（棋谱），不满足确定性信息、完全信息、静态的、单任务和有限领域这五个条件，它也是无能为力。因此就将来可能应用于智能作战的人工智能算法来说，完全有可能根据特定战场环境和智能算法，有针对性地建立反智能作战的装备和算法。

实际上反智能智能的核心也是一种智能算法，它是根据需要在战场上对抗智能算法而建立的，具有很强的针对性。反智能作战的智能算法（简称反智能算法）建立的一般过程如图 12.6 所示。

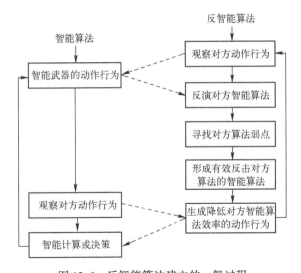

图 12.6　反智能算法建立的一般过程

在智能化作战过程中，装备的智能算法会根据战场态势和对方行为动作来确定自身的动作和行为，并通过观察对方的行为动作和战场态势的变化，不断进行智能计算和决策，来调整自身的行为和动作，以寻求达到最佳效果的目的。而在反智能作战过程中，反智能算法首先需要观察对方动作和行为，迅速反演出对方智能算法类型和框架，并找到对方智能算法的弱点，然后，自动生成能够有效降低对方智能算法效率甚至使其失效的方法、策略和具体实施方案，并生成相应的能够迷惑、干扰对方装备的动作行为或战场态势，从而形成有效反击对方智能作战的手段。

从上述分析上看，反智能算法是一个全新的方向，它需要应对以下的技术挑战：

（1）基于外在行为的智能算法快速反演问题。智能算法的一个突出特点是在特定任务和固定场景下效率很高。要对抗对方智能算法，首先必须知道该算法的类型和基本架构，这是反智能的基本前提。然而在反智能过程中，是无法直接获取对方智能算法的类型、架构和内部参数的，只能通过对该装备外在表现出来的行为动作（或有意使它表现出一定的行为动作）来快速判断其内在智能算法的类型、基本框架和部分参数等，要达到这个目的是十分困难的。

（2）智能算法的弱点分析与对策问题。要对抗智能算法的一个基本条件就是要知道该智能算法的关键弱点，才能有针对性地采取有效的技术措施。然而不同的算法类型、基本架构和实现途径所构建起来的智能算法的弱点是有所差异的，所采取的对策也有很大差别。例如，都是战术动作的决策问题，基于规则的算法和基于强化学习的算法，两者之间的弱点和可能采取的对策就完全不同。因此，如何基于智能算法的反演，迅速找到智能算法的弱点，并自动形成行之有效的对策，是十分关键的基础性问题。

（3）反智能算法的自主生成与运行问题。基于目前智能技术在战争中应用情况分析，运用于智能作战的算法种类是能够预测出来的，然而算法的具体实现方式和参数特性的差别就十分巨大，难以完全获知和预测。同时，反智能算法需要根据对方动作行为和智能算法特征来构建，才能具有针对性并期望获得较好的效果。因此，反智能算法不仅仅要能够自主生成并运行，还需要具有很强的自适应性。这是区别于智能算法的一个重要方面，也是最难解决的一个问题。

12.7 体系集成的试验与测试带来的挑战

将智能装备集成为有人无人智能装备体系或者无人自主智能装备体系的试验与测试处于装备研制的后期阶段，因此智能装备及其体系的相应试验与测试技术发展相对滞后，目前处于起步阶段。总结起来，智能装备体系集成的试验与测试存在两方面挑战，一方面是硬件实体及其控制系统存在"可用、好用"的试验与测试挑战，另一方面是智能装备体系实际应用的智能算法存在"敢用、实用"的试验与测试挑战。

从智能装备的组成上看，它主要由两部分组成，一部分是智能装备的硬件实体及其控制系统，可以理解为通常所说的智能装备的"躯体"；另一部分是智能装备作战实际应用的智能算法，可以理解为通常所说的智能装备的"大脑"。

1. 智能装备硬件实体及其控制系统

对于不同的智能装备，由于其承担任务不同、所处环境不同和所应用领域的不同，它的硬件实体和组成机构差异性很大。例如无人机、无人坦克、无人舰艇等的硬件实体、组成机构、结构形状完全不同。智能装备硬件实体的控制系统集中体现其智能度，主要是通过人工智能技术的赋能，面向特定任务，在自身模型、外部干扰和非致命故障等各种不确定和扰动情况下，使装备具有在复杂作业环境下执行多变任务的自主控制能力，并可通过主动学习、不断进化，使装备性能持续提升。目前知识推理、粒子群算法、蚁群算法、RBF/BP 神经网络、深度学习和强化学习等方法都纷纷应用到智能装备硬件实体和组成机构的制导和控制中，以便实现智能装备在复杂作业环境下的自适应控制。

2. 智能装备实际作战应用的智能算法

智能算法和软件是智能装备的核心。智能算法和软件以试验、仿真数据及工程数据为基础，以智能计算体系架构和芯片实现算力为依托，通过智能软件框架、智能操作系统和智能算法，实现装备在复杂环境下的智能化应用。其内涵主要包括智能计算算力、操作系统、软件框架、大数据、智能算法与系统平台。智能装备实际应用主要包括三个大方向，分别是智能感知、智能识别和智能决策。可以预见未来一段时间内，智能感知、智能识别应用最为广泛的是深度学习算法，其他的算法还包括神经网络、SVM、模糊 K 均值算法等。在智能决策方面，未来更多倾向于强化学习算法，其他方法还有基于知识图谱、专家系统的方法，以及博弈算法、决策树模型、贝叶斯网络模型等。

智能装备体系集成的试验与测试是确保其可靠、可信和可用的重要基础，是检验智能装备能否在实际环境中作战应用的基本前提，也是加快智能装备研制进度的重要保障。目前智能装备集成的试验与测试存在两大方面挑战，分别为硬件实体及其控制系统的"可用、好用"和实际作战应用智能算法的"敢用、实用"。

12.7.1 硬件实体及其控制系统的"可用、好用"试验与测试挑战

为了适应复杂战场环境，世界各国不仅仅有无人机、无人坦克战车、无人舰艇等纷纷装备部队，而且直立机器战士、机器鱼、机器狗及软体机器墨鱼等各式各样的智能装备都在不断推出。这些智能装备首先需要设计出能够适合复杂作业环境的各种智能硬件机构，并形成可以根据内部条件或外部条件的变化而改变的组合结构和运动模态等。其次硬件实体通过人工智能赋能其控制系统，在自身硬件、外部干扰和非致命故障等各种不确定和扰动情况下，使智能装备具有在未知复杂作业环境下自主执行多变任务的能力，这就要求智能装备的硬件实体及其控制系统能够进行自监控、自诊断、自治愈的智能健康管理，同时要有智能自主制导、控制与优化等方面的自适应性。

智能装备硬件实体的试验与测试方面存在"可用"的挑战。智能机构小型化、精细化、精准度以及组合结构和运动模态多样化、柔性化等特点必然大大增加智能装备硬件功能复杂性、性能的不稳定性，同时智能装备的可靠性会受到很大影响。智能装备整体的功能满足度、性能稳定性和可靠度必须达到一定的要求，这是装备可以实际应用的前提。很显然，采用传统方法无法对智能装备硬件实体的功能满足度、性能稳定性和系统可靠性等进行快速高效的试验与测试。如何针对智能装备的硬件机构、组合结构和运动模态等在各种极端环境下进行试验与测试，使智能装备硬件实体在实际环境中实现"可用"，这是必须面临的挑战。

智能装备控制系统的试验与测试方面存在"好用"的挑战。智能装备"好用"主要体现在两个方面：一方面是智能装备控制系统需要全面监控了解装备自身状态，并且在非致命故障时发生时，能够进行自行诊断修复、自行测试和自行再投入使用等，即自治愈能力，这对无人智能装备来说尤为重要；另一方面，对于智能装备的控制系统来说，为了实现自主制导、未知复杂应用环境下的自适应控制与优化，多种智能算法组合，诸如遗传算法、粒子群算法、蚁群算法、RBF/BP 神经网络、深度学习算法等的组合，被用来实现智能装备姿态调整、行为动作的连续规划与协同控制。因此，如何通过测试与试验，确定智能装备在多大故障程度实现自治愈，如何在典型应用环境下对多种智能算法组合的智能装备控制系统进行高效可靠的试验与测试，并且在将来未知复杂应用环境下确保智能装备能

够主动学习、不断进化而实现不降低功能、性能的"好用",这是必须面临的另一个挑战。

12.7.2 智能算法存在的"敢用、实用"试验与测试挑战

智能装备最终需要在复杂战场环境下实现作战应用,这要求有直接面向作战应用的智能算法支持,发挥出智能装备"大脑"的作用。智能装备"大脑"主要作用有两大方面,一方面是对战场态势的智能感知理解,另一方面是智能决策指挥。这两个方面对于智能装备作战应用的智能算法来说,都是以输出决策判断为目标。不论是智能感知理解还是智能决策指挥,都存在可解释性的问题。智能装备的"大脑"应该是"可信赖"的,那就要求智能装备做出的决策是可解释的。可解释性是指人类能够理解决策原因的程度。智能决策模型的可解释性越高,人们就越容易理解为什么做出某些决定或预测。智能决策模型的可解释性包括对模型内部机制的理解以及对模型结果的理解。然而,目前运用于以输出决策判断为目标的智能算法,包括深度学习和强化学习等,从模型内部机制和模型结果上都是不可解释的。

就目前智能技术而言,如果在战场上满足确定性信息、完全信息、相对静态的、单任务和有限领域这 5 个条件,那么人工智能可做出比人更优的决策策略,这已经从"深蓝"战胜国际象棋大师、AlphaGo 战胜世界围棋冠军中得到证明。如果上述 5 个条件中有 1 个以上不能满足,智能装备做出的决策策略的可信性就无法保证。然而,从古至今,没有任何一条战争必胜的作战规则,可以说"战争唯一的规则就是没有规则"。因此,如何在智能决策模型内部机制和决策结果都不可解释的情况下,对智能装备的决策模型进行测试,确保在不确定不完全信息、跨领域多任务和没有确定作战规则的复杂战场情况下也能够做出可信赖的决策策略,实现智能装备在实际战场上的"敢用",是当前智能装备体系面临的重大挑战。

目前对于战场的态势智能感知与识别是智能装备实现应用的基础。当前由于深度学习在图像分析、语音识别等方面取得了很多成果,因此被引入战场态势感知和目标识别上来,同时也显示出了很好的效果。但是神经网络和深度学习一样,在原理上不仅存在不可解释的问题,而且还存在模型过拟合与模型迁移的问题。同时神经网络和深度学习需要大量的数据进行训练,而实际上,很难获得大量的、真实目标和战场数据来训练模型。就算有足够的数据进行模型训练,通常模型也会获得训练数据在特定环境

下的"偏见"。而将智能感知与识别模型应用于实际战场环境中时，感知与识别的准确性就可能受到很大影响。因此，如何对智能装备的智能感知与识别模型进行有效测试，使得智能感知与识别模型有效避免过拟合，并且能针对不同战场环境和作战对象实现快速迁移，确保智能装备在战场上"实用"，这是面临的另一个重大挑战。

12.8　本章小结

从人工智能的发展情况上看，人工智能的核心是智能算法。人工智能加速应用于武器装备，催生了新的武器装备类型，即智能化武器装备。智能化武器装备从类型上可以分为两种，分别是无人智能武器装备和智能增强武器装备。通过综合集成，可以形成两类智能装备体系，分别为有人/无人智能装备体系和无人自主智能装备体系。面向军事应用领域，本书将智能算法划分为三大类，同时分析了目前人工智能存在的局限，并且指出由于人工智能及其核心算法的本质特征，将人工智能应用于武器装备集成为体系的过程中，存在五个方面的挑战：不可解释性带来的挑战，小样本、零样本和脏数据带来的挑战，人机融合智能带来的挑战，反人工智能带来的挑战，体系集成的试验与测试带来的挑战。本章详细论述了每一个方面挑战的原因、具体表现形式和技术内涵等，并指出应对挑战的未来研究方向。

参考文献

［1］ Russell S J, Norvig P. Artificial intelligence：a modern approach. Malaysia：Pearson Education Limited, 2016.

［2］ 霍兰. 隐秩序：适应性造就复杂性. 周晓枚, 韩晖, 译. 上海：上海科技教育出版社, 2000.

［3］ 冯肖雪, 潘峰, 梁彦, 等. 群体智能优化算法及应用. 北京：科学出版社, 2018.

［4］ 柴圆圆, 贾利民, 陈均. 大数据与智能计算. 北京：科学出版社, 2017.

［5］ Dorigo M, Gambardella L M. Ant colony system：a cooperative learning approach to the traveling salesman problem. IEEE Transactions on Evolutionary Computation, 1997, 1（1）：53-66.

［6］Theraulaz G, Bonabeau E. Modelling the Collective Building of Complex Architectures in Social Insects with Lattice Swarms. Journal of Theoretical Biology, 1995, 177（4）：381-400.

［7］Kennedy J. Particle Swarm Optimization. Proc. of 1995 IEEE Int. Conf. Neural Networks, Perth, Australia, Nov. 27-Dec.

［8］成科扬, 王宁, 师文喜, 等. 深度学习可解释性研究进展. 计算机研究与发展, 2020, 57（6）：1208-1217.

［9］Silver D, Huang A, Maddison C J, et al. Mastering the game of Go with deep neural networks and tree search. Nature, 2016, 629（7687）：484-489.

［10］李国杰. 中国计算机学会通讯. 2017（11）.

［11］梁晓龙, 孙强, 尹忠海, 等. 大规模无人系统集群智能控制方法综述. 计算机应用研究, 2015, 32（1）：11-16.

［12］刘伟. 人机融合——超越人工智能. 北京：清华大学出版社, 2021.

［13］陈珂锐, 孟小峰. 机器学习的可解释性. 计算机研究与发展, 2020, 57（9）：1971-1886.

［14］纪守领, 李进锋, 杜天宇, 等. 机器学习模型可解释性方法、应用与安全研究综述. 计算机研究与发展, 2019, 56（10）：2071-2096.

［15］宋闯, 赵佳佳, 王康, 等. 面向智能感知的小样本学习研究综述. 航空学报, 2020, 41（S1）：15-28.

［16］李新叶, 龙慎鹏, 朱婧. 基于深度神经网络的少样本学习综述. 计算机应用研究, 2020（8）.

［17］潘兴甲, 张旭龙, 董未名, 等. 小样本目标检测的研究现状. 南京信息工程大学学报（自然科学版）, 2019（6）.

［18］赵凯琳, 靳小龙, 王元卓. 小样本学习研究综述. 软件学报, 2021, 32（2）：349-369.

［19］中国计算机学会大数据专家委员会. 中国大数据技术与产业发展报告. 北京：机械工业出版社, 2016.

［20］Silver D, Huang A, Maddison C J, et al. Mastering the game of go with deep neural networks and tree search. Nature, 2016, 529（7587）：484-489. doi：10. 1038/nature16961. PMID：26819042.

［21］梁晓龙, 孙强, 尹忠海, 等. 大规模无人系统集群智能控制方法综述.

计算机应用研究, 2015, 32 (1)：11-16.

[22] 范丽丽, 赵宏伟, 赵浩宇, 等. 基于深度卷积神经网络的目标检测研究综述. 光学精密工程, 2020, 28 (5)：161-173.

[23] 刘全, 翟建伟, 章宗长, 等. 深度强化学习综述. 计算机学报, 2018, 41 (1)：1-27.

[24] 李晨溪, 曹雷, 张永亮, 等. 基于知识的深度强化学习研究综述. 系统工程与电子技术, 2017, 39 (11)：2603-2613.

[25] 刘建伟, 高峰, 罗雄麟. 基于值函数和策略梯度的深度强化学习综述. 计算机学报, 2019, 42 (6).

[26] 赵冬斌, 邵坤, 朱圆恒, 等. 深度强化学习综述：兼论计算机围棋的发展. 控制理论与应用, 2016, 33 (6)：701-717.

[27] 唐振韬, 邵坤, 赵冬斌, 等. 深度强化学习进展：从 AlphaGo 到 AlphaGo Zero. 控制理论与应用, 2017, 34 (12)：1529-1546.

[28] 吴宏杰, 戴大东, 傅启明, 等. 强化学习与生成式对抗网络结合方法研究进展. 计算机工程与应用, 2019, 55 (10).

[29] 孙哲南, 张兆翔, 王威, 等. 2019 年人工智能新态势与新进展. 数据与计算发展前沿, 2019, 1 (2)：1-16.

[30] 刘伟, 倪桑. 2018 年人工智能研发热点回眸. 科技导报, 2019, 37 (1)：159-164.

[31] 陶阳明. 经典人工智能算法综述. 软件导刊, 2020, 19 (3)：270-280.

[32] 吴国政, 王志衡, 韩军伟, 等. 人工智能验证平台综述. 中国科学基金, 2019, 33 (6).

[33] 侯殿君. 人工智能软件测试的研究和应用. 电子测试, 2019 (4)：117-118.

[34] 朱军, 胡文波. 贝叶斯机器学习前沿进展综述. 计算机研究与发展, 2015, 52 (1)：16-26.

[35] 牛海强, 李整林, 王海斌, 等. 水声被动定位中的机器学习方法研究进展综述. 信号处理, 2019, 35 (9)：1450-1459.

[36] 王超, 王腾, 马翔, 等. 基于 FPGA 的机器学习硬件加速研究进展. 计算机学报, 2020, 43 (6)：1161-1182.

[37] 何清, 李宁, 罗文娟, 等. 大数据下的机器学习算法综述. 模式识别与人工智能, 2014 (4).

［38］李凡长，何书萍，钱旭培．李群机器学习研究综述．计算机学报，2010，33（7）：1115-1126.

［39］赵健，张鑫禔，李佳明，等．群体智能 2.0 研究综述．计算机工程，2019，45（12）.

［40］封举富，于剑．2019 人工智能前沿进展专题前言．计算机研究与发展，2019，56（8）：1604.

［41］何泾沙，周悦．移动智能系统测试原理与实践．北京：机械工业出版社，2016.

附录 A

美军基于开放架构的
体系互操作与集成

A.1 概述

美军基于开放式架构的体系互操作与集成技术是面向"多域协同联合作战"的装备体系整体建设规划与实施工作的一个组成部分，涉及国防立法、研制规范、项目计划、技术框架、辅助工具的多个方面。单纯从其中一个方面看，是难以对美军装备体系集成及互操作性形成全面的认识和了解的。这里将以时间为主线，以国防立法为线索，对以上各方面的工作进行调研、整理、分析，以期对美军的装备体系互操作与集成技术相关工作形成较为全面的阐述。

通过本部分，希望读者可以从美军装备体系建设的整体，而非单一项目或装备的角度，以历史和发展的眼光看清美军在多域联合作战支撑体系方面的核心优势——"以法令为保障的多域联合管理与执行能力"。基于这一能力，基于开放式架构的体系互操作与集成、模型驱动系统工程等技术得以在装备体系建设的全生命周期发挥作用。这一优势体现在美军的军事装备体系建设的全生命周期都能够具有"先发制人"的引领能力，并使竞争者始终处于跟踪和应对的被动局面。

A.2 法令体系

得益于成熟的立法与执法体系，美军对自身的装备体系建设从初始阶段就确立了完备的法律体系，对相关决策和活动进行规范化约束，从而避免因"多头管理"导致的决策失误、指令冲突、重复建设以及无法集成的困境。总体来说，美军近三十年来围绕军事装备体系建设的每一次变革都是以国防部指令（DoDD）和参谋长联席会议指令（CJCSI）为指导和规范性约束开展的，并在该过程中根据新的地缘战略、国际态势和技术革新，逐步修正其立法和指令体系，并不断完善与指令体系相关的指导意见（Guide Book）和技术规范（Technical Specification）。到目前为止，与美军的体系化建设相关的报告、指令、规范包括：

- *Joint Vision 2010/2020*；
- DoDD 5000.1/2；
- DoDI 4630/8330；
- CJCSI 3170/5123/6212/8320/3200；
- Net‐Ready Key Performance Parameter（NR‐KPP）Implementation Guidebook。

A.2.1　作为总体牵引的 *Joint Vision 2020*

多域联合作战的构想起始于 1996 年，美国国防部针对海湾战争中大量"本方误杀"这一严重问题的反思，发布具有规划约束意义的 CJCS 报告 *Joint Vision 2010*。该报告中首次提出了"全域优势"（Full Spectrum Dominance）的目标，如图 A.1 所示。

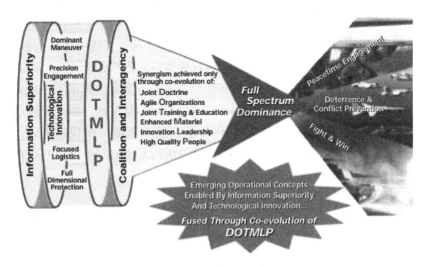

图 A.1　*Joint Vision 2010* 构想图

Joint Vision 的实施目标分解为如下四个方面。

（1）优势机动（Dominant Maneuver），构建多域的信息体系和作战合成兵力，将分散分布的各军兵种作战力量根据任务需求机动组织为"联合部队"。

（2）精准作战（Precision Engagement），联合部队在整个军事行动中，能够定位、监视、识别和跟踪目标，选择、组织和使用正确的系统，产生预期效果、评估结果，并根据需要以决定性的速度和压倒性的作战节奏开展"敏捷迭代作战"。

（3）全方位保护（Full Dimensional Protection），通过在空中、陆地、海洋、空间和信息领域内，在风险可接受的军事行动范围内，定制选择和应用多层主动和被动措施来实现保护其人员和其他必要资产的能力。

（4）聚焦式后勤（Focused Logistics），集中后勤将通过确保在适当的时间、适当的地点、适当的数量交付适当的设备、物资和人员来提供军事能力，以支持作战目标。

Joint Vision 2010 对美军的全军装备体系建设具有全面而深远的影响，其发布促成了美军一系列关键性基础设施的立项，例如海军层面的FORCEnet、全军指控层面的 GIG 等，尤其其中提出的 DOTMLP 成为延续至今的美国整个军事装备体系的基本实施方针。

为了对多域联合作战的落地实施提供更加准确的指导意见，CJCS 于1997 年在 *Joint Vision 2010* 的基础上发布了 *Joint Vision 2020*。其中，对跨域互操作性（Interoperability）给出了明确的说明——"互操作性是指系统或部队向其他系统或部队提供服务并接受来自其他系统或部队的服务，以及使用这样交换的服务以使它们能够有效地协同作战的能力"。*Joint Vision 2020* 对联合作战在全军体系的实施给出了指导意见，提出了"面向能力（Capability），基于服务（Service）"的体系结构方案，并由此形成了DoDAF 规范。在这个体系架构中，突出了"技术创新"的快速融入，并从概念转化为能力的研发与集成架构，这一架构基于 CJCSI 3170 规范落实为装备体系的研制与集成规范。

A.2.2　国防采办流程立法

为全面推进 *Joint Vision 2020* 规划，美军首先从装备体系研制立法和规范的层面进行推进。在国防部的指令和指示中，对装备采办最为重要的是 5000 系列采办文件，是美国国防部指导和规范采办行为的纲领性法规文件，主要由国防部 DoDD 5000.01 指令和国防部 DoDI 5000.02 指示组成。其中，5000.01 指令标题为《国防采办系统》，主要规范国防采办政策，规定国防采办计划必须遵循的大政方针和管理原则，是美军国防采办管理的顶层指导文件。5000.02 指示标题为《国防采办系统的运行》，主要规范国防采办程序和采办运行过程，是美军实施装备全寿命采办管理的基本依据。

2001 年的美军防务采办指令（DoDD 5000.1）规定："为了节省时间和费用应鼓励采用研制试验与作战试验综合的方法"，美军开始在全军范围内尝试实现研制试验与鉴定试验一体化试验鉴定策略，并于 2003 年起开始正式推行装备一体化试验与鉴定策略。各军种依据国防采办政策要求，规范各自试验鉴定法规，对试验鉴定机构进行适当改组，保障一体化试验鉴定思想的顺利实施。

从 2019 年末到 2020 年初，在国防战略牵引下，美国国防部在总结近两年美军各项采办改革实践经验和教训的基础上，对 5000 系列采办政策进行重大调整，按照精简、灵活、快捷、安全的改革思路，构建"1+N"5000 系列采办政策框架。这是美军采办程序和业务领域政策的重大变革。"1+N"5000 系列采办政策框架：1 是指 1 个核心政策，即 2020 年版国防部 5000.02 指示；N 是指按照 6 个采办路径和 10 个采办业务领域。美国国防部采取总分结合方式，以新版 5000.02 指示为核心，以系列配套指示、临时文件为支撑，构成 5000 系列采办文件族，更具体地明确国防采办路径和业务管理要求，提供专业化分类指导。5000.02 指示《国防采办系统的运行》，是美军装备采办全寿命管理的基本遵循，由正文和 13 个附件构成。正文明确了国防采办宏观政策、各部门在采办过程中的职责及项目管理权限，提出 6 种采办程序或模型（硬件型、软件型、渐进软件型、混合偏硬型、混合偏软型、快速应急作战型）；13 个附件分别规范了项目管理、系统工程、试验鉴定、后勤保障、信息技术采办等内容。正如 *Joint Vision 2020* 提出的 DOTMLP 所要求的，以上过程基于模型驱动系统工程技术实现了一体化，由此也为整个装备体系的集成与互操作性设计与验证奠定了基础。

由于联合作战强调多域协同作战任务驱动和能力导向，而不是单一的技术性能指标越高越好，试验鉴定同样也需要从单纯的考核装备技术性能是否达标，转向考核装备的作战性能是否能够满足能力需求，作战效能是否能够可靠地完成作战任务。因此，美军提出基于能力的策略（Capability

Based Strategy，CBS）贯穿武器装备需求论证、规划计划、研制开发和生产部署等各个阶段。基于能力的策略作为一种开放的、发展的顶层设计理念，已经深入存在于美军装备发展规划的机构制度和流程规范中，装备试验鉴定这块军方职能重点区域自然也不例外。美空军更是将基于能力的试验鉴定策略与一体化试验鉴定策略有机融合实施，将一体化试验策略作为落实基于能力的试验鉴定策略的主要途径。

自 2009 年以来，美军一体化试验鉴定策略呈现重新早期研制试验鉴定的趋势，并通过重新设立国防部研制试验鉴定管理机构，加强了对研制试验鉴定的监管。自一体化试验鉴定理论提出后，虽然极大程度改善了美军装备试验鉴定的面貌，但由于组织机构上和项目配套存在一些不完善的地方，特别对项目开发早期及时通过开展试验评估发现装备中存在的问题不够重视，导致装备隐患发现偏后。在美军作战试验鉴定局 2013 年监管的 130 个重大项目中，有 44 个项目在作战试验鉴定阶段存在不同程度的设计缺陷和不足，但是研制试验鉴定并没有发现。为此，美军在一体化试验鉴定策略的基础上，一方面重新加强了对研制试验鉴定的组织监管，另一方面强化了研制、作战试验向项目开发源头"左移"，以便及早发现需求不现实、技术不成熟的问题。自 2012 年以来，美国国防部正式开始实施改进武器装备研制试验鉴定的一项重要策略——"左移"。"左移"策略由美国国防部研制试验鉴定办公室提出，主要内容是在采办早期的研制试验阶段引入作战任务环境，将原先在装备采办后期才进行的集成与互操作性、网络安全和可靠性等试验，提前至装备采办前期进行，尽早发现并解决装备存在的问题，保证研制问题不会成为装备投产后的问题，更不会成为战场上的问题。从 2012 财年以来的实施情况看，"左移"策略正在改变美军防务采办的样式，它提前引入了任务背景，扩充了研制试验与鉴定的技术重点，更早地开展了互操作性试验和网络安全试验。

2004 年，美国国防部在 *Transformation Planning Guide* 中指出，为实现 *Joint Vision 2020* 中提出的目标，美军装备体系的需求、论证、研制、集成、测试将采用一体化架构，不仅要能"像作战一样训练"，而且要实现"像作战一样试验"，需要在联合任务环境下开展充分的、逼真的试验鉴定，国防部应为此提供新的试验能力。据此，美国国防部作战试验鉴定局于 2004 年 11 月发布了《联合任务环境试验路线图》，该路线图明确要求"在作战实验室、研制试验设施及部队的作战设备之间建立稳固的连接，形成 LVC（Live—真实的；Virtual—虚拟的；Constructive—构造的）联合任务环境，在此环境中进行实验、研制、试验或训练"。之后，美国国防部分别于 2005 年和 2006 年启动了联合任务环境试验能力（JMETC）计划和联合试验与鉴定方法（JTEM）联合试验与鉴定计划。联合任务环境试验能力的目标是把军方分散各地的试验设施设备、仿真资源和工业部门的试验资源连接起来，提供一种分布式的实时、虚拟、构造试验能力。而联合试验与鉴定方法则提供一种利用分布式实时、虚拟、构造试验环境完成联合任务环境中系统和系统体系（SoS）试验的方法和过程。联合任务环境试验能力和联合试验与鉴定方法相综合，将实现"联合任务环境试验与鉴定"。对于此，美军在近 10 年来的"综合火力 07"（IF07）、"互操作性试验与鉴定能力"（InterTEC）、"广域海上监视系统环境集成""空海一体战能力开发""联合互操作性试验"（JIT）等一系列分布式试验与训练演习及互操作性认证活动中已进行了验证，并加速推进这些分布式联合试验技术和能力的成熟。

A.2.3　与信息系统实施相关的 DoDI 指令

DoDI. 4630 命令是美国国防部发布的用于确保军事信息技术与安全系统在信息层面集成、互操作性和可支持性的研发过程要求。这里的可支持性（Supportability）是指体系内的要素可以及时、按需、可理解、高效获取自身需要的信息的能力。研发过程要求则针对了所有新研、改装、部署的系统，并确保贯彻到需求论证、跨域协调（体系设计）、系统实施、测试及批准的全生命周期。

在 DoDI 4630 的原则（POLICY）陈述中指出，信息集成、互操作性和可支持性是多域联合作战的关键，需要贯彻到军工装备体系的组织角色、责任划分、实施过程以及资源的主线，并体现到该过程的所有输出文件中。这些文件需要分别从联合活动架构（Joint Operational Architecture，JOA）、联合系统架构（Joint Systems Architecture，JSA）及联合技术架构（Joint Technical Architecture，JTA）三个视角进行构建，并从装备家族和系统簇（FoS/SoS）的角度描述清楚体系内的信息交换需求（Information Exchange Requirements，IER）和关键性能参数（Key Performance Parameters，KPP）。以上文件是在装备体系的需求论证、设计过程中逐步确立的，并且可落实为对系统的验证、测试、评估的详细量化要求，并将这些要求"尽早"在装备研制过程中实施，即围绕集成、互操作性和可支持性的"验证与测试左移"。以上过程与 CJCSI. 3170 确立的基于能力的研发与集成 JCIDS 系统相结合。

在实施过程的 DoDI 4630 提出了"围绕任务、基于输出"的信息集成与互操作性确保过程。信息互操作性的核心目标是实现 *Joint Vision 2020* 中提出的"信息优势"（Information Superiority），是在探测并抵消对手的信息能力的同时，收集、处理和传播不间断的信息流的能力。为实现这一能力，军事系统必须具备（跨域）信息集成、互操作性和可支持性，从而及时交换和利用战场信息。互操作性的需求则取决于对系统在装备家族或战场体系（FoS/SoS）中的功能角色进行评估。这个过程如图 A.2 所示。

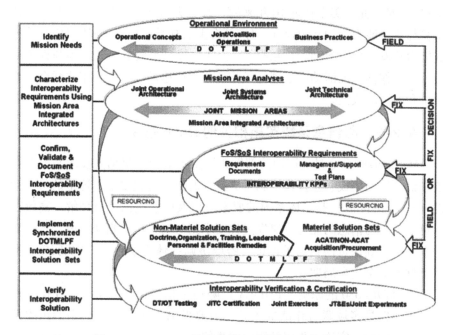

图 A.2　DoDI 4630 提出的信息互操作性的确保过程

"围绕任务、基于输出"的信息集成与互操作性确保过程是一个反复迭代的过程。该过程起始于任务需求分析，进而面向活动、任务、系统、技术进行架构分析，并明确系统的互操作需求，进而落实到不同阶段的文档中。其中，JOA 是对任务活动、参与活动的要素、贯穿于活动中的信息流的描述。JOA 对活动中需要交互的信息的类型、频度、相关活动和任务进行详细描述，从而确定信息集成与互操作需求。JOA 基于不同的使命任务进行分解（一个完整的作战活动往往涉及多个不同的使命任务），落实到不同的联合任务区域（JMA）中。JSA 描述了完成任务和活动过程中相关的系统以及系统之间的连接关系。JTA 描述了接口标准及各个系统的基本接口。JMA 与 JOA 互为补充，对作战任务进行描述。以上架构均采用 DoDAF 进行建模。

2019 年 12 月，DoDI 8330 正式替代 DoDI 4630，将"面向任务，基于输出"的过程调整为"面向能力，基于架构"，并将网络就绪（Net-Ready，NR）作为一种体系核心能力需求落实到了关键性能参数 KPP、关键系统属性 KSA、附加性能属性 APA 三种文档。这三种文档由 JCIDS 在进行体系设计过程中输出，同时作为联合集成测试司令部 JITC 开展信息集成与互操作性测试的依据。

DoD 5000、DoDI 4630 牵引 CJCSI 3170、CJCSI 6212 的发展关系如图 A.3 所示。

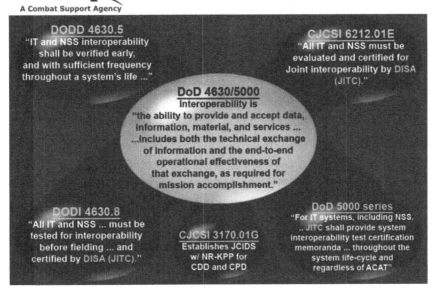

图 A.3　美军与体系互操作性相关的命令之间的关系

A.2.4　面向装备体系需求论证的 CJCSI 命令

在 *Joint Vision 2020* 的牵引下，美军自顶向下围绕整个装备体系的研制与集成建立了新的架构。作为装备体系研制与集成过程的源头，需求论证过程围绕"跨域互操作""任务能力驱动""面向服务"的目标建立了与之匹配的架构，并通过 CJCSI 3170、CJCSI 6212 等落实为"联合作战能力研发与集成系统"（JCIDS）。

作为 *Joint Vision 2020* 列出的实施计划，2003 年起，美国国防部提出以国防部为主导的 JCIDS 的构建，取代过去以军种为主导的需求生成系统 RGS，以基于能力的装备研制与集成替代过去基于平台或系统的研制思路。新的需求生成系统强化了国防部作为装备体系的总体牵头单位对美军全军装备体系需求论证过程的统一管理，突出以多域协同联合作战概念为依据，以集成联合体系架构为手段，通过模型驱动的需求分析与论证，确保联合作战概念对装备体系发展的牵引作用，并且为装备体系互操作与试验鉴定提供统一的实施框架。

与 RGS 相比，JCIDS 架构的关键改进是需求论证完全基于多域联合作战中的任务能力需求为牵引，成为"基于能力的评估"（CBA），分为三个阶段：功能领域分析、功能需求分析、功能解决方案分析。功能领域分析（FAA）是根据联合作战概念、联合作战能力目录、现有能力目录、军事作战方案、所拥有的各类资源、敌方能力评估、作战环境以及设定情况下需要的能力及范围，经过系统分析和确认，输出为达到任务要求的军事效果所涵盖的所有军事需求、条件及标准。在此基础上，功能需求分析（FNA）根据装备集成体系结构、国防部指导意见及经验数据等相关要素，基于 DoDAF 形成体系设计，进而通过大量仿真与分析过程，分析确定相关领域能力的差距和冗余，并得出需求优先级列表，进而将需求映射到 DOTMLPF 的各个阶段。功能解决方案分析（FSA）根据功能需求分析得出的能力差距优先级清单，确定解决这些能力差距的方案分析，包括装备研制以及条例、训练、培训和设施建设等方案。该过程如图 A.4 所示。

JCIDS 将装备体系能力需求分析过程体现到一系列采办过程文件中，包括《初始能力文件》（ICD）、《能力发展文件》（CDD）和《能力生产文件》（CPD），并增加了面向 DOTMLPF 的修订建议文件 DCR。正是通过对这些文件的审核推动了装备体系的论证与采办。图 A.5 给出了 JCIDS 的系统架构。

作为需求分析过程输入的联合未来概念集（the Family of Joint Future Concepts）由联合作战概念、联合行动概念、联合功能概念和联合综合概念组成。联合作战概念不仅要为联合概念机构提供总的指导，让其了解联合部队在未来 10～20 年内将怎样作战，而且还要指导联合行动概念、联

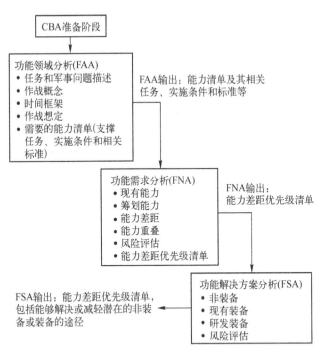

图 A.4　CBA 各阶段工作及输出

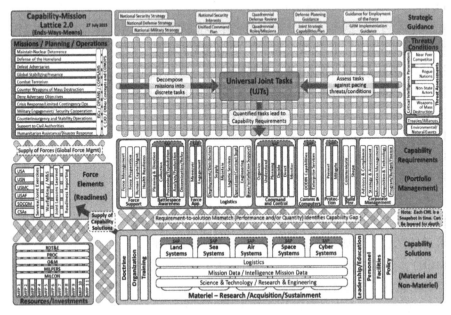

图 A.5　JCIDS 的系统架构

合功能概念、联合综合概念的选择、制定与开发。联合行动概念主要描述一般性的联合部队作战行动（如稳定性作战）；联合功能概念主要描述具有长期性的联合部队功能（如部队应用和战场感知）；联合综合概念主要描述精确聚焦的军事行动或功能（如全球打击和联合后勤）。联合未来概念集主要用于支持超过 5 年期国防计划的新能力开发决策，而且新的能力需求必须直接与联合未来概念集确定的能力联系起来。因此，联合未来概念并不提供直接的解决方案，而是提供能够经得起长期检验的建议解决方案。而军种的作战概念（CONOPS）和参谋长联席会议优先考虑的联合任务则主要集中于近期（未来 7 年内）的能力需求，并允许对现有能力进行调整和更改。总体来说，联合未来概念集、作战概念和联合任务不仅将为联合作战能力需求的判断和能力差距（或冗余）的确定提供通用框架，而且还将为功能领域分析（FAA）、功能需求分析（FNA）、功能解决方案分析（FSA）、后期独立分析（PIA）提供概念基础。这种作战概念源头上的一体化架构确保了基于 JCIDS 完成设计的装备系统之间的互理解和互操作能力。

JCIDS 全过程使用了模型驱动系统工程（MBSE）技术，并通过 CJCSI 3170 规范加以要求，并落实为基于 DoDAF 的系统建模。质量功能分解（Quality Function Decomposition，QFD）是 JCIDS 分析过程中的关键，由一系列矩阵构成。美军需求分析小组将军事能力缺陷与国防部顶层战略、联合作战概念体系、作战概念结合，通过 QFD 矩阵重点突出相互之间的联系，并通过权重确定优先级，最终落实为一系列能力量化指标。体系建模与仿真在 JCIDS 中承担关键的角色，主要用来分析基于 CJCSI 6212 规范确立的网络中心战关键性能参数 NR KPP 的合理性，并对能力初始文件中的内容进行追溯和修改。如果经过体系建模和仿真的检验发现 ICD 中所确定的 KPP 无法满足联合作战的要求，则需要重新评定需求。基于 JCIDS 对军事体系采办过程的推进如图 A.6 所示。

CJCSI 3170 制定了"围绕能力，基于输出"的军事体系采办过程，并依托 JCIDS 将这一过程形成制度落地实施。在前期基于 QFD 完成能力需求评估之后，形成用于进行后续军事体系采办评估的"初始能力文件"（ICD），并通过仿真、试验等多种手段开展可选方案分析（AoA），进而开展后续的快速迭代采办环节。在每一次迭代中，均采用"能力开发文件"（CDD）对本次迭代中的实施内容进行细致评估和约束，并以里程碑（MS）机制进行监督。在该过程的每一个环节均采用 DM2 元模型对系统

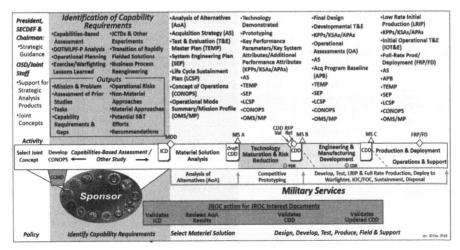

图 A.6 基于 JCIDS 对军事体系采办过程进行推进

间关键交互参数进行分析与评估，从而确保了整个体系的互理解、互操作的综合集成。

A.2.5 面向装备体系互操作的 CJCSI 命令

装备体系集成与互操作是实现多域联合作战的基础支撑条件。基于 *Joint Vision 2020* 提出的 DOTMLPF 准则，集成与互操作并不仅限于"软件"或者"装备"研制，而是贯穿了作战条例、作战活动、作战训练、物资调度、后勤保障的整个军事体系。因此，装备体系集成与互操作是通过 DoDI 5000.2 作为过程牵引的一系列命令和规范完成的，体现到国防采办的角色岗位设置、研制过程要求、测试方式和负责司令部的设置。落实到研制过程要求，由 CJCSI 3170 及 JCIDS 操作指南明确，在需求论证阶段即确保跨域理解一致性，即从作战概念的层面通过 DoDAF 统一建模实现跨域理解一致性，并基于模型驱动将裂解一致性延伸到装备体系研制的全生命周期。具体技术原理参见后续"体系设计支撑技术""模型驱动系统工程的应用"等内容。

CJCSI 3170 的装备体系研制过程中（技术研制阶段）需要面向跨域信息交互与共享确定关键性能参数（NR KPP）。NR KPP 的选择和评定是由国防部主管的互操作委员会调集相关领域的专家完成的，其内容如图 A.7 所示。

以 NR KPP 为基础，对装备体系中各组成部分之间的交互内容和 QoS

NR-KPP Description	Attribute	Metrics	Used For	Data Sources
	Military Operations (e.g. mission areas or mission threads)	Effectiveness Measures used to determine success of the military operation	NR-KPP Effectiveness Measures	JMETLs and NMETLs
		Conditions under which the military operations must be executed		
Support net-centric military operations	Operational tasks required by the military operations	Operational Performance Measures used to determine activity performance	NR-KPP Performance Measures	JMETLs and NMETLs
		Conditions under which the activity must be performed		
Enter and be managed in the network	Which networks do the net-centric military operations require	Operational Performance Measures for entering the network	NR-KPP Performance Measures	
		Operational Performance Measures for being managed in the network		N/A
Exchange Information	Information produced and consumed by each military operation and operational task	Operational Performance measures to ensure exchanges are. Continuous Survivable Interoperable Secure Operationally Effective	NR-KPP Performance Measures	DoDAF OV-3 Operational Information Exchange Matrix

图 A.7　NR KPP 的选择和描述

进行了明确的规定。该过程及其产物通过 CJCSI 6212 进行规范性约束。与 CJCSI 3170 形成配合，CJCSI 6212 要求将 KPP 落实到装备体系设计的 DoDAF 视图中，具体落实过程参见后续"基于 DoDAF 的体系建模技术"章节。CJCSI 6212 要求的 DoDAF 视图如图 A.8 所示。

Document/Architecture	AV-1	AV-2	CV-1	CV-2	CV-3	CV-4	CV-5	CV-6	DIV-1	DIV-2 (OV-7)	DIV-3 (SV-11)	OV-1	OV-2	OV-3	OV-4	OV-5a	OV-5b	OV-6a	OV-6c	PV-2	SV-1 or SvcV-1	SV-2 or SvcV-2	SV-4 or SvcV-4	SV-5a or SvcV-5	SV-6 or SvcV-6	SV-7 or SvcV-7²	SvcV-10a	SvcV-10b	SvcV-10c	StdV-1 (TV-1)	StdV-2 (TV-2)
DCR	1		R	R	R	R						R														R					
CONOPS	1		R	R	R	R		R				R	R		R	R										R					
ICD	1	X	R	R	R	R		R				X	X		X	X	O									R					
CDD	1	X	X	X	X	X	X	X	X			X	X	X	X	X					X	X	X	X	X	X				X²	X²
CPD	1	X	X	X	X	X	X	X	X	X		X	X	X	X	X					X	X	X	X	X	X				X²	X²
IC³,⁴	X	X	X	X			X		X	X		X	X	X	X			X	X	X	X	X	X	X	X	X	X			X	X

Legend	X – Required O – Optional R- Recommended, PM needs to check with their Component for any additional architectural/regulatory requirements for CDDs, CPDs. (e.g., HQDA requires the SV-10c, USMC requires the SV-3, IC requires the SvcV-10a and SvcV-8)
Note 1	The AV-1 must be registered, must be "public" and "released" at the lowest classification level possible in DARS for compliance.
Note 2	The technical portion of the StdV-1 and StdV-2 are built using GTG-F DISR standards profiling resources and, within six months of submitting JCIDS documentation, must be current and published for compliance. Use of non-mandated DISR standards in the StdV-1 must be approved by the PM or other duly designated Component cognizant official and documented by a waiver notification provided to the DoD CIO.*
Note 3	Intelligence Community (IC) requirements IAW the IC Enterprise Architecture Program Architecture Guide and development phase which clarifies the IC Policy Guidance 801.1 Acquisition.
Note 4	Service Views (SvcV) only.
Note 5	1. The Sponsor* and the Program are jointly responsible for the AV-1, AV-2, CV-1, CV-2, CV-3, CV-4, CV-5, CV6, SV-6 or SvcV-7. 2. The Sponsor* is responsible for the development of the architecture data for the OV-1, OV-2, OV-4, OV-5a, OV6c, DIV-2, and the SV-6 or SvcV-6. 3. The Program is responsible for the development of the architecture data for the DIV-1, DIV-3, OV-3, OV-5b, OV-6a, PV-2, SV-1 or SvcV-1, SvcV-2, SV-4 or SvcV-4, SV-5a or SvcV-5, SvcV-10a, SvcV-10b, SvcV-10c, StdV-1, and StdV-2. * Operational user (or representative).
Note 6	The NR-KPP Measures data is captured in the SV-7 or the SvcV-7.

图 A.8　NR KPP 在 JCIDS 的各个阶段以及 DoDAF 各个视图中的落实要求

CJCSI 6212 中给出了 NR KPP 的基本方法和过程——NR KPP 体系架构开发方法论。NR KPP 体系架构是一套用来构建 NR KPP 的相对固定的体系架构，包括了一套严格的验证过程，目标是提升军事体系的互操作性、信息共享及规范遵从性。通过在工程实施过程中增强互操作性也可以降低实施成本提升实施效率。NR KPP 采用三个关键步骤，并融入了 DoDAF 的六个关键步骤中，进而由此增加 DoDAF 跨域体系设计的重用和集成能力。

　　在 NR KPP 的落地实施与规范性测试方面，通过 CJCSI 8320（图 A.9 和图 A.10）、CJCSI 8330 进行约束，前者明确了装备体系在数据共享方面的要求，后者则明确了装备体系在包括互操作测试在内的信息支撑计划（Information Supportability Plan）方面的要求。

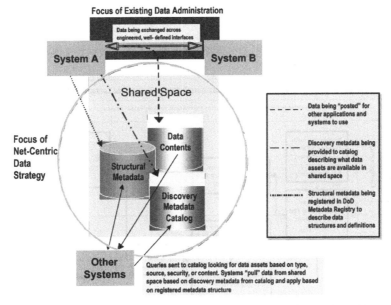

图 A.9　CJCSI 8320.2 中确立的基于元数据的跨域数据互理解机制

　　基于 CJCSI 3170、CJCSI 6212、CJCSI 8330 等一系列命令的牵引，装备体系互操作的测试规范落实到了 DoDD3200 牵引的一系列规范，并由联合集成测试司令部（JITC）负责执行。以上命令和规范的关系如图 A.11~图 A.13 所示。

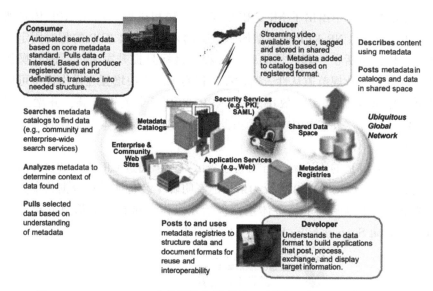

图 A.10　CJCSI 8320.2 中美军装备体系基于元数据的数据共享体系架构

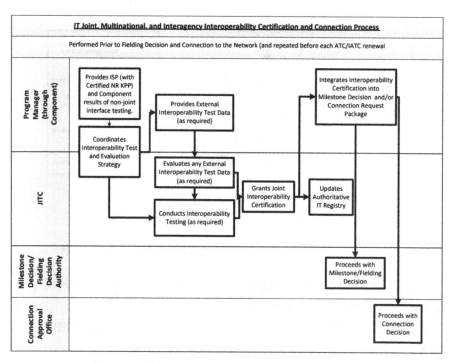

图 A.11　基于 CJCSI 8330 对互操作测试计划的牵引

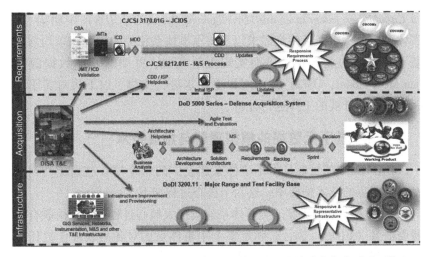

图 A.12　DoD5000 和 JCIDS 牵引下的研制过程和全域联合仿真测试环境

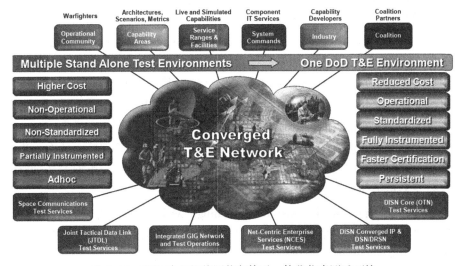

图 A.13　JITC 确立的美军装备体系一体化仿真测试环境

A.3　体系设计支撑技术

多域联合作战（Multi-Domain Joint Operation）是构建军事体系的远景目标，并贯彻在体系建设的全生命周期。尤其在前期的需求论证和体系设计阶段，为确保始于任务使命需求的全局一致性，CJCSI 5123，*Charter of The Joint Requirements Oversight Council（JROC）and Implementation of The*

Joint Capabilities Integration and Development System（JCIDS）中明确指出，美军体系中的所有任务使命需求以及与军事体系相关的研制需求均需要确保基于互理解的互操作性进而实现无缝集成，并要求基于数据源模型（Data Meta Model，DM2）技术对以上要求进行支撑。以下将对美军围绕这一技术体系开展的工作进行分析。

A.3.1 基于元数据的模型理解与集成技术

DoDAF DM2 的目标是将军事体系建设中的六个核心过程统一到模型驱动系统工程的技术框架中。这六个核心过程如下。

（1）能力集成与研发。美军体系建设三大核心过程之一，由联合需求监督委员会（JROC）执行，确定整个军事体系面对各类联合作战任务使命提出的需求，作为后续 PPBE 和 DAS 的驱动。前面关于 CJCSI 3170 的分析中有详细描述。

（2）计划、程序、预算与执行，Planning, Programming, Budgeting and Execution（PPBE）。对军事体系采办进行财政预算与执行管理的过程，由 DoDD7045 约束。

（3）采办系统，Acquisition System（AS）。基于 DoDI5000.2 指令约束的军事体系采办过程，基于里程碑和输出文件与 JCIDS、PPBE 形成呼应，覆盖了军事体系建设的全生命周期。

（4）系统工程，Systems Engineering（SE）。美国国防部确立的在军事体系中贯彻模型驱动系统工程方法所依据的覆盖系统全生命周期的活动路线图（Activity Roadmap）。

（5）作战行动规划，Operation Planning。对多域联合作战行动进行细致的规划，并在规划的过程中确定 NR-KPP 等互操作相关的细节特征，进而驱动完成系统迭代优化。

（6）能力组织管理，Capabilities Portfolio Management（CPM）。对军事体系的建设项目进行管理的过程。

为了实现将以上六个关键过程联系为一个整体的目标，DoDAF DM2 建立整个军事体系一使用的无歧义词汇表，用来描述关键过程中的所有要素。以此为基础，建立体系内所有交互数据的语义和格式，确保跨域数据互理解，并支持新的数据随着军事体系的发展不断加入，被其他系统发现并正确理解，使整个体系的信息流具备持续可扩展性。最后，基于精准的语义理解实现对六个关键过程相关数据的分析，并基于分析结果支持辅助决策。

DoDAF DM2 采用了模型驱动系统工程技术中常用的"概念—逻辑—平台"的三层建模机制。在概念层次使用本体化建模手段建立装备体系中的各类要素以及要素之间的关系；在逻辑层次则通过附加测量体系、度量单位实现了模型之间的量化一致性，从而确保了数据层面的互理解和互操作。在平台层次完成模型面向不同语言和计算环境的落地。如图 A.14 所示。

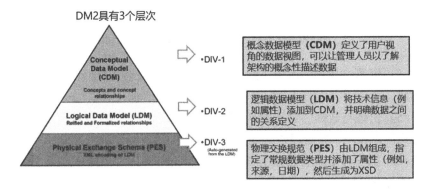

图 A.14　DoDAF DM2 元模型建模方法

基于这一方法，DoDAF DM2 确立了与 JCIDS 一致的装备体系基本要素，如图 A.15 所示。

（1）能力。通过一系列活动，对体系内资源进行整合调度，从而在指定的（性能）标准和条件下达到预期效果（功能）。2003 年之后，美军装备体系内所有需求均采用能力进行建模，并形成了能力指标体系。

（2）服务。用来访问并获取"能力"的手段的抽象模型，该模型提供一系列"接口"和"约束条件"。执行者通过访问接口获取能力。

（3）活动。战场体系中的行为，表现为对资源状态的改变或在要素之间传递资源。体系能力是构成体系的各类系统基于活动形成的能力涌现。

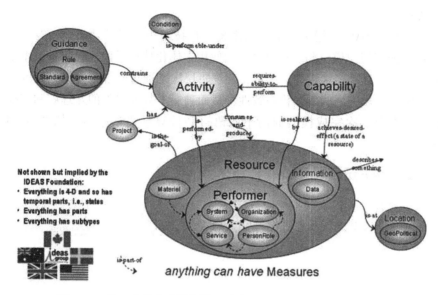

图 A.15　基于本体化建模与推理技术的 DoDAF DM2 元模型体系

（4）资源。战场体系中供给或消费的数据、信息、执行者、物料或人员类型。

（5）信息与数据。对活动具有影响的资源状态，信息以任何媒介或任何形式得以实现，并得以传达或接收。

（6）执行者。执行活动并提供能力的任何实体，包括人、系统、装备、服务等任何形式。

（7）条件。执行者执行任务的时候所处的环境或位置。

（8）效果。资源需要具备的状态。

（9）量度。信息的量化方式，包括度量单位和测量参考系，通过FACE SDM 进一步细化描述。

（10）位置。空间上的一个点或范围，可以在物理上或逻辑上引用。

（11）条例。旨在引导或指导行动执行的权威性声明。

（12）项目。为创建资源或所需效果而执行的任务。

（13）愿景。基于能力描述项目未来状态的目的，而不考虑如何实现、关于未来将会或可能是什么样的想象。

遵循 DoDAF DM2 规范建立元模型架构的另一个原因是 DoDAF DM2 采用了本体化技术，不仅可以确保各类模型要素的"理解一致性"，还能够建立各类模型要素之间的"关联关系"，从而形成面向复杂装备体系的

"知识图谱"。正是借助这一机制,美军在其 JCIDS 中建立了具有关键作用的装备体系"知识管理与辅助决策(KM/DS)系统",使任意装备的研制过程从需求论证阶段开始的所有环节在整个装备体系中具有"理解一致性",从而确保多军兵种、多领域、多单位的协同论证与设计能力。

美国国防部要求,与军事体系建设相关的六个核心过程的所有输出(Outcome,目前要求全部采用 DoDAF 进行建模)中的要素均采用 DoDAF DM2 进行元模型标注,并利用 DM2 中维护的关系模型确立各类要素之间的逻辑关系,包括语义关系和度量关系。基于关系演算形成的推理能力确保了军事体系建设六个核心过程之间紧密关联且可以完成形式化验证。这些机制也为跨域互操作性奠定了坚实的基础。

A.3.2　体系知识管理技术

美军在构建 JCIDS 的过程中,利用不断充实的本体化模型库和关系演算技术,逐步构建起了覆盖军事体系各个领域的知识管理与辅助决策(Knowledge Management/Decision Support, KM/DS)系统。通过该机制,在确保需求描述和理解一致性的基础上,避免了重复建模与分析工作。

JCIDS 尤其强调了利用已有的规范化设计与论证数据开展"学习与培训"的机制。保存在 KM/DS 系统中的模型化数据以图形化的形式协助 JROC 的决策人员查看、重用、学习与能力需求相关的知识以及能力需求产生的过程。JCIDS 将给出对学习过程的评估。在 JCIDS 中经过验证的体系需求以 DM2 本体化模型的形式存储在 KM/DS 系统中,并对所有的相关人员可见,作为后续开展需求论证和系统研发可用的"知识"。JCIDS 管理员维护了 KM/DS 系统中的知识数据,并推送给所有用户。而用户开展的所有论证结果均以本体化模型的形式提交到 KM/DS 系统中。

本质上,体系知识管理技术是传统的知识工程和语义网络技术在军事体系需求论证与设计领域的应用。近年来,知识管理、知识工程相关技术逐步发展为知识图谱和专家系统,在各个领域中得到了广泛的应用。

A.3.3　基于 DoDAF 的体系建模技术

美军对 DoDAF 的设定是严格围绕 CJCSI 3170 和 CJCSI 6212 的军事体系需求与互操作性论证过程进行的,并用来确保军事体系建设六个核心过程的输出之间可以进行对接、集成与推理。因此,DoDAF 并非"视图设计规范",而是基于类 UML 视图承载的军事体系建模规范。抛开对美军军事体系设计规范和支撑技术的掌握，单独使用 DoDAF 是无法有效完成军事体系建模工作的。DoDAF 与 CJCSI 3170 和 CJCSI 6212 的关联情况如图 A.16 所示。

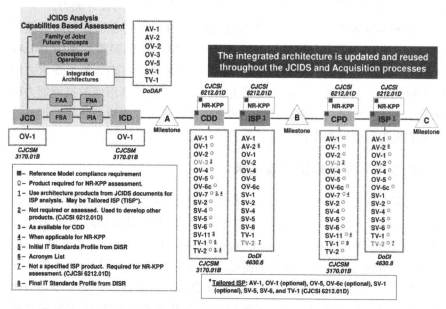

图 A.16　在 JCIDS 中不同阶段 DoDAF 视图以及与 CJCSI 6212 关系

DoDAF 规范仅仅描述了其不同视角（View Point）的不同视图可以承载的体系设计信息，包括要素内容和要素之间的关系。其中，所有的要素均采用 DM2 本体化建模，并由此建立彼此之间的关系。实际上，如果一方面欠缺 DM2 元模型体系的支撑，另一方面欠缺 JCIDS 的支撑，那么基于 DoDAF 的体系建模技术将无法发挥实际作用。

根据 CJCSI 3170 中对不同阶段输出的定义，JCIDS 中有针对性地使用 DoDAF 相关的视图进行描述初始能力文件，Initial Capabilities Document（ICD）是基于 JCIDS 进行的基于能力的需求评估（CBA）的输出。ICD 中记录了通过 CBA 识别出的显著的能力差距（Capability Gap），该能力对应的使命任务级别的活动特性，即针对什么样的使命任务，在怎样的联合作战行动中存在能力差距。ICD 通常列出需要进一步研制的装备需求，并触发后续的研发与选型活动。涉及联合作战行动，根据 CJCSI 6212 的要求，在 ICD 中需要描述活动中需要交互的关键性能参数 NR-KPP。为了对 ICD 进行"细致描述"，CJCSI 3170 中要求综合采用多种视图进行呈现，如图 A.17 所示。

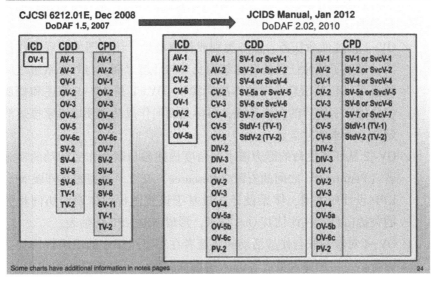

图 A.17　JCIDS 与 CJCSI 6212 输出文件、DoDAF 各视图的关系

✓ AV-1 对使命任务的整体进行描述，由此描述 CBA 确定的使命任务需求和愿景。

✓ AV-2 对术语进行规范，采用 DoDAF DM2 的本体进行无歧义描述。为了对 ICD 进行细致描述，CJCSI 3170 中要求综合采用多种视图进行呈现。

✓ CV-2 对需要提升的能力差距的所有能力要素进行能力指标体系架构呈现，本质上是在能力要素组成的知识图谱中表明需要提升的能力要素的分类和构成，一方面帮助体系设计人员更加清晰了解需要提升的能力要素的顶层归属，另一方面厘清与该能力要素相关的所有支撑性能力要素。

　　1. ICD 中将 CV-1 作为推荐项而非必选项。从 CV-1 自身的描述和呈现目标来看，其主要用来描述体系的能力提升远景目标，或者说愿景规划。因此，CV-1 适用于 CBA 的输出和 ICD 的输入。

　　2. JCIDS 中反复指出，用于构建 DoDAF 视图的要素，甚至绝大多数视图的构建并不是基于"项目"进行的，而是基于整个军事体系的 KM/DS 知识库完成的。

✓ CV-6 建立能力要素与联合作战活动之间的映射关系，为后续面向作战活动领域专家的审核提供依据。由于在 ICD 阶段的审核重点是能力需求的合理性，而非技术可实施性，因此与能力的实施和部署相关的其他视图不会出现在 ICD 中。

✓ OV-1 描述使命任务、任务类别或作战场景。该视图面向联合作战活动描述了使命任务的整体结构及其与环境之间、与外部系统之间的交互（包括信息在内的作战资源）。OV-1 是 AV-1 综述和概要信息的文字内容的图形呈现，目标是面向作战活动领域专家描述清楚能力需求的背景。

✓ OV-2 从任务使命的能力需求的角度描述参与联合作战活动的实施者（Performer）之间的资源（Resource）交互。该视图是开展 NR-KPP 设计的关键，体系设计人员基于该视图提取体系内协同相关的关键信息，并评估其 QoS 需求，形成 NR-KPP 评估表。

✓ OV-4 对参与联合作战活动的实施者在军事组织中的组织管理关系进行呈现，例如人员或者部队的指挥归属、武器装备的集成关系。该视图帮助决策人员对能力提升涉及的体系要素和角色建立认识。

1. OV-3 是基于 OV-2 自动生成的表格，也是后续进行 NR-KPP 设计的一种查看手段。

2. 同样，OV-4 的主要内容是基于 JCIDS 中的 KM/DS 系统中累积的"知识"自动构建的，而不是在每次设计论证中由设计人员自己重复构建的。基于 OV-4 决策人员需要明确当前的组织关系是否有利于或阻碍使命任务能力的提升目标，也就是 CBA 阶段确立的 CV-1 视图。

3. 围绕能力需求是 DoDAF1.5 变更为 DoDAF 2.0 最大的改变。所有 OV 视图的构建都是围绕着对"能力"的支撑。

✓ OV-5 对作战活动的细节进行描述和呈现。分为 OV-5a 和 OV-5b，前者用于进行活动分解，后者则基于 SYSML 活动图对参与活动的所有 Performer 活动交互关系进行呈现。OV-5b 承载的信息实际上与 OV-2 存在重叠，因此 JCIDS 中并不对 OV-5b 做强制要求。

以 ICD 为输入，综合利用多种仿真建模手段，可完成对顶层（high-level）需求的仿真论证，针对所有可选的实施手段进行分析和评估（AoA），并在此过程中明确 KPP、KSA、APA。ICD 评估的结果是生成能力建设文件，Capability Development Document（CDD）。涉及逐步细化的装备研制需求和作战体系设计（部队部署、战术战法等），CDD 需要通过更多的 DoDAF 视图进行描述和呈现。

✓ ICD 中的内容需要保留在 CDD 中作为输入依据。

✓ CV-1 用来在 CBA 输出的使命任务能力提升愿景的基础上制定更加详细的能力提升计划，确保能力提升过程在时间和成本上是可控的，为后续的财政计划和实施评估 PPBE 提供依据。

✓ CV-3 用来描述能力实施的时间计划。

✓ CV-4 用来描述能力差距与军事体系中各项能力要素之间的依赖关系。与 CV-2 相比，前者更加突出描述清楚能力差距的顶层归属，CV-4 更加突出能力之间的支撑。

✓ CV-5 对 CV-1 进行更加细化的规划，包括实施时间和实施主体。

✓ OV-3 用来明确说明 KPP，并由此进一步生成 KPP 设计表格。

✓ OV-6a/b/c 对影响作战活动的规则、状态迁移、触发事件进行建模和呈现，在此过程中进一步明确体系的 KPP。

　　1. 与大部分基于 JCIDS 中的 KM/DS 系统自动生成的 DoDAF 视图不同，CV-3、CV-5、OV-3 需要参与体系设计和论证的人员进行更多的分析与设计工作。CV-3 和 CV-5 与计划和实施进度密切相关；OV-3 则需要领域专家针对每一个 KPP 进行细致描述。

　　2. CJCSI 6212 以及 JCIDS 中均指出，该过程不可能"一步到位"，而是一个不断修正的过程。而且因为面临多种因素和众多能力需求，体系设计不存在"最优解"，JCIDS 的设计原则是"刚刚好"（Fit for Purpose）。

　　3. 这些设计均会通过 KM/DS 完成上传和存储，作为后续类似设计的参考。

✓ DIV-1/2/3 对体系内交互的数据进行"概念""逻辑""平台"三个层次的建模，2018 年之后采用 FACE SDM 规范完成建模，详细内容参见关于 FACE 的调研内容。

✓ SV-1/SvcV-1 采用 SYSML 模块图的形式对构成体系的系统或者服务的构成进行建模和呈现。由于构成体系的系统和服务种类繁多，DoDAF 中建议 SV-1/SvcV-1 的呈现基于 OV-1 的活动进行组织，用来将作战活动和支撑该活动的资源建立关联。

1. 开放系统体系架构（Open System Architecture，OSA），是美国国防部在其系统工程（SE）指导意见中提出的用来构建军事体系的工程架构。依托"公开技术标准""互操作机制""可重用组件""可移植模块""可扩展机制"，实现军事体系面对多变需求的自适应、鲁棒性和低成本。

2. 面向服务体系架构（Service Oriented Architecture，SOA），是美国国防部提出的用于实施 OSA 的技术框架，并落实为一系列技术规范，通过 OMG、OpenGroup 等国际技术组织进行推广。

✓ SV-2/SvcV-2 采用 SYSML 模块图的形式对系统或者服务之间的资源交互，尤其是信息资源交互，进行描述和呈现。与 OV-2 相比，SV-2/SvcV-2 更加细致，为 KPP 设计以及后续的工程实施提供依据。

✓ SV-4/SvcV-4 采用 SYSML 活动图的形式，围绕作战活动，对系统或者服务的交互过程进行描述和呈现。

✓ SV-5/SvcV-5 由 JCIDS 自动生成系统-活动/服务-活动的对应关系矩阵。

✓ SV-6/SvcV-6 由 JCIDS 自动生成系统之间/服务之间的资源交互关系矩阵，用于 KPP 设计。

✓ SV-7/SvcV-7 罗列系统或服务使用的逻辑度量手段，采用 FACE 规范。

✓ StdV-1/2 罗列体系使用的技术标准。

A.4 体系与系统集成架构

集成架构是体系与系统设计落地实施的依托。实际上，美军在集成架构领域也是先于法令体系和设计方法体系出现和发展的。而美军对于体系与系统集成的认识和理解也在此过程中逐步演变，以 FORCEnet 和马赛克战为两个重要的分水岭。FORCEnet 规划发布之前，各军兵种关注的重点是对越发复杂的武器装备系统进行高效集成，在充分引入分布式计算等技术的同时，屏蔽异构环境，实现软硬解耦，但造成了烟囱林立的困境；在 FORCEnet 规划发布之后，围绕着联合作战目标，各军兵种走上了强调互操作性和多域协同的集成技术路线，逐步实现了依托 JCIDS 和 DoDAF 对联合作战相关法规的落地，但付出了周期漫长、成本高昂的代价；随着第三次抵消战略的实施，美军建军思路重归强敌对抗，将体系鲁棒性、战损补充、低成本快速迭代作为重点，提出了马赛克战体系。以下将按照这一脉络对美军的集成架构相关项目和技术开展调研和分析。

A.4.1 FORCEnet 前

1. Hiper-D

20 世纪 80 年代以来，美军围绕宙斯盾系统构建了自身的箭窗装备体系架构。宙斯盾作战系统围绕多源信息高效处理将传感器系统、指控系统、武器系统等大量子系统进行综合集成，形成对高速目标的实时拦截能力（萨德系统与之类似）。尤其在 1992 年洛马公司成为主要实施单位后，宙斯盾作战系统覆盖了美国海、空军的大量主力装备，并成为美军信息化建设的标杆。

针对宙斯盾作战系统实施过程中面临的异构性强、网络化程度高、信息处理量大、实时性和可靠性要求苛刻的特点，由 DARPA STO 牵头，美国海军系统装备司令部具体实施，启动了 HiPer-D 研发计划。HiPer-D 是高性能分布式（High Performance Distributed）的缩写，旨在充分利用 20 世纪 80 年代开始兴起的高性能计算、操作系统、高性能网络、支持 QoS 的中间件以及当时在电信领域兴起的集成服务等资源管理技术。HiPer-D 确立了分布式、开放化的体系结构，并根据多任务执行能力、任务可迁移、快速升级、维护代价低等作战平台设计需求，提出了可移植性、可扩展性、容错、资源共享及自修复等若干设计原则。HiPer-D 整体技术架构与研究目标如图 A.18 所示。

HiPer-D 是美军乃至全球信息系统技术领域首次尝试建立标准化的软件体系架构对大规模复杂系统进行规范化集成。该计划中提出的一系列研发目标对美军装备建设产生了深远的影响，例如：

（1）基于标准化接口实现软硬件模块即插即用进而实现系统快速升级；

（2）基于软件中间件实现系统软硬件分离进而面向软件开发屏蔽异构硬件环境差异；

（3）基于全系统资源综合管理与调度实现系统资源共享进而提高系统

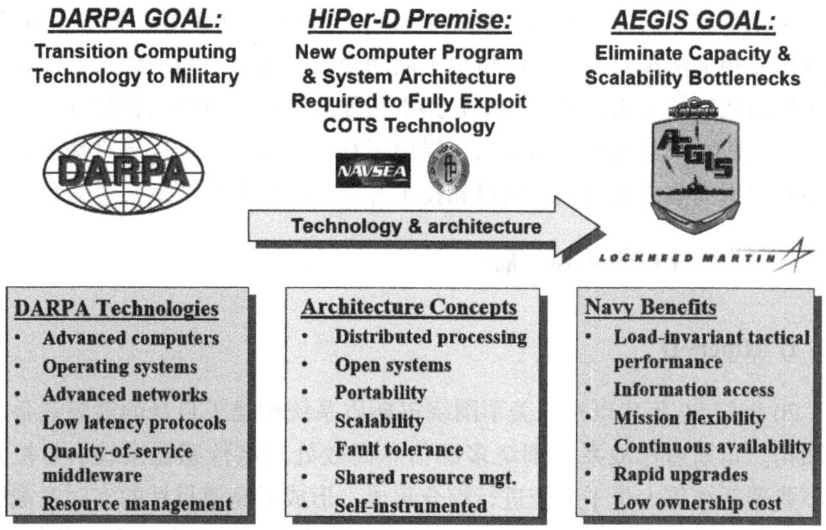

DARPA GOAL:
Transition Computing
Technology to Military

HiPer-D Premise:
New Computer Program
& System Architecture
Required to Fully Exploit
COTS Technology

AEGIS GOAL:
Eliminate Capacity &
Scalability Bottlenecks

Technology & architecture

LOCKHEED MARTIN

DARPA Technologies
- Advanced computers
- Operating systems
- Advanced networks
- Low latency protocols
- Quality-of-service middleware
- Resource management

Architecture Concepts
- Distributed processing
- Open systems
- Portability
- Scalability
- Fault tolerance
- Shared resource mgt.
- Self-instrumented

Navy Benefits
- Load-invariant tactical performance
- Information access
- Mission flexibility
- Continuous availability
- Rapid upgrades
- Low ownership cost

图 A.18　HiPer-D 整体技术架构与研究目标

可靠和生存性；

（4）基于标准化开放式集成框架实现对商用货架产品的持续性集成进而通过引入商业竞争实现系统采购的多样性与低成本。

HiPer-D 计划在 20 世纪 90 年代初期提出了以 CORBA 规范中间件为核心的海军作战系统软件基础框架，形成了对传感器、信息处理、指挥控制、武器控制等各类异构系统的高效集成能力。结合同时期洛马公司为美军在水下平台及 C⁴I 系统实施中积累的经验，首次实现了基于软件框架和软件组件化技术的通用作战系统，将其成功应用于 DDG、CG 系列的水面平台和弗吉尼亚级水下平台并沿用至今，构成了美军作战系统的基础。

同一时期，为了推进 CORBA 中间件规范的货架化，实现采购多样性，由洛马、波音等企业牵头成立了对象管理组织（Object Management Group，OMG）。这一组织不仅逐步成为美军相关技术规范的推进组织，更是成为引领分布式计算和系统工程技术的国际组织。目前，包括 CORBA、DDS 等中间件技术，UML、SYSML 等系统建模技术，MDA 等模型驱动系统工程技术，SCA 等领域集成架构技术均由该组织负责推进。这为美军通用技术营造了良好的商业生态。

2. DIICOE

美军最初的多域联合作战及支撑技术的验证是围绕 C⁴ISR 开展的。1993

年美军基于多域联合作战启动了面向未来军事装备体系建设的武士计划（C⁴IFTW），进而围绕情报信息共享发布了国防信息基础设施建设计划（DII），并与同时期进行的宙斯盾作战系统相结合，分别从信息共享和装备集成两个互为依托的维度开展技术研发工作。美国国防部首先于 1994 年发布了国防信息基础设施通用操作环境（Defense Information Infrastructure Common Operate Environment，DIICOE）技术标准，用于指导全球信息栅格系统的建设。该标准中首次提出了采用多层次中间件技术（数据集成中间件、通信中间件、面向多军种业务需求的领域中间件）完成对全军信息系统的整合与共享。DIICOE 的架构如图 A. 19 所示。

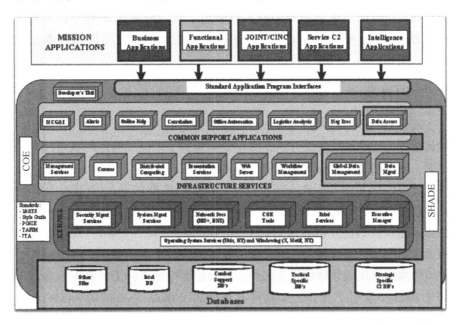

图 A. 19　DIICOE 的多源异构数据集成体系结构

DIICOE 标准制定过程中充分考虑了美军作战部队、后勤服务部门、情报部门、国防测绘局及其他有关机构的信息整合与检索及相关软件开发需求，提出了面向不同领域和业务特点的"段"概念，并以此为基础建立了公共服务机制。段是按照独立功能而不是按照软件模块进行定义的。在基于 DIICOE 的系统中，除核心部分外，所有的软件及其相关数据均被封装为段。段充分考虑了不同业务领域的特点，对业务流程及相关数据进行了良好的封装，并将其提供给面向使命任务的软件系统直接使用，极大降低了系统设计复杂性，同时可通过提高公用段的质量确保系统整体的软件质量。

在美军联合作战司令部《2020 联合设想》的推动下，基于 DIICOE 标准，美军三军分别提出了适合自身作战需求的信息系统发展规划和技术标准：空军 C^2 星座网（C^2 constellation NET）、海军力量网（SEA Force NET）及陆军部队网（Land War NET），并分别形成了全球栅格系统（GIG）子网，逐步实现了网络中心战体系的信息支撑架构。

随着全球栅格系统建设的深入以及对伊拉克、阿富汗和利比亚战场基于信息共享的协同作战过程的总结，美国国防信息局于 2012 年发布了《全球信息栅格系统会聚总体规划》（GCMP），分别从服务组合管理、信息技术基础设施库、基于模型的系统工程等几个方面阐述了军用信息系统架构的实施思路。进而与通用战术数据链、联合战术无线电等技术相结合，为多兵种、有人/无人多平台协同条件下的联合行动提供技术支撑手段。

3. OACE

随着 HiPer-D 计划在海军装备领域的深入开展，基于中间件技术和标准化组件的作战系统集成方法在海军领域得到了广泛的验证与认可，同一时期，面向网络化分布式环境的商用软件架构技术也得到了长足发展。在对象管理组织（Object Manage Group，OMG）的推动下，CORBA 及其服务中间件技术、UML 系统建模、软件组件模型、模型驱动体系、面向服务体系逐步成熟，并衍生出诸如 COM/DCOM、.NET、SOA、云计算等应用面更广的商用软件架构技术。以上发展都为大量商用货架产品（COTS）进入作战系统集成领域提供了条件。在此趋势推动下，美国海军装备司令部于 2003 年发布了《开放架构计算环境》（Open Architecture Computing Environment，OACE）。

在 HiPer-D 提出的充分利用信息与计算机技术领域的各项成果的基础上，OACE 着重从系统工程的角度提出了一系列实施目标，包括：①降低装备研发与维护成本；②降低装备升级难度进而提高升级速度；③降低商用技术的更新换代对系统的影响；④减少系统中存在的兼容与互操作问题。而 OACE 的根本目标则是通过建立并遵循统一的技术体系结构改变传统的面向多种单一功能武器平台的装备研发模式，转而采用通用化多功能武器平台。

美国海军装备司令部在制定 OACE 技术规范的过程中充分利用了美国国防部 DIICOE 技术规范的成功经验，将软件中间件和开放化的软件接口作为规范承载，并将其中的两个技术点作为 OACE 的关键技术：①面向作战系统的不同业务领域中的功能，面向单一技术架构，提供可适用于不同平台的功能模块化封装；②面向海军各类武器平台的特点，提供层次化、标准化的软件集成架构。前者充分利用软件组件化技术，提高软件组件的复用性，降低装备研发与维护成本的同时实现系统技术升级的提速；后者则通过建立适用于各类硬件设备的软件架构实现软件组件的互操作能力，并利用开放接口实现商用软件组件的集成。

OACE 的目标装备包括宙斯盾作战系统相关的 DDG/CG 系列水面作战平台（宙斯盾巡洋舰）、未来装备舰船自防御系统的 CVN、LSD、LHA 系列大型水面平台（航母及两栖攻击舰）、所有水下平台（有人或无人潜艇）、DD（X）攻击巡洋舰（DDG1000）、LCS 系列近岸水面平台（濒海战斗舰）。领域通用功能包括任务计划、目标识别与跟踪、作战信息管理、威胁评估、损毁管理、任务评估、权限管理、训练、显控、系统时间同步、导航、数据记录与检索、无人平台控制等。

以 DIICOE 的层次化架构为基础，OACE 结合商用软硬件领域的可用技术规范（网络通信领域 IETF、操作系统领域 POSIX、中间件领域 OMG），提出了如图 A.20 所示的技术架构。

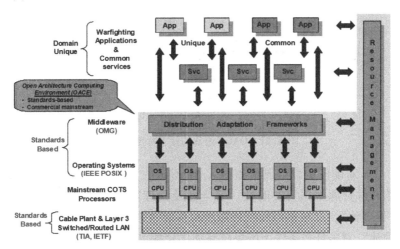

图 A.20　OACE 技术架构

美国海军装备司令部为 OACE 设定了如图 A.21 所示的五级遵从标准。其中一级标准和二级标准分别采用硬件和软件转换模块完成封闭系统与 OACE 标准系统的互通，适用于对已有装备的封装。三级标准的作战系统采用 OACE 集成框架，包括操作系统、通信中间件、软件设计与交互模式等，但并不使用领域功能封装，适用于对现有宙斯盾系统相关平台的改造。四级标准在完成业务逻辑软件的设计与实现过程中必须采用 OACE 提供的标准化领域功能封装，例如导航、目标识别、时间同步等。采用四级标准的作战系统的设计过程和升级过程均纳入海军整体装备发展计划中，基于模型驱动实现设计与实现过程的标准化。五级标准又称全舰计算环境（Total Ship Computing Environment，TSCE），是在四级标准的基础上实现对平台内所有资源的虚拟化管理、透明化访问、一体化动态调度，实现面向任务效能需求的系统整体优化。

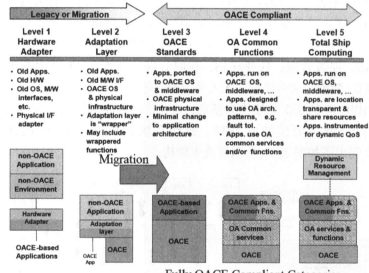

图 A.21　OACE 遵从的技术标准划分

OACE 对硬件资源实现了如图 A.22 所示的分布式综合化的共享。系统中的硬件资源根据其实时性、安全性及处理能力特征进行整合，形成"任务处理池"，并根据当前任务需求动态划分并分配给不同的任务。"任务处理池" 对多任务条件下的系统整体优化提供了资源调度基础，并可屏蔽硬件设备故障对系统任务的影响。

4. MPSE

OACE 自 2004 年起，在美海军实施。前期的一项基础工作是确立海军领域的功能体系结构从而对后续的整体体系结构设计提供依据。功能体系

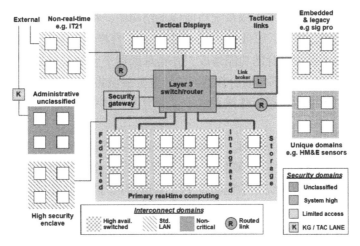

图 A. 22　OACE 任务处理池

结构包括海军典型作战平台及其作战系统的功能划分和功能间交互接口，如图 A. 23 所示。

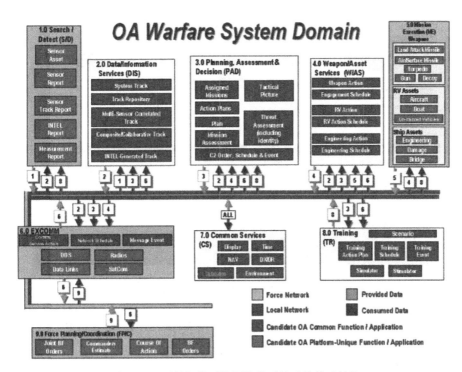

图 A. 23　开放架构下海军作战系统功能体系结构

在美军提出的海军作战系统功能体系结构中，将功能划分为三类实现模式：①通用化模块；②平台专有模块；③混合模式。基于组件化技术，可以实现基于模块组合的功能集成，并实现武器平台的整体功能。需要特别注意的是，OACE 围绕联合作战在 C⁴I 业务领域将 GIG 和 SIAP（单一集成化空军态势视图）融入作战系统中，为空海一体化协同作战提供了技术支撑。

以功能体系结构为基础，美国海军装备司令部联合海军航空兵司令部（美空军装备主导单位）、国防部 C⁴I 项目执行办公室（GIG 主导单位）、洛马公司（宙斯盾系统主承包商及 F35 承包商）、波音（海航部队空中平台承包商）、雷声（水下平台承包商）、通用（水面平台承包商）提出了多平台系统工程（Multi-Platforms System Engineering），并将其作为未来整个海军和空军装备研制的基础（以上单位也是海军和空军主要集成规范的起草和实施单位）。图 A.24 给出了美军采用 MPSE 后的武器平台的研发实施方式。

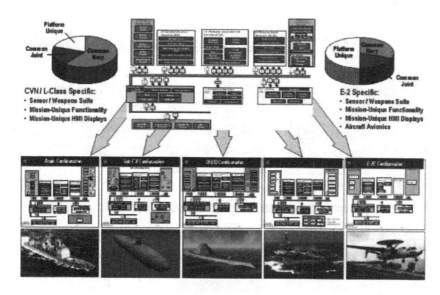

图 A.24　美军采用 MPSE 后的武器平台的研发实施方式

图 A.25 给出了 2004 年美军提出的采用 MPSE 后的海军水面作战平台（反弹防空、对陆攻击、两栖攻击）型号缩减计划。

图 A.26 给出了美军采用 MPSE 后的装备研发与建造计划。

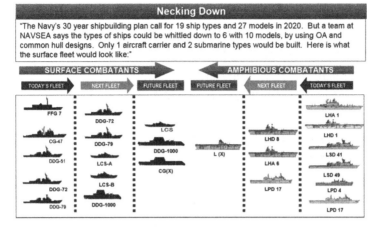

图 A.25 2004 年美军提出的采用 MPSE 后的海军水面作战平台型号缩减计划

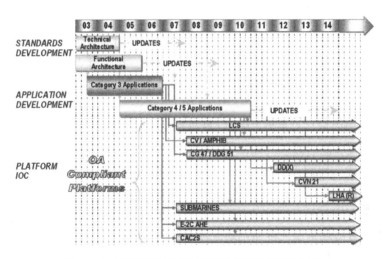

图 A.26 美军采用 MPSE 后的装备研发与建造计划

A.4.2 FORCEnet 后

1. FORCEnet

FORCEnet 作为美军对多域协同作战武器集成模式由"基于平台"向"基于资源"转型,进而实现"联合作战"的基础架构,也是 *Joint Vision 2020* 发布之后首个落地的军兵种技术发展框架。由于过去三十年来美国海军在整个军事体系中占据的主导地位,自 2003 年提出以来,FORCEnet

全方位影响了美军体系与系统集成技术的发展。美海军作战部长在递交国会的 FORCEnet 报告中指出，FORCEnet 应具有如下关键能力。

(1) 远程、多级传感器和武器信息；

(2) 分布式、协同指挥和控制；

(3) 动态、多路径和生存能力强的网络；

(4) 自适应的自动决策辅助；

(5) 以人为中心的作战资源集成；

(6) 信息化使能武器。

考虑到同时代美军面向多域联合作战开始的全军体系化建设的转型，FORCEnet 体现出了"围绕使命任务能力需求基于开放性架构实现作战资源动态按需集成"的思路。而这一思路也对美军装备体系的后续发展产生了深远的影响。主要体现在以下几个方面。

(1) 确立了战场装备体系的集成架构从"基于平台"转变为"基于资源"的基本思路，并为这一转变建立了可操作的实施架构。在这一架构下，基于威胁确立打击任务所需要的能力需求，并映射为功能需求和作战过程，进而形成对战场资源的整合与配置策略，建立协同化的分布式 OODA 回路（sensors-shooters-weapons）。

(2) 面向远征打击群 EMW（航母编队为核心的多域协同体系）确立了典型的任务能力需求（CRC），即满足任务效能所需要的体系能力。包括（分布式）协同火控（IFC）、自动化作战辅助管理（ABMA）、（多域、多平台）协同跟踪（CT）、（多域、多平台）协同目标识别（CCID）、通用一致化态势视图（CP）。这些能力进一步映射为对一系列功能的需求，并成为配置战场资源，进而调动武器平台的依据。

(3) 结合同一时期面向海军装备开展的 OACE 实施工作，将功能需求对应为功能服务，并确立了分布式服务化架构的实施方案。因 OACE 的基础架构地位，该方案直接决定了后续的面向战术 C⁴ISR 的 DCGS、面向体系信息共享的 GIG、面向装备集成的 MPSE 等一系列项目的技术方案，一直延续到目前面向多域分布式协同化装备体系集成的 FACE 架构，均采用了面向任务能力需求的服务化架构。

(4) 确立了面向可组合服务（coposeable services）的技术参考框架（TRF），通过基于能力的订阅/发布（Publish/Subscribe）机制实现服务的动态发现与整合，进而驱动区域内作战资源的动态发现与整合，并最终形成武器平台的即插即战能力。

(5) 面向多域协同信息交换（Information Exchange）而不是数据传输建立了模型驱动的信息描述方法。结合同时期 C4ISR 领域开展的 DIICOE（后续发展为 GIG）和 DoDAF 方面的工作，开始进行面向全军的信息建模。该工作延续至今，初步形成了 FACE 规范中的 SDM 模型体系。

(6) 确立了如图 A.27 所示的 FORCEnet 实施路线，提出了完全能力驱动的战场资源集成（FOC），并由此影响了过去二十年来美军所开展的几乎所有装备体系集成技术研发项目，而其提出的 NetReady 更是成为多域协同体系互操作的基本依据。

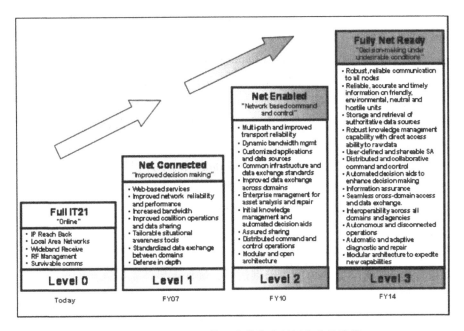

图 A.27 FORCEnet 的四阶段能力目标和实施路线

2. MOSA

模块化开放系统架构（Modular Open System Architecture，MOSA）是美国国防部 2004 年提出的用以规范军事体系采办与可持续集成的指导性架构。遵循这一策略原则，各军兵种和技术领域纷纷因地制宜提出了自身的开放系统体系结构，例如海军领域提出的 OACE、航空领域提出的 OMS、无人平台领域提出的 UCS/UCI、航天领域提出的 SPA、射频综合领域提出的 SOSA、地面车辆领域提出的 VICTORY、C4ISR 领域提出的 DCGS、电子系统集成办公室提出的 HOST 等。根据美国国防部发布的对于 MOSA 的阐述，MOSA 试图面向各军兵种装备体系的全生命周期实现如下能力（持续跟踪美军采办体系可以发现，这些能力建设一直延续至今，并在 2019 年底取得了重大突破，体现为对 DoDI 5000.2 的调整）。

（1）增强军工装备体系研制中的竞争性（Improve competition）；

（2）确保军工装备体系持续保持技术更新能力（Keep technology fresh）；

（3）增强军工装备体系的协同研制和需求快速应对能力（Incorporate innovation）；

（4）降低装备研制与维护的经济成本和时间成本（Enable cost savings）；

（5）增强跨域互操作能力（Improve interoperability）。

MOSA 的实施遵循如下原则（principle）。

（1）建立使能环境（Establish an Enabling Environment）。建立有效开发系统所需的需求评估、业务实践、技术开发、采办、测试和评估以及产品支持策略和支持系统，实际上对应了 2003 年开始建立至今的 JCIDS。

（2）采用模块化设计（Employ Modular Design）。具有功能内聚性和自举能力，支持开放性环境中任意模块的即插即用。具有良好的封装性，形成模块之间的松耦合。基于知识建立模块之间基于能力互理解的自主结合能力。

（3）确立关键接口（Designate Key Interfaces）。对与军事体系起到关键性作用的功能，由军方制定关键接口，确保军事体系的互操作性得到强制性贯彻。

（4）采用开放性（软硬件）标准（Use Open Standards）。制定模块化和接口对应的政府参考架构标准（Government Reference Architecture，GRA），并强制实施。

（5）在模块即插即用和信息互理解方面实施遵从性认证（Certify Conformance）。通过严格的合规性评估、验证和接口管理，确保系统的开放性和互操作性。制定验证和验证机制，如一致性认证和测试计划，以确保系统及其组件模块符合外部和内部开放接口标准，允许模块即插即用、跨域信息共享，重新配置任务能力以应对新的威胁和不断发展的技术。

在 MOSA 的牵引下，各军兵种和专业领域在过去的十余年间逐步建立起了一批 GRA，包括：

（1）C4ISR/EW Modular Open Suite of Standards（CMOSS）。由美国陆

军通信电子系统研发与工程中心（CERDEC）于 2013 年发布，针对陆军及陆航 C4ISR 系统在不同装备平台之间的软件和硬件互操作与即插即用需求。CMOSS 实际上是一个规范族，包括了体系架构的 VICTORY、硬件板卡的 OpenVPX、射频控制的 MORA、射频服务化的 SCA、软件架构的 FACE。

（2）Common Open Architecture Radar Program Specification（COARPS）。美国空军用于在其数字化工程体系中实施软件化雷达的体系架构，依托美国空军目前实施的一系列技术标准实现模型驱动系统工程技术在装备全层次、全周期的贯彻应用，形成"所想即所得"的快速研制与部署能力。

（3）Future Airborne Capability Environment（FACE™）。FACE 规范由美国海军航空系统司令部航空电子系统集成办公室（PMA209）发布，目前被全军强制执行的软件系统集成架构规范，重点解决了不同军兵种采用的开发架构之间的跨域数据互理解和软件互操作难题。

（4）Hardware Open Systems Technologies（HOST）。HOST 与 FACE 一样，由 PMA209 发布，用来提升电子元器件与板卡等硬件的模块化和开放性，实现硬件模块的即插即用。

（5）Modular Active Protection System（MAPS）。由美国陆军通信电子系统研发与工程中心（CERDEC）于 2017 年发布，面向陆军装备平台的主动自卫系统的标准化、模块化、即插即用需求。

（6）Modular Open Radio Frequency Architecture（MORA）。MORA 由美国陆军发布，构建在 VICTORY 标准的基础上，对射频功能进行模块化划分，然后基于 FACE 等规范实现跨域功能互操作与即插即用，是 CMOSS 的组成部分。

（7）Open Mission Systems（OMS）。OMS 由美国空军于 2014 年发布，目标类似于 CMOSS 的模块化、标准化、开放性和即插即用，并同时能够兼容三代航电系统的航电软件系统架构标准。与 COARPS 等标准在相同的模型驱动系统工程框架内，遵从美国国防部最有购买力 BBP 3.0 的约束（采用 JCIDS 完成全生命周期管理），实现新技术的快速迭代。与 OMS 同步发展的 UAS/UCI 等项目共同构成了美空军下一代航空作战系统集成架构。

（8）Sensor Open Systems Architecture（SOSA）。与 FACE 一样，SOSA 由美国空军于 2015 年发布，与同一时期的 CMOSS 基于 HOST（硬件）和 FACE（软件）实现互操作。

（9）Simulator Common Architecture Requirements and Standards（SCARS）。其为美国空军 2018 年启动的针对各类模拟器的模块化开放性架构。

（10）Software Communication Architecture（SCA）。由 OMG 组织维护的面向射频设备的软件集成框架，也是目前世界范围内普遍遵从的技术规范。

（11）STANdardization AGreement（STANAG – various standards）。北约体系遵从的技术标准族，目前 UAS/UCI 属于该标准族。

（12）Universal Armament Interface（UAI）。由美国空军发布，是在 WSOA（Weapon Systems Open Architecture）基础上发展而来的武器系统集成架构，实现武器系统（尤其与多域联合作战相关的远程武器）的协同控制能力和模块即插即用。

3. FACE

FACE 规范的制定工作是由美国海军航空系统司令部（NAVAIR）的航空电子系统集成办公室（PMA209）遵循国防部开放系统架构（OSA），并借鉴海军装备司令部 OACE 技术规范于 2012 年开展的。值得注意的是，PMA209 办公室同时负责了美军包括多功能战术无线电 JTSR 在内的几乎所有信息系统集成项目，而 JTSR 则是美军未来通用数据链技术的基础。

FACE 的技术架构与 OACE 类似，利用层次化结构形成对机载系统各类硬件设备的封装，并面向业务逻辑提供统一的组件化封装机制和运行框架。通过软件组件的即插即用实现业务逻辑的快速升级和维护，如图 A.28 所示。

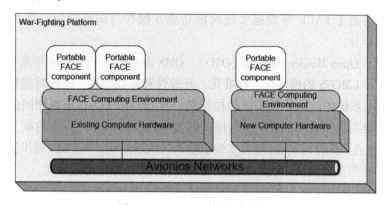

图 A.28　FACE 整体技术架构

所有遵循 FACE 规范的系统均具有完全一致的体系结构。该体系结构由操作系统、输入输出、（作战）平台相关、数据传输、可移植业务组件五个被称为"分段"的组成部分，按相同的拓扑结构互联组成。每一个分

段的内部采用遵循美国军标或者对应国际规范（如操作系统分段遵循
POSIX、输入输出采用 MIL-STD-1553、数据传输采用 OMG CORBA）的
标准化软件，从而实现了基于 COTS 的快速集成；分段之间则采用 FACE
规范中确立的标准化接口和数据进行交互，实现标准化集成。图 A.29 给
出了一个简单的遵从 FACE 规范的系统架构实例。

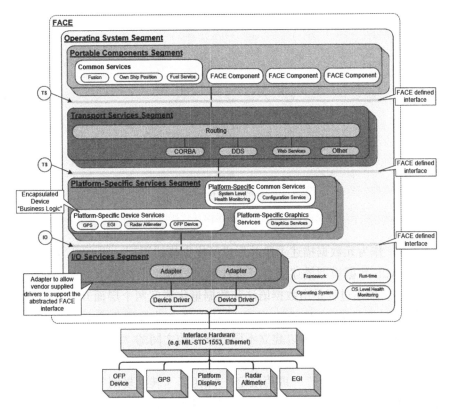

图 A.29　遵循 FACE 规范的系统架构示例

　　FACE 最大的特点提出了一套完整的数据体系结构（Data Architecture）
用于解决不同软件提供商之间的数据交互与理解难题。该问题也是长期困
扰美国空军多数据链信息共享难题的根源所在。FACE 规范中提出了基于
元数据和语义数据模型的业务数据描述与解释方法，并将其落实为概念数
据、逻辑数据、平台数据的三层建模方法和与之对应的代码映射规范，如
图 A.30 所示。

　　FACE 采用的三层数据体系结构与 OMG 组织模型驱动体系结构
（MDA）和美国国防部 DoDAF 一致。FACE 中采用了 MOF（Meta Object

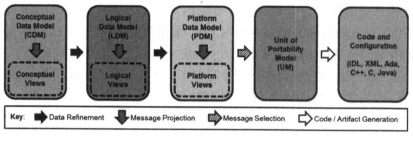

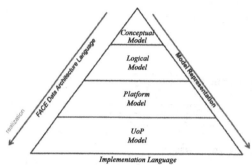

图 A.30　层次化数据建模及代码映射过程

Facilities）作为元数据描述手段并形成了模型描述语言，比 UML 描述能力更强。FACE 数据模型描述语言可以针对数据模型的内容语义、语法进行精准描述。描述过程是由数据语法和数据量化测度两个层面开展的。概念数据模型（Conceptual Model）将领域基本概念进行量化表示与组合，形成了领域数据结构，并可以建立不同数据结构之间的"关系"为数据的字段提供了语义描述；逻辑模型（Logical Model）通过为每一个字段附加"单位""测度""值域""取值限定""精度""转换规则"实现了数据的测度描述和动态转换能力。例如，高程信息可以表示为陆地参照系的整型结构，也可以表示为海平面参照系的浮点型结构。通过相同的概念模型建模的两种高程信息逻辑模型之间可以实现无缝对接转换。平台数据模型（Platform Model）建立了逻辑数据模型面向不同物理平台的映射，并完成跨平台数据转换。

　　自 2016 年以来，FACE 规范对美军业务领域内的大量数据进行了建模，从而保证平台内子系统之间和平台之间数据交互的一致性。FACE 规范强调领域数据模型资源库的建设与共享利用。通过领域产业联盟发布标准化的共享数据模型（Shared Data Model）确保领域内厂商对数据理解的一致性。目前，FACE 规范的推进工作正在迅速开展，且绝大多数为美军提供武器装备和通用设备（计算机、数据链、人机交互等）的厂商均已加入 FACE 规范的成员单位中。在主导单位海军航空系统司令部发布的实施方案中，将技术架构标准制定、段间接口标准制定、安全标准、与 DO-178B 软件标准的对接、异构硬件环境屏蔽作为 FACE 规范推进工作的难点，并计划与 OACE 指定单位海军航空系统司令部协作在空海一体协同作战层面推进 FACE 规范的实施。

4. OMS

正如在 MOSA 中所述，开放任务系统（Open Mission System，OMS）是美国空军于 2010 年在国防部 MOSA 牵引下针对航空平台模块化程度高的特点发展的开放性系统集成架构，目前 OMS 公开资料极少。从各方面收集材料分析，OMS 是美国空军数字化工程发布的一系列政府参考体系架构（Government Reference Architecture，GRA）中负责在单平台内实现一体化集成的规范。图 A.31 给出了美国空军当前采用的技术参考架构和规范族。

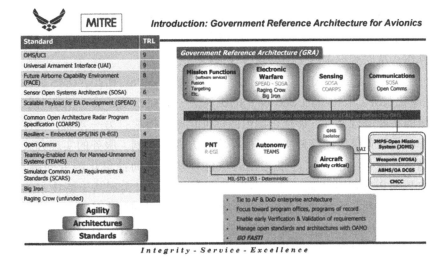

图 A.31　美国空军采用的技术参考架构和规范族

相较于海军的 OACE 发布于 2004 年，OMS 发布时间较晚，将美军完整的多域联合作战体系化思路融入 OMS 中。因此，OMS 的定位不仅仅是简单的系统集成架构，而是遵从 DoDI 5000.2、CJCSI 3170 等指令的思路，将面向能力的系统分析、模型驱动系统工程、产品生命周期管理综合落地的解决方案，核心目标是加快装备研制效率，如图 A.32 所示。

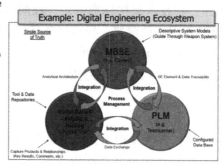

图 A.32　美国空军数字化工程推进目标

　　基于这一思路，OMS 在采用了面向服务架构（SOA）的同时，遵从美军系统工程策略的思路，基于 DoDAF 框架完成了自身的架构设计：基于使命任务能力梳理需求，基于服务梳理功能，基于任务能力需求组织服务，基于服务调度资源，基于统一的模型体系实现资源实体之间的互理解互操作，从而实现多域协同的联合作战。

　　与海军采用的 OACE 以及在此基础上构建的 MPSE 相比，OMS 提出了"抽象化服务"（Abstract Service）的机制。一方面，基于这一机制对航空领域的功能进行划分，形成领域内的标准化服务模块；另一方面，通过发布标准化服务模块的接口实现了服务实现方式的解耦，服务的实现方式可以是硬件设备，也可以是组态化的软件模块。借助抽象化服务的隔离，OMS 既可以实现对"遗留老设备"的兼容，又可以实现基于新技术的服务升级，提升了技术迭代速度。美国海军在同一时间发布的 FACE 规范中借鉴了这一思路，并进一步围绕数据互理解建立了 FACE SDM。这一思路还影响了同一时期美国国防部部长办公室（OSD）发布的面向未来无人装备体系的 UCS 架构。

　　这里再次提醒注意的是，OMS 的核心优势在于其对模型驱动系统工程技术的支持以及基于"抽象服务"与 JCIDS 的融合。这也使得 OMS 具备了高度开放性——基于对模型的理解实现对持续出现的各类异构新要素的集成。而且，对新要素的集成不是盲目的，而是从能力需求这一源头上就可论证。这一思路也构成了美军下一代空优体系的基本指导思想。图 A.33 给出了美军对自身当前使用的各类体系架构的总结。

UAS Standard	ORG	2004	2005	2006	2007	2008	2009	2010	2011	2012	2013	2014
4586	NATO	North Atlantic Treaty Organization - Standardization Agreement (STANAG) 4586										
UCI	USAF			COS		UCI - UAS Control Initiative						
IOP	Army				IOP – Interoperability Profile							
UCS	OSD						UCS - UAS Control Segment Architecture					
OMS	USAF							OMS - Open Mission Systems				
FACE	Navy							Future Airborne Capability Environment				
NIOP	Navy								Navy Inter-Operability Profile			
CoT	Mitre				CoT - Cursor on Target							

图 A.33　当前美国三军采用的多域协同联合作战互操作架构

这些架构中 UCS、OMS、FACE、NIOP 的技术体制较为接近，均突出了模型驱动的跨域数据互理解、互操作以及对未来装备的即插即用，UCS 和 NIOP 重点面向无人平台，目前尚无实际应用；OMS 和 FACE 则面向包括了有人和无人平台的下一代体系，是目前美国军方重点推进的技术架构。结合美国陆军推进的 VICTORY 架构，随着开放性系统架构在不同领域中实施积累的经验和改进，美军的三军架构有逐步走向融合的趋势。实际上，这也是 FACE 规范自身提出的目标，如图 A.34 所示。

图 A.34　FACE、VICTORY、OMS 将逐步走向融合

5. UAS-UCS

无人机系统控制段（Unmanned Aircraft System Control Segment，UAS-

UCS）在美军的系统集成架构技术中是一个"特例"。该架构并不是由任何军兵种提出并推进的，而是由国防部长办公室独立推进。与 FACE、OMS、VICTORY 等由军兵种司令部推进的系统集成架构相比，UAS-UCS 更像一个标杆工程，突出强调了与 JCIDS 的紧密结合、跨域互理解与互操作、引入商用计算架构之后的标准化服务模块这三大特点。UAS-UCS 也是目前为止，JCIDS 完成全生命周期管理的唯一的大型系统工程。

作为 UAS-UCS 的依托项目，UAS 是由美国空军实验室（AFRL）发起的面向下一代航空作战体系的集成架构。其核心目标是将云计算领域中平台即服务（Platform as a Service，PaaS）的思路引入航空领域，全面提升未来新型无人航空装备的研制速度和成本控制能力。需要注意的是，PaaS 中的"平台"与武器装备平台含义不同，是指一个面向领域、集成来自不同厂商多域异构资源并提供大量成熟工具链的技术生态。在软件架构方面，UAS 确立了采用 UCS，而在硬件架构方面则借鉴了 OMS，提出了组态化即插即用的敏捷载荷仓 AgilePod。这一思路，也被同时期发展的 SOSA 借用。UAS 对于未来一段时期美军无人航空装备的发展定位做了规划，并落实到了近几年和未来几年的财政拨款，链接内容如图 A.35 所示。

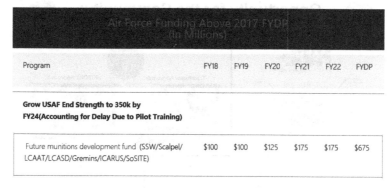

Program							FY18	FY19	FY20	FY21	FY22	FYDP
Grow USAF End Strength to 350k by FY24(Accounting for Delay Due to Pilot Training)												
Future munitions development fund (SSW/Scalpel/ LCAAT/LCASD/Gremins/ICARUS/SoSITE)							$100	$100	$125	$175	$175	$675

图 A.35　美国空军未来无人航空平台的拨款情况

以上拨款与 UAS 在 2019 年发布的自身研究定位相吻合，即定位于大型无人平台和可配置智能弹药的融合架构，如图 A.36 所示。

UCS 是 UAS 的软件系统集成架构标准，目前由美国汽车工程师协会（SAE）负责维护和发布，这与美空军希望引入商用自动驾驶相关技术群有关联。与此同时，UCS 与美国国防部针对 BBP 3.0 新成立的 DevSecOps 结合，将云和虚拟化技术引入无人机架构中。

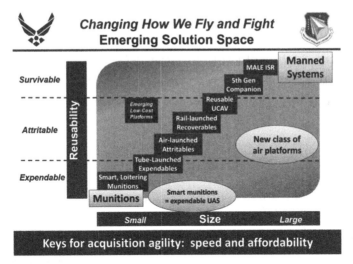

图 A.36 UAS 对自身的体系定位：大型无人平台与可配置智能弹药的融合

UCS 的出发点便是面向多域协同联合作战，将整个战场作为完整的体系进行设计与评估，基于 JCIDS 完成面向使命任务的能力需求，并映射为标准化的服务模块，最终基于 SYSML 建模实现代码映射。该过程如图 A.37 所示。

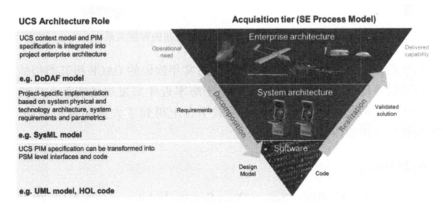

图 A.37 UCS 的体系设计遵从美国国防部的 SE 过程模型，基于 DoDAF 与 JCIDS 融合

UCS 的另一个重要特点是对航空系统多领域服务的细致划分和全面支持，这一点类似于 OMS。UCS 采用服务化架构（SOA），并采用标准化服务组件（对应 OMS 中的抽象服务）对 UCS 体系内的所有服务进行管理。基于标准化服务组件，UCS 还实现了对 STANAG 4586 的兼容。具体技术

手段类似于 OACE 和 OMS 基于适配器、FACE 基于平台相关服务对遗留设备和系统实施的兼容性对接工作。由于自身在数据字典方面的弱势，UCS 的最新版本中，直接采用 FACE SDM 对整个体系的数据概念和逻辑度量进行建模，从而实现跨域数据的互理解和服务互操作，并与海军的无人机平台架构 NIOP 和空军的 UCI（对 STANAG 4586 的支持）实现了互通，如图 A.38 所示。

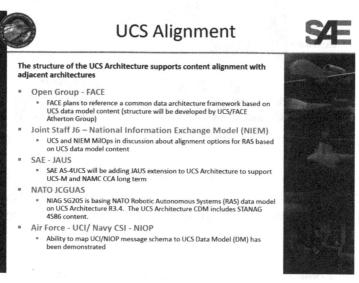

图 A.38　UCS 与美军其他集成架构之间的对接关系

UCS 的软件架构采用了与海军领域经过常年验证的 OACE 极其类似的多域协同服务化架构，也因此成功应用于海军近年来发展的舰载无人机上，并在 LCS 等以小型化无人装备承载平台上得到了大量部署和验证。UCS 的软件架构如图 A.39 所示。

6. SOSA

传感器开放系统架构（Sensor Open System Architecture，SOSA）由美国空军全生命周期管理中心发起，由 OpenGroup 发布并维护。如前所述，VICTORY、OMS、OACE、UCS 正在走向融合，这里起到关键作用的就是由 OpenGroup 维护的 FACE 和 SOSA 两大规范族，分别从系统和软件的维度实现了跨域异构体系互操作，进而借助服务化架构实现能力融合。SOSA 的基本思路与 VICTORY、OMS、OACE、UCS 非常一致，即基于模块化服务的按需重构实现能力按需生成，如图 A.40 所示。

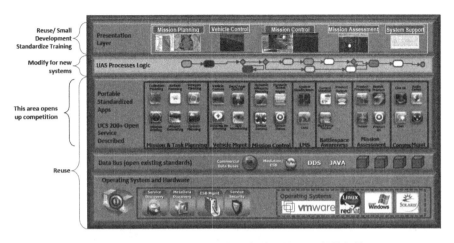

图 A.39　美国空军通用无人平台采用的 UCS 软件架构

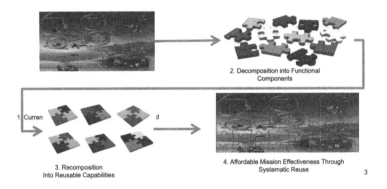

图 A.40　SOSA 的基本思路

作为美军近年来出现较晚的集成架构标准，SOSA 试图尽可能多地使用各军兵种已经成熟的架构标准作为自身组成，并由此形成对各军兵种集成架构的整合能力。SOSA 的整体架构如图 A.41 所示。

SOSA 的电器物理、元器件与板卡直接使用了 MORA 和 HOST（MORA 也直接使用了 HOST，后者已成为美军元器件与板卡的强制性标准）。在软件架构方面，SOSA 直接使用了 FACE。这里最值得关注的一点是，CMOSS、MORA 属于美国陆军，HOST 和 FACE 属于美国海军，UAS、OMS 和 SOSA 属于美国空军，以上技术规范在最近几年里在 DoDI 5000.2 和 CJCSI 3170 的牵引下迅速整合，这也意味着美军在多域联合作战和一体化集成的技术路线上的发展正在加速，并有望在最近几年内初步形成如马赛克战中描绘的作战模式。

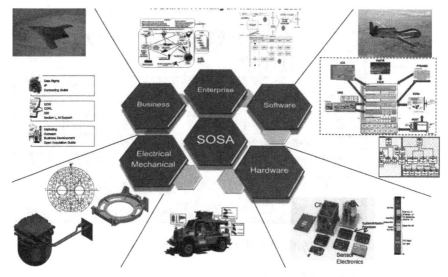

图 A.41　SOSA 的整体架构

SOSA 与 UCS 类似，面向雷达、电子战、通信、导航等电磁领域业务进行了服务化建模，并提取不同业务域的通用服务，如图 A.42 所示。

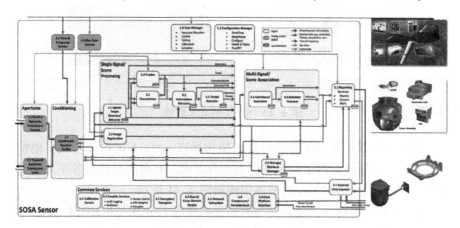

图 A.42　SOSA 的服务体系架构

A.4.3　第三次抵消战略启动后

1. 第三次抵消战略与马赛克战

随着其他国家军事实力不断提升，美国认为自身以技术和制造业为基础的军事优势正在被迅速削弱。为夺取新一轮大国军事竞争的绝对优势地位，美国于 2014 年推出以"创新驱动"为核心、以发展"改变未来战局"的颠覆性技术群为重点的第三次"抵消战略"。这一战略对美军的建军策略和装备体系建设策略产生了巨大影响，使 2003 年以来开展的联合作战能力建设迅速加强。

2014 年 8 月，美国国防部常务副部长罗伯特·沃克在美国国防大学发表演讲，提出美国需要制定新的第三次"抵消战略"以维持技术优势。9月，美国国防部部长哈格尔宣布美国将制定第三次"抵消战略"。10 月，美国政府对外宣布正式启动"超越抵消：美国如何保持军事优势"项目，探讨美军如何通过保持技术优势以弥补国防预算大幅削减造成的经费不足。10 月底，美国战略与预算评估中心公开发布了《迈向新"抵消战略"：利用美国的长期优势恢复美国全球力量投送能力》的研究报告，详细阐述了新"抵消战略"的基本内涵、整体构想与具体措施。

第三次"抵消战略"是在美国加速推进亚太"再平衡"战略背景下提出的，旨在通过发展新的军事技术和作战概念以"改变游戏规则和未来战局"，使美军在未来几十年内与主要对手的新一轮军事竞争中保持绝对优势。第三次抵消战略的突破之一是作战概念创新突破，突出信息主导，加强"作战云"概念、"水下作战"概念及"全球监视和打击"（GSS）概念。

美军第三次"抵消战略"的核心是通过综合集成创新发展颠覆性先进技术武器，具体体现为四大突破。

一是作战概念创新突破，突出信息主导，推出"作战云"概念、"水下作战"概念及"全球监视和打击"概念等。

二是技术发展创新突破，以计算机、人工智能、3D 打印等技术为代表的科技创新，推动定向能武器、电磁轨道炮、士兵效能改造、自动化无人武器系统、智能武器、高超声速武器等新概念武器发展。

三是组织形态创新突破，以新技术、新作战概念与新作战样式牵引编制体制优化，建设一支更加精干、高效的联合部队，采取更多组合模式，以科技装备创新发展催生更多的新质作战力量。

四是国防管理创新突破，在国防预算持续削减背景下，更加注重战略规划与优化资源配置，支持军工企业改革创新，确保国防工业基础的可靠性和灵活性，利用最优秀的思想和尖端技术推进国防部的创新及运作方式。具体措施包括：改进国防部使用多年的"计划、项目、预算和执行系统";制订包括机器人、自主系统、小型化、大数据和 3D 打印等在内的先进制造业领域的长期研发计划;推出"更优购买力计划 3.0 版",优化采办流程;在武器装备研发、采办和运用过程中,注重模块化和开放式系统架构,通过军民一体化方式推动对新武器和新技术的研制等。

需要注意的是,马赛克战不是一个具体的技术体系,而是美国的国家战略落地体系,包括对相关法令的修改、技术标准的发布、部队建设方案的调整、国防预算的调整以及全球作战资源部署位置的调整。

马赛克战公开之后,迅速得到了美国空军的响应,并落实到了对下一代空优体系建设思路的调整中。在对马赛克战的表述中,USAF 认为美军未来的整体架构需要以更强、更健壮、更快的"体系对抗"来应对来自敌方的"体系摧毁"。这也就决定了马赛克战在技战术层面上需要对现有建军思路做出调整。

根据美国空军对马赛克战必要性的论述,美国空军在最近的 17 年(自上一次海湾战争结束)里几乎没有发展,直接导致了(美国空战体系)无法应对体系化对抗,无论是体系鲁棒性还是指控体系都难以确保在强强对抗中占据明显优势。与此同时,马赛克战最初由 DARPA STO 提出,而后提出者进入空军高层任负责技术发展的副部长。USAF 对自身在体系对抗方面的劣势进行了分析,指出了与强敌体系对抗的 5 个明显劣势。

(1)高能力平台储备不足——体系脆弱(战损得不到迅速补充);

(2)针对上一个劣势,如果采用持续性购买高端平台的方式来弥补也不现实;

(3)新型武器的研制周期太长(融入体系的时间更长,甚至是难以实现的,见 SOSITE 中分析的美军自身命门);

(4)原文表面表达是"难以适应跨越多个冲突层次和范围的冲突",美军现在打不了复杂的大仗;

(5)关键能力缺失,从 2021 年拨款来看,很明显,是人工智能和超高速武器。

随着 SOSITE 项目于 2018 年顺利完成,美军迅速将其研究成果应用于NGAD 的研发。美国空军反复强调的是 NGAD 将采用全新的研发与采购模式——"空军的目标不是随着时间的推移而成熟,创造出一种精致的战斗机,而是迅速打造出工业在几年内能够召集到的最好的战斗机,整合任何新兴技术。这项服务将降低选择,将少量飞机签订合同,然后重新开始战斗机制造商之间的新一轮竞争,这将修改他们的战斗机设计,并探索新的技术飞跃"。这实际上与美军 2014 年以来通过 SOSITE 的研发工作建立的基于开放性体系架构的装备即插即战能力是一致的。《空优 2030》规划中指出，NGAD 的开放性体系是比目前海军的 FORCENET 更加专注于空中战场的空中体系。"……其结果将是一个联网的战斗机家族——有些比其他战斗机更相互关联——旨在满足特定要求，并在单一机身上包括同类最佳的技术。一架喷气式飞机可以围绕革命性的能力进行优化，比如机载激光。另一种战斗机可能会优先考虑最先进的传感器，并包括人工智能。一个可能是无人驾驶的武器卡车。……"进一步地，NGAD 将模型驱动的开放性软件集成技术作为自身关键技术，"……工业技术为 NGAD 提供了方法，并将为参与者设定要求。第一种是敏捷软件开发——程序员快速编写、测试和发布代码，并一路征求用户的反馈。第二个，开放式架构，长期以来一直是国防界的流行语，工业上经常用它来描述一个带有即插即用硬件的系统。理想情况下，NGAD 将完全开放，具有可互换的硬件，并且第三方能够为系统开发软件。最终的技术——数字工程，是最新生的，可能是最具革命性的。"

美国空军自 2018 年围绕战略竞争对手开展的一系列装备研发项目进行分析，得出结论，美军长期建立在昂贵尖端航空平台上的体系化优势已经基本丧失殆尽，需要转变思路，对下一代空优体系的研制与集成进行牵引，由此提出了马赛克战的研发思路，如图 A.43 所示。

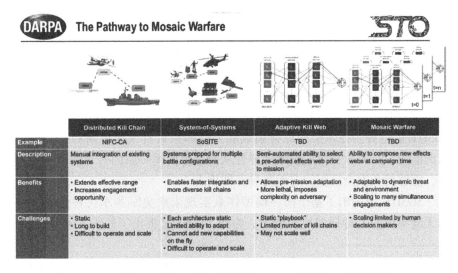

图 A.43　美军提出马赛克战的实施路线（TBD 是指下一代航空体系）

马赛克战的实施基于 NIFC-CA、SOSITE 的技术研发成果开展，旨在通过开放性系统架构和模型驱动系统工程技术将包括设备模块、数据、软件、武器平台及人在内的各个层次的战场要素围绕作战任务能力需求动态整合，构成分布式 OODA 回路。与 SOSITE 相比，马赛克战对于网络中心战中提出的"平台对作战资源的集成束缚"贯彻得更加彻底，实现了战场环境中全要素的即插即用（SOSITE 更加侧重于平台即插即战能力）和按需调度。

2. SOSITE（体系综合集成与试验环境）

该项目是 2014 年开始美军对 NIFC-CA 建设过程中暴露出来的一系列技术和方法问题①的反思与总结。聚焦于发展分布式航空作战的概念、技术架构和软件系统集成工具，旨在通过模型驱动系统工程的方法提高体系化装备研发效率，降低体系集成与升级成本，保持美军空中优势，把包含飞机、武器、传感器和任务系统的航空作战能力分布于大量可互操作的异构作战平台上。美军希望通过该项目的研制，能够提高多种武器平台完成体系集成之后的整体作战效能，更加快速且更低成本地把全新技术和系统集成进现有的空海协同作战体系中。

针对美国海军（主要采用 OACE）、陆军（主要采用 VICTORY）和空军（主要采用 OMS）各自成熟的集成方法和软件集成规范，SOSITE 中并没有另起炉灶提出一个全新的替代性方法（推翻已有大量装备的软件技术是不现实的），而是提出综合集成技术解决该问题。该技术旨在利用"规范化的信息模型"将不同作战平台、武器、传感器和任务系统采用多种集成方法的软件组件在信息交互层面实现互理解互操作，进而将各个军兵种的系统集成为一个体系。SOSITE 中的信息建模手段采用了海军与空军共同制定的 FACE 规范，同时也是美军 DoDAF 技术体系的数据建模规范。SOSITE 的这种多技术架构综合集成能力使体系具有快速更新和适应新技术的能力，具有软件集成技术多样性从而避免由同一原因引起的系统易损性，能够持久安全运行，有效防御赛博攻击。

SOSITE 中提出了基于同一模型体系实现未来美军各军兵种无人平台的无缝集成和"即插即战"能力。为此，SOSITE 提出了如图 A.44 所示的

---

① SOSITE 的研发报告重点指出了目前美军空海协同体系中软件系统研发时间过长、成本过高、难以升级、无法实现"即插即战"，并以 F35 与无人机协同的 NIFC-CA 前出体系的构建为背景讨论整个项目的技术架构。

三个技术目标。

图 A.44　SOSITE 中提出的技术目标及对美军多域协同作战集成难题的分析

(1) 装备体系全局互操作性不依赖于全局设计一致性。 该技术目标试图打破装备体系中的不同武器平台、装备模块、武器、分系统之间在设计、信息、接口方面的"紧密耦合",从而实现不同领域、不同企业、不同历史阶段的武器装备之间实现互联、互通、互操作。而且通过"设计解耦",实现了设计单位之间的"背靠背"设计,可有效提升装备系统的研发效率。

(2) 多平台协同的体系自适应优化。 参与装备体系动态集成的所有要素之间,在平台内(各分系统间)和平台间可围绕作战任务的能力需求进行智能化协商,从而实现面向体系作战效能的作战资源优化调度和要素间互操作。

(3) 任务能力需求驱动的装备敏捷研发与快速迭代。 装备系统设计与集成单位可以根据任务能力需求选配已有武器平台或分系统,或迅速研发新型装备,并明确其在作战体系中的角色和能力,实现美军装备体系可以通过快速迭代应对敌方的多变威胁。

SOSITE 中要求未来各军兵种装备研制过程中不再针对软件互操作建立共同标准,各分系统、平台供货商可根据 FACE 规范中的数据模型体系对自身软件接口、ICD 等进行建模,并基于软件自动生成技术实现软件互理解、互操作,并确保集成效能优化。为此,美军明确了采用 FACE 规范作为未来海军的水面、水下及航空无人(面向自主智能化作战)装备的技术规范,如图 A.45 所示。

SOSITE 同时也是对美军一直以来推进的模型驱动系统工程(MBSE)及开放性服务化架构(SOA)的工程方法实践。如图 A.46 所示。

图 A.45 SOSITE 中确立了下一代海军无人装备体系的基础架构采用 FACE

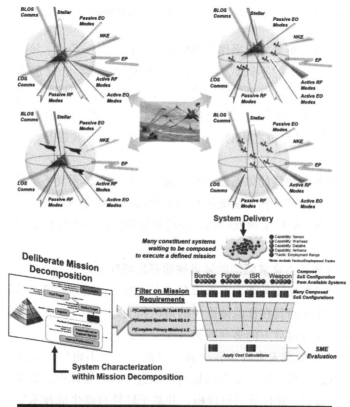

图 A.46 SOSITE 中基于模型驱动的体系化装备的集成与仿真论证过程

SOSITE 采用与 DoDAF 2.0 一致的体系架构对装备体系进行建模与论证。该体系中以能力为牵引对体系的功能和性能进行细粒度的划分，并通过能力要素的组合实现战场能力的动态形成。能力则落实为不同形态的平台、设备、武器，并通过服务进行进一步的抽象。在此基础上，将服务映射为已有装备资源或形成装备研制需求，并通过 LVC 仿真实现需求论证，从而形成多无人平台协同作战条件下的作战资源自适应优化调度策略。而 SOSITE 的研发成果则确保以上过程可以基于装备和设备的即插即用能力而得到贯彻。

3. CODE

DARPA 自 2014 年起面向高电磁对抗拒止区域环境中多无人平台自主化协同作战方法及架构开展了该项目（CODE）。无人平台（UAV）在从情报、监视、侦察（ISR）到打击等方面都将发挥重要作用。但大部分无人平台都需要专门的平台操控人员、传感器操作人员及数据分析人员。对人员的需求将限制无人平台协同作战应用的扩展，以及无人机作战使用的成本效益。而且在激烈的电磁对抗环境中，针对远程高机动目标使用无人机将非常困难。CODE 旨在通过发展算法和软件来克服上述挑战。CODE 项目将通过发展新型软件，使得无人机在最小人员参与的条件下进行协同作战。这些算法和软件将扩展现有无人机执行任务的能力，超越目前无人机的最高水平，提高美军在拒止或对抗空域的作战能力。CODE 研究者旨在开发一个模块化的软件架构，该架构与现有标准相比，可以抗"带宽限制"及"通信中断"，并且在现有无人机平台上安装具备经济可承受性。CODE 项目特别注重协同自主领域技术的提升，使得无人机组可以在一个操作人员的管理下协同工作。无人机将不断判断其自身和周边环境，并为任务操作者反馈无人机组行动建议。操作者可以允许、不允许或让无人机组收集更多数据。采用 CODE 技术的无人机将可发现目标，并根据建立的交战法则与目标交战。并在最小人员参与情况下，调用邻近的采用 CODE 技术的无人机；适应与友军之间的摩擦或意想不到的敌方威胁等突发情况。为实现后续装备的集成效率提升，CODE 项目采用 FACE 规范进行集成，其架构如图 A.47 所示。

CODE 提高协同自主性的设想将使得无人机操作从目前的需要多个人员操作一架无人机，变为一个人员同时操纵 6 架以上无人机。指挥官可以根据任务，使用多架具备不同能力的无人机，而不用将众多能力集成到一架无人机上（该架无人机损失掉将是灾难性的）。这种灵活性将显著提升无人机的任务效率和成本效率，降低无人机系统的开发成本。为实现无人

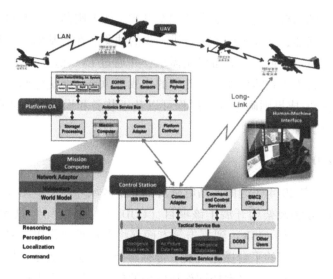

图 A.47　CODE 采用的开放式集成架构

平台自主决策的优化，在使用 FACE 规范完成集成的同时，CODE 通过 LVC 仿真环境通过机器学习等现代人工智能技术完成对无人平台自主决策的优化训练，如图 A.48 所示。

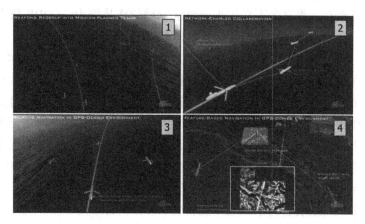

图 A.48　CODE 采用的基于人在回路仿训一体化的策略优化

4. JEDI 与云架构

2019 年 10 月，美国五角大楼宣布已向微软授予了 100 亿美元的巨额云计算合同。该合同被称为联合企业防御基础设施（JEDI），将为五角大楼提供基本服务和云功能的云服务，再到人工智能处理、机器学习以及处理关键任务工作负载的能力。虽然 JEDI 在未来战争的愿景中扮演着核心角色，但它只是更大推进的一部分，一个用于通信和组合所有这些信息的空军系统，多域指挥和控制系统（MDC2）。其目标是以有效的方式将数据从部队的任何部分、世界上任何地方、五个公认的作战域（陆地、海洋、空中、太空和网络空间）中的任何一个域转移到其他任何一个域。

与常规的云计算技术相比，JEDI 具有高度的开放性，并对包括 FPGA 在内的军工装备具有更高的支持能力。为此，微软在自身的 Azure 中采用了与 FACE 规范一致的通用数据模型 CDM，实现对多域异构数据的互理解能力。而云计算技术自身在资源虚拟化、按需调度、容错性、可伸缩性等方面的成熟机制则为军工装备的研制与集成提供了良好的支撑。结合美国空军 2018 年面向下一代智能化自主作战航空平台的研制发布的《自主地平线》中提出的将大数据、人工智能、机器学习等机制在有人、无人多平台自主协同的航空作战体系中进行综合应用的思路，可以看出 JEDI 与美军装备体系研制全生命周期的匹配度极高，其基础架构如图 A.49 所示。

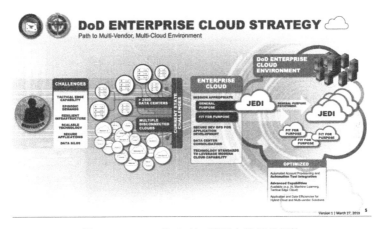

图 A.49 JEDI 的云–边–端融合的基础架构

为了加速将云计算和大数据技术引入到军事体系中，美军 2019 年年底完成了对 DoDI 5000.2 的修改，并建立了旨在基于 PaaS 建立与商用技术生态类似的具有快速迭代能力的军用软件系统研发平台 DevSecOps（图 A.50）。该项目利用"容器云"技术对大数据、人工智能等商用软件模块进行整合，并在进行适当的安全性改造之后，直接应用于如 F16C 忠诚僚机、B21 等实验平台。基于这一平台，美军建立了商用软件技术，尤其是机器学习、模式识别、智能决策、无人驾驶等人工智能应用技术，面向装备平台的迅速迁移能力。

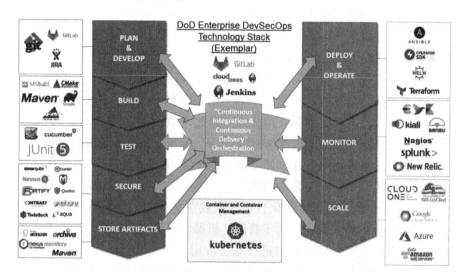

图 A.50　DevSecOps 基于容器云建立的面向军工业务的 PaaS

附录 B

服务描述语言 XML Schema

```xml
<?xml version="1.0"?>
<xs:schema xmlns:xs="http://www.w3.org/2001/XMLSchema">
    <xs:element name="property">
        <xs:complexType>
            <xs:sequence>
                <xs:element name="name" type="xs:string" minOccurs="1" maxOccurs="1"/>
                <xs:element name="namespace" type="xs:string" minOccurs="1" maxOccurs="1"/>
                <xs:element name="version" type="xs:string" minOccurs="1" maxOccurs="1"/>
                <xs:element name="remark" type="xs:string" minOccurs="1" maxOccurs="1"/>
                <xs:element name="task" type="xs:string" minOccurs="1" maxOccurs="1"/>
                <xs:element name="dependancy" type="xs:string" minOccurs="1" maxOccurs="1"/>
                <xs:element name="location" type="xs:string" minOccurs="1" maxOccurs="1"/>
            </xs:sequence>
        </xs:complexType>
    </xs:element>
    <xs:element name="attribute">
        <xs:complexType>
            <xs:simpleContent>
```

```
            <xs:extension base="xs:string">
                    <xs:attribute name="name" use="required" type="xs:
string"/>
                </xs:extension>
            </xs:simpleContent>
        </xs:complexType>
    </xs:element>
    <xs:element name="qos">
        <xs:complexType>
            <xs:sequence>
                <xs:element ref="attribute" minOccurs="1"/>
            </xs:sequence>
            <xs:attribute name="name" use="required" type="xs:string"/>
        </xs:complexType>
    </xs:element>
    <xs:element name="qos_list">
        <xs:complexType>
            <xs:sequence>
                <xs:element ref="qos" minOccurs="0" maxOccurs="22"/>
            </xs:sequence>
        </xs:complexType>
    </xs:element>
    <xs:attribute name="type">
        <xs:simpleType>
            <xs:restriction base="xs:string">
                <xs:enumeration value="pub"/>
                <xs:enumeration value="sub"/>
            </xs:restriction>
        </xs:simpleType>
    </xs:attribute>
    <xs:element name="topic">
        <xs:complexType>
            <xs:sequence>
                <xs:element name="topicName" type="xs:string" minOccurs=
"1" maxOccurs="1"/>
                <xs:element name="topicStruct" type="xs:string" minOccurs=
```

```
"1" maxOccurs="1"/>
                <xs:element ref="qos_list" minOccurs="0" maxOccurs="1"/>
            </xs:sequence>
            <xs:attribute ref="type" use="required"/>
        </xs:complexType>
    </xs:element>
    <xs:element name="topic_list">
        <xs:complexType>
            <xs:sequence>
                <xs:element name="domainID" type="xs:string" minOccurs="
1" maxOccurs="1"/>
                <xs:element ref="topic" minOccurs="1" maxOccurs="unbound-
ed"/>
            </xs:sequence>
        </xs:complexType>
    </xs:element>
    <xs:element name="interface">
        <xs:complexType>
            <xs:sequence>
                <xs:element name="idl" type="xs:string" minOccurs="1" max-
Occurs="1"/>
                <xs:element ref="topic_list" minOccurs="0" maxOccurs="1"/>
            </xs:sequence>
        </xs:complexType>
    </xs:element>
    <xs:element name="serviceDescription">
        <xs:complexType>
            <xs:sequence>
                <xs:element ref="property" minOccurs="1" maxOccurs="1"/>
                <xs:element ref="interface" minOccurs="1" maxOccurs="1"/>
            </xs:sequence>
        </xs:complexType>
    </xs:element>
</xs:schema>
```

反侵权盗版声明

电子工业出版社依法对本作品享有专有出版权。任何未经权利人书面许可，复制、销售或通过信息网络传播本作品的行为；歪曲、篡改、剽窃本作品的行为，均违反《中华人民共和国著作权法》，其行为人应承担相应的民事责任和行政责任，构成犯罪的，将被依法追究刑事责任。

为了维护市场秩序，保护权利人的合法权益，本社将依法查处和打击侵权盗版的单位和个人。欢迎社会各界人士积极举报侵权盗版行为，本社将奖励举报有功人员，并保证举报人的信息不被泄露。

举报电话：(010) 88254396；(010) 88258888

传　　真：(010) 88254397

E-mail：dbqq@phei.com.cn

通信地址：北京市海淀区万寿路 173 信箱

　　　　　电子工业出版社总编办公室

邮　　编：100036